Leopold Figl und das Jahr 1945

Helmut Wohnout

Leopold Figl und das Jahr 1945

Von der Todeszelle auf den Ballhausplatz

Residenz Verlag

Wir danken für die Unterstützung:

KULTUR
NIEDERÖSTERREICH

Nationalfonds der Republik Österreich
für Opfer des Nationalsozialismus

ZukunftsFonds
der Republik Österreich

Bibliografische Information der Deutschen Nationalbibliothek
Die Deutsche Nationalbibliothek verzeichnet diese Publikation in der Deutschen Nationalbibliografie; detaillierte bibliografische Daten sind im Internet über http://dnb.dnb.de abrufbar.

www.residenzverlag.at

Bildnachweis:
Bauernbund Österreich: 98; Karl von Vogelsang-Institut: 80, 149; NÖ Landesarchiv, Nachlass Figl: 15, 26, 68, 93, 116, 139, 147, 176, 180; ÖNB: 159, 109 (Blaha), 53 (Obransky), 57 (Zvacek); Privat: 20, 30, 54, 134, 144, 190; Verein für Geschichte der ArbeiterInnenbewegung: 178

Es konnten nicht alle Urheber und deren Rechtsnachfolger ermittelt werden. Im Falle geltend zu machender Urheberrechte ersucht der Verlag um Kontaktaufnahme.

Umschlag- und typografische Gestaltung: Silvia Wahrstätter / vielseitig.co.at
Umschlagbild: ÖNB-Bildarchiv / picturedesk.com
Lektorat: Josef Weilguni
Gesamtherstellung: CPI books GmbH, Leck

ISBN 978-3-7017-3358-3

Inhaltsverzeichnis

Vorwort

Leopold Figls Lebensgeschichte im Jahr 1945 könnte fast dem Drehbuch zu einem Hollywood-Film vor der Kulisse der zu Ende gehenden NS-Herrschaft und der unmittelbaren Nachkriegszeit in Europa entnommen sein: Ein Mann, der den Jahreswechsel von 1944 auf 1945 als politischer Häftling in der Erwartung seiner jederzeit möglichen Hinrichtung im schwer bewachten Isoliertrakt eines Konzentrationslagers erlebt, durchläuft nach seiner glücklichen Befreiung einen rasanten politischen Aufstieg und amtiert zwölf Monate später nach den ersten freien und demokratischen Wahlen in seinem Land als Regierungschef.

Im Gegensatz dazu kennen wir aus der Zeit des Nationalsozialismus unzählige Schicksale von verfolgten Frauen und Männern, bei denen sich das Blatt in eine andere, tragische Richtung gedreht hatte, die, oft noch kurz vor der Befreiung, zu Opfern der NS-Schreckensherrschaft wurden. Leopold Figl kam, fast ist man versucht zu sagen, wie durch ein Wunder, mit dem Leben davon. Und binnen weniger Tage, unmittelbar nachdem seine nähere Wohnumgebung im Zuge der Schlacht um Wien unter die Kontrolle der Roten Armee gekommen war, wendete sich sein Schicksal. Der Bauernfunktionär Figl wurde von den Sowjets zur Mithilfe bei der Organisation der Lebensmittelversorgung Wiens herangezogen. Es war der Beginn eines steilen Aufstiegs. Figl setzte sich an die Spitze des Bauernbundes, stand an der Wiege des Neubeginns in Niederösterreich, wurde zu einem Mitbegründer der Österreichischen Volkspartei und fungierte Ende April 1945, also drei Wochen nach seiner Entlassung aus der NS-Haft im Wiener Landesgericht, als De-facto-Vizekanzler der Provisorischen Staatsregierung unter Karl Renner. Im Frühherbst rückte er an die Spitze der ÖVP auf, führte diese in die erste Nationalratswahl nach Kriegsende und wurde nach einem fulminanten Wahlsieg mit absoluter Mandatsmehrheit am 21. Dezember 1945 zum ersten Bundeskanzler der Zweiten Republik angelobt.

Und dennoch steht das Jahr 1945 im Leben Leopold Figls bis heute im Schatten des Ausrufs „Österreich ist frei", gesprochen zehn Jahre später, am 15. Mai 1955, der den Mythos Figl endgültig begründete. Es war der vielleicht größte Moment im Leben Leopold Figls, aber eben nur ein Moment. Denn politisch war der Staatsvertrag die große Leistung Julius

Raabs, der bei der Unterzeichnung in einer großmütigen Geste seinem Freund und Außenminister den Vortritt ließ. Das politische Schlüsseljahr in seinem Leben war 1945. Und deshalb hat sich dieses Buch zum Ziel gesetzt, dieses eine Jahr aus der langen politischen Laufbahn Leopold Figls ins Zentrum der Darstellung zu rücken. Es ist der Blick durch ein Brennglas auf ein Jahr im Leben eines der Protagonisten des staatlichen Neubeginns an der Schwelle zur Zweiten Republik. Dazu notwendig ist freilich ein Rückblick auf die davorliegende Periode der Verfolgung und die Gründe dafür. Die Darstellung findet ihren logischen Abschluss mit dem Beginn der Ära Figl als Bundeskanzler, mit den Mühen der Ebene einer mehr als siebenjährigen Kanzlerschaft unter schwierigsten Umständen.

Das vorliegende Buch ist daher bewusst keine Biographie, die ein ganzes Leben abdeckt. Dazu sei auf die noch zu Lebzeiten Figls erschienene Arbeit von Susanne Seltenreich und vor allem auf die mehrfach neu aufgelegte Darstellung von Ernst Trost verwiesen.

Viel Lesenswertes ist seit dem Erscheinen des Standardwerks von Ernst Trost an Publikationen über Leopold Figl veröffentlicht worden, wenig davon aber wirklich quellenbasiert. Nunmehr wird der Versuch unternommen, in einer größeren zeitlichen Distanz von mittlerweile 70 Jahren und beruhend auf einigen heute zugänglichen beziehungsweise neu aufgetauchten Archivbeständen im In- und Ausland das Jahr 1945 im Leben Leopold Figls nachzuzeichnen. Vielleicht kann das vorliegende Buch mithelfen, ein wenig von der klischeehaften Mythenbildung rund um eine der wenigen politischen Ikonen der Zweiten Republik wegzukommen, und zugleich einen hoffentlich spannenden und lesenswerten Beitrag zur Historisierung des Phänomens Leopold Figl leisten.

* * *

Es ist mir als Verfasser ein persönliches Anliegen allen denjenigen, die zum Zustandekommen des vorliegenden Buches beigetragen haben, an dieser Stelle zu danken. Es war der Vorsitzende des Zukunftsfonds der Republik Österreich, Dr. Kurt Scholz, der mir gegenüber den Vorschlag machte, ein solches Buchprojekt in Angriff zu nehmen. Für den Impuls, die Unterstützung und die wohlwollende Begleitung des Entstehens dieser historischen Studie bin ich ihm genauso wie dem Generalsekretär des Zukunftsfonds, Prof. Herwig Hösele, sehr verbunden. Ebenso hat der Vorsitzende der Kameradschaft der Politisch Verfolgten und Bekenner für Österreich, Dr. Gerhard Kastelic, das Entstehen dieses Buches von Anfang an mit Empathie begleitet. Durch ihn wurde der erste Kontakt zum Residenz Verlag hergestellt. Namentlich war es Roswitha Wonka, die dieses Buch von Anfang an umsichtig unter ihre Fittiche genommen hat. Angesichts eines zeitlich relativ engen Korsetts waren die effiziente Kooperation und ein hohes Maß an Vertrauensvorschuss dem Autor gegenüber eine notwendige Voraussetzung, um das Buch fristgerecht rund um den 50. Todestag Leopold Figls vorlegen zu können. Für beides bin ich dem Verlag sehr dankbar. In Mag. Josef Weilguni habe ich mit einem einfühlsamen, verständnisvollen und umsichtigen Lektor zusammengearbeitet, der bei der Fertigstellung des Buches eine für mich unverzichtbare Stütze wurde.

Das Erscheinen des Buches wurde außer durch den Zukunftsfonds der Republik Österreich von der Abteilung Wissenschaft und Forschung des Landes Niederösterreich, dem Nationalfonds der Republik Österreich für Opfer des Nationalsozialismus sowie der Kameradschaft der Politisch Verfolgten und Bekenner für Österreich gefördert. Allen genannten Institutionen darf ich für die Unterstützung danken.

Für die wohlwollende Begleitung der Entstehung dieses Buches danke ich seitens der Familie Leopold Figls dessen Tochter, Fr. Dkfm. Anneliese Figl, sowie Dr. Willibald und Maria Hauer, die das Gästebuch Leopold Figls dem Verfasser zugänglich gemacht haben. Für hilfreiche Unterstützung danke ich weiters dem Österreichischen Bauernbund, namentlich dessen Direktor, Dr. Johannes Abentung, und der Pressereferentin, Mag. Andrea Salzburger.

Ein großer Dank gilt auch den Kollegen und vor allem den Archivaren, die mich bei der Quellenrecherche zu diesem Buch unterstützt haben.

An der Spitze darf ich meinen Mitarbeiter am Karl von Vogelsang-Institut, Dr. Hannes Schönner, nennen. Im Dokumentationsarchiv des Österreichischen Widerstandes wurde ich von Dr. Wilfried Garscha und Christine Schindler mit großem Fachwissen und Hilfsbereitschaft betreut. Im Verein für Geschichte der Arbeiterbewegung danke ich Mag. Michaela Maier für die unkomplizierte Ermöglichung der Benützung der Archivbestände. Im Österreichischen Staatsarchiv standen mir meine Kollegen Dr. Robert Rill, Dr. Rudolf Jeřábek und Heinz Placz hilfreich zur Seite, im Niederösterreichischen Landesarchiv dessen Leiter Dr. Willibald Rosner, Dr. Stefan Eminger und Mag. Martina Rödl.

In Deutschland bin ich an Archiven dem International Tracing Service in Bad Arolsen sowie dem Archiv der KZ-Gedenkstätte Dachau, namentlich Herrn Albert Knoll, für die geleistete Unterstützung verbunden. In den USA hatte ich bei meinen Recherchen in den National Archives in College Park, Maryland, das Glück, gleichzeitig mit zu verwandten Themen forschenden österreichischen Kollegen zu arbeiten, namentlich Dr. Maximilian Graf und Dr. Herwig Czech. Beiden bin ich für wertvolle Hinweise auf einzelne Dokumente zu Figl bzw. deren Überlassung dankbar. Bei den Arbeiten im Georgetown University Special Collections Research Center halfen mir Ted Jackson sowie Prof. James Shedel, der seit mehr als zwei Jahrzehnten ein vertrauter Unterstützer meiner wissenschaftlichen Tätigkeit ist. Schließlich ist es mir ein Anliegen, meinem Freund und langjährigen Studienkollegen Dr. Thomas Angerer zu danken. Er hat mir freundlicherweise die in diese Arbeit eingeflossenen französischen Primärquellendokumente, die er in Paris eingesehen hat, zur Verfügung gestellt.

Für ihr Verständnis für den zusätzlichen zeitlichen Aufwand, den dieses Buch zu ihren Lasten verursacht hat, danke ich meiner Frau Renate und meinem Sohn Christoph, dem ich dieses Buch gerne widmen möchte.

Helmut Wohnout
Wien, Anfang März 2015

Freitag, 6. April 1945

„Am Freitag, den 6. April 1945, scheint es ernster zu werden. Artilleriefeuer schon morgens ziemlich heftig, die Batterien des Flakturms schießen ohne Unterbrechung gegen Südosten. Alle Stunden stürzen Tiefflieger, in der Sonne glitzernd [...] hernieder. [...] Straßenbahnen sind anscheinend eingestellt."[1] So beginnen an diesem Tag die Tagebuchaufzeichnungen des Wiener Diplomaten Josef Schöner. Er erlebte den Tagesanbruch in der Siebensterngasse, nicht allzu weit entfernt von der Landesgerichtsstraße. Dort, im „Grauen Haus", war seit Ende Jänner 1945 Leopold Figl als politischer Häftling inhaftiert. Auch er hatte den Lärm der näher rückenden Front gehört. Noch am Morgen des Vortages hatte er damit rechnen müssen, in einem Volksgerichtshofprozess abgeurteilt oder auch ohne Verfahren hingerichtet zu werden. Doch nun sah alles anders aus. Denn die Schlacht um Wien hatte voll eingesetzt.

Seit den ersten Apriltagen war klar geworden, dass die Rote Armee rasch näher rückte. Am 2. April 1945 war Wien zum Verteidigungsbereich erklärt worden. Frauen und Kindern wurde empfohlen, die Stadt zu verlassen.[2] Wien sollte nach dem Willen Hitlers mit allen Mitteln verteidigt werden. Auch Figls Familie hatte Zuflucht bei Verwandten in Kapelln, am Rande des Tullnerfeldes, der engeren Heimat Leopold Figls, gesucht. Bereits am 4. April 1945 erreichten die vorrückenden russischen Truppen Mödling, einen Tag später rollte der sowjetische Generalangriff vom Süden her auf Wien und überschritt die Stadtgrenzen.[3] Zugleich setzte die Rote Armee zu einem Umfassungsmanöver an und näherte sich auch vom Westen kommend der Stadtgrenze.

Leopold Figl saß zu diesem Zeitpunkt in einer mit einem „V" gekennzeichneten Zelle im Landesgericht. Das „V" stand für Volksgerichtshof und die hier Eingesperrten waren in Erwartung ihrer Verfahren.[4] Wie ein solches ausgehen würde, darüber machte sich Figl keine Illusionen, hörte er doch, wie er sich selbst rückblickend erinnerte, wie „[...] der dumpfe Schlag des Fallbeils in die Zelle hallte".[5] Im sarkastisch-makabren Gefängnisjargon waren Figl und seine Mitgefangenen die „Köpfler".[6] Noch am 3. April 1945 schien es so, als würde er gemeinsam mit den anderen verbliebenen politischen Häftlingen von den Nazis nach Westen abtransportiert werden. Sie hatten sich marschbereit zu machen. Doch am 5. April 1945 wendete sich plötzlich ihr Schicksal. Die Häftlinge hatten anzutreten. Der Gefängnisdirektor des Landesgerichts, es handelte sich um einen Deutschen, hatte sich, dem Beispiel anderer prominenter Parteifunktionäre folgend, abgesetzt. Sein österreichischer Stellvertreter teilte den Gefangenen mit, er beabsichtige, alle Inhaftierten freizulassen. Bis dahin hätten sie Ruhe und Besonnenheit zu bewahren. Figl, der sofort die Rolle eines Sprechers der Gefangenen übernahm, verlangte für alle Häftlinge ordentliche Entlassungspapiere. Ihm war klar, dass diese eine Voraussetzung waren, um von abziehenden Deutschen oder auch einrückenden Sowjets nicht im einen Fall als Widerständler oder im anderen Fall als Spion sofort an die Wand gestellt zu werden. Außerdem schlug er vor, die im Gebäude gelagerten Lebensmittel und Zigaretten als Proviant an die zu Entlassenden zu verteilen.

Am nächsten Morgen war es dann so weit. Die Gefangenen wurden der Reihe nach mit Papieren versorgt, bekamen etwas zu essen mit und konnten sukzessive das Gefängnis verlassen. Zuerst erhielten die gefangenen Frauen ihre Entlassungspapiere. Als einer der ersten Männer kam der populäre Schauspieler Paul Hörbiger frei, als einer der letzten Leopold Figl. Er selbst erinnerte sich: „Als das Landesgericht schon fast menschenleer war – die Häftlinge waren entlassen, die Wärter geflüchtet –, verließ auch ich das Haus. Es war am Nachmittag des 6. April 1945."[7] Von den Strapazen der Haft äußerlich gezeichnet, körperlich ausgemergelt, kahlgeschoren, mit roten Bartstoppeln im Gesicht,[8] ging es für ihn durch das schwere Eisentor des Landesgerichts in die Freiheit. Die Stadt innerhalb des Gürtels war noch in deutscher Hand, die Straßen aber menschenleer. Figl ging in Richtung Votivpark. Vor der verschlossenen Kirche saß auf einer Bank ein in Gedanken versunkener, einsamer Mann. Es war sein Mithäftling Felix Hurdes, mit dem er sich dort verabredet hatte. Beide hatten ihre Wohnung im dritten Wiener Gemeindebezirk. Also machten sie sich gemeinsam auf den Weg nach Hause. Am Stephansplatz angelangt, hielten sie kurz inne und gingen gemeinsam in den Dom.[9] Fünf Tage später sollte er in Flammen stehen.

Vor ihrer neuerlichen Verhaftung im Herbst 1944 hatten Hurdes und Figl gemeinsam mit anderen Gleichgesinnten schon ganz konkrete Pläne für die Rückkehr in die Politik und die Gründung einer neuen bürgerlichen Sammelpartei in der postnationalsozialistischen Ära eines wieder freien Österreich geschmiedet. Als sie nun die durch die Bombenangriffe vom Februar und März 1945 bereits schwer mitgenommene Innenstadt durchquerten, kamen sie wieder auf ihre früheren Absichten und Pläne zu sprechen. Als sie sich verabschiedeten, vereinbarten sie, in den kommenden Tagen sofort mit dem Aufbau einer demokratischen Partei zu beginnen, so als wäre zwischen ihren konspirativen Treffen 1943/44 und dem Tag ihrer Freilassung nichts geschehen.[10] An die Tatsache, dass sie körperlich durch die neuerliche brutale Haft im KZ und im Landesgericht schwer gezeichnet waren, verschwendeten sie keinen Gedanken. Nur die Vorstellung, dass der Schrecken von Nationalsozialismus und Krieg endlich zu Ende ging, bestimmte ihr Denken. Endlich Freiheit, um das, wovon sie sieben Jahre lang geträumt hatten, woran sie sich in den finstersten Stunden ihrer KZ-Haft aufgerichtet hatten, in die Tat umsetzen zu können.

So wurde der 6. April 1945 zu einem der großen Wendepunkte im Leben Leopold Figls. Fast sechs Jahre hatte er in den Kerkern und Konzentrationslagern der Nationalsozialisten hinter sich. Er war mit dem Leben davongekommen. Und er war in seinem Willen ungebrochen, die Dinge wieder in die Hand zu nehmen, bei der politischen Gestaltung und beim Wiederaufbau seiner Heimat eine maßgebliche Rolle zu spielen.

Um Leopold Figls Agieren im Jahr 1945 zu verstehen, ist es allerdings erforderlich, eingangs einen Blick zurückzuwerfen, auf die Jahre der KZ-Haft in Dachau und Flossenbürg, die Tätigkeit im politischen Untergrund 1943/44 und die neuerliche Verhaftung und Inhaftierung im KZ Mauthausen als Folge des Attentats vom 20. Juli 1944, die bis zu seiner Befreiung am 6. April 1945 andauerte.

Stationen der Verfolgung

Leopold Figl zählte zu den ersten Österreichern, die von den Nationalsozialisten verhaftet wurden. Bereits am 12. März 1938, dem Tag nach dem Rücktritt Bundeskanzler Kurt Schuschniggs, wurde er in seiner Wiener Wohnung festgenommen.

Der damals 35-Jährige galt im Frühjahr 1938 als junger und aufstrebender Bauernfunktionär. Er war seit 1933 Direktor des mächtigen niederösterreichischen Bauernbundes und seit 1937 Direktor des gesamtösterreichischen Bauernbundes, des „Reichsbauernbundes“, wie er sich damals nannte. Seit 1934 fungierte er als staatlicher Mandatar im Bundeswirtschaftsrat, einem der mit der Verfassung des Jahres 1934 eingerichteten „Organe der Bundesgesetzgebung“[1]. Figl war ein Protegé des mächtigen Bauernführers und niederösterreichischen Landeshauptmannes Josef Reither. Seine engere politische Heimat, das niederösterreichische bäuerliche Milieu, traditionell streng katholisch geprägt, hatte sich schon vor 1938 als vergleichsweise resistent gegenüber dem Nationalsozialismus gezeigt. In Anlehnung an seinen politischen Mentor Reither war Figls Tätigkeit als Agrarfunktionär von einer deklariert antinationalsozialistischen Grundhaltung bestimmt. Reither war es auch, der Figl 1932 veranlasst hatte, die Führung der „Ostmärkischen Sturmscharen“ in Niederösterreich zu übernehmen. Innerhalb des Spektrums der Wehrverbände waren die Ostmärkischen Sturmscharen als Konkurrenzunternehmen zur Heimwehr konzipiert. Sie standen den Christlichsozialen und der katholischen Kirche näher als die unberechenbare und schillernde Heimwehrbewegung. Auch dem Gedanken der Unabhängigkeit Österreichs fühlten sich die Sturmscharen ungleich stärker verpflichtet.[2]

Während der letzten Tage und Stunden vor dem „Anschluss“ stieg Figl aus der zweiten Reihe des politischen Establishments des autoritären Österreich in das unmittelbare Epizentrum der Macht rund um Bundeskanzler Schuschnigg auf. Die für den 13. März angesetzte Abhaltung einer Volksbefragung über die Unabhängigkeit Österreichs war von Bundeskanzler Schuschnigg erst am Abend des 9. März 1938 bekannt gegeben worden. Der österreichische Kanzler hatte mit dieser kurzfristig gesetzten Maßnahme gegenüber Nazideutschland auf das

Leopold Figl als niederösterreichischer Landesführer der Ostmärkischen Sturmscharen links hinter Bundeskanzler Schuschnigg

Überraschungsmoment gesetzt und gehofft, so einen Befreiungsschlag gegenüber Hitler landen zu können. Figl, der als dynamischer und effizienter Organisator bäuerlicher Großkundgebungen bereits einen blendenden Ruf hatte, zählte in diesem Moment zu jenen Funktionären, auf die Schuschnigg setzte, um binnen kürzester Frist die Kampagne für die Volksabstimmung zu organisieren.[3] Die erfolgreiche Mobilisierung der ländlichen Bevölkerung stellte eine Voraussetzung für einen Erfolg des Referendums dar. Es waren hektische Tage und Stunden, die begannen. Figl setzte sein ganzes Improvisationstalent ein, um die Bauern in möglichst großer Zahl für eine zustimmende Teilnahme an der Volksbefragung zu motivieren.

Am Vormittag des 11. März, es war ein Freitag, spitzte sich die Situation, wie Figl sie erlebte, dramatisch zu. Seit langem war für diesen Tag eine große Festveranstaltung der Raiffeisengenossenschaften angesetzt. Es galt, den 50. Todestag Friedrich Wilhelm Raiffeisens und den 40. Jahrestag der niederösterreichischen Genossenschafts-Zentralkasse zu begehen. Aus diesem Anlass wurde in den Wiener Sophiensälen einer der größten bisher dagewesenen Raiffeisentage abgehalten.[4] Er sollte nun kurzfristig zu einer machtvollen Kundgebung der Bauernschaft für die Unabhängigkeit und ein „Ja" bei der Volksbefragung werden. Doch nahm die Veranstaltung nicht den erwarteten und von Figl erhofften Verlauf. Denn von den beiden angesagten Ehrengästen waren zu Beginn der Veranstaltung weder Bundespräsident Wilhelm Miklas noch Bundeskanzler Schuschnigg erschienen. Plötzlich wurde, während er gerade seine Rede hielt, Reither dringend zu Schuschnigg ins Bundeskanzleramt gerufen. Als Obmann der Genossenschafts-Zentralkasse musste der frühere Landwirtschaftsminister Rudolf Buchinger die Veranstaltung weiterführen, während Reither in Begleitung Figls auf den Ballhausplatz eilte.[5] Dort waren bereits die engsten Vertrauten des Kanzlers versammelt. Er informierte sie über die deutsche Forderung nach Verschiebung der Volksabstimmung. Von einer kurzen Unterbrechung abgesehen, blieben Figl und Reither während des ganzen Nachmittages im Bundeskanzleramt und erlebten mit, wie aus der ursprünglichen Forderung nach Verschiebung der Volksabstimmung ein Ultimatum unter offener Androhung militärischer Gewalt wurde:[6] Die Regierung müsse zurücktreten, andernfalls der Einmarsch erfolge. Gleichzeitig wurde von Berlin aus die Ernennung Arthur Seyß-Inquarts zum Bundeskanzler verlangt, was aber Miklas noch den ganzen Tag hindurch ablehnte. Als klar wurde, dass die europäischen Mächte Österreich eine wirksame Unterstützung versagten und auch aus Rom keine Hilfe mehr zu erwarten war, sah Schuschnigg, der unter diesen Umständen einen bewaffneten Widerstand für aussichtslos hielt, die Sache für verloren an und erklärte seinen Rücktritt. Seine verbliebenen engsten Vertrauten, unter ihnen Julius Raab und Hans Pernter, Josef Reither und Leopold Figl sowie seine Pressemitarbeiter Walter Adam und Edmund Weber wurden Zeugen der Abschiedsrede Schuschniggs, die vom Kanzleramt aus über das Radio kurz vor acht Uhr abends ausgestrahlt wurde. „Wir weichen der Gewalt" – das war die zentrale Aussage der Rede Schuschniggs, in der er sich mit seinem legendär gewordenen „Gott schütze Österreich" von seinen Landsleuten verabschiedete.

Im Gegensatz zu manchen anderen Funktionären des Regierungslagers war Figl auch nach dem Treffen zwischen Schuschnigg und Hitler vom 12. Februar 1938 am Berghof in Berchtesgaden überzeugt, dass es gelingen werde, die Unabhängigkeit Österreichs aufrechtzuerhalten, ungeachtet der Tatsache, dass der deutsche Druck auf Österreich mehr und mehr zunahm. Nun waren bei Figl sein Optimismus und seine Zuversicht mit einem Schlag verschwunden. Einmal noch ging er aus dem Kanzleramt kommend in sein Büro in der Bauernbundzentrale in der Schenkenstraße. Es war ein Abschied für sieben Jahre. Während auf den Straßen der Innenstadt die Nationalsozialisten bereits die Macht an sich rissen, kehrte Figl zutiefst erschüttert nach Hause zurück.[7] Er vernichtete noch einiges an möglicherweise belastenden Unterlagen und erwartete den nächsten Tag bereits mit bösen Vorahnungen. Sie sollten sich rasch bewahrheiten. Gegen Mittag des 12. März 1938 wurde er in seiner Wohnung in der Kundmanngasse im dritten Wiener Gemeindebezirk festgenommen.

In den Fängen des NS-Terrorsystems

Leopold Figls Verhaftung fiel nicht unter die Kategorie der Privatrache, also der vielen spontanen Übergriffe und kurzfristigen Verhaftungen, die von österreichischen Nationalsozialisten im ersten Machtrausch erfolgten. Sie war vielmehr Teil des von der Gestapo ab dem Morgen des 12. März systematisch veranlassten Systemterrors.[8] Dabei sollten die politischen Gegner des NS-Regimes in Österreich gezielt durch Verhaftung ausgeschaltet werden.[9] In Figl sahen die Nationalsozialisten einen effizienten und gefährlichen politischen Gegner. Dies wird auch aus einer internen Begründung seiner Verhaftung vom September 1938 deutlich. Darin heißt es, Figl sei einer derjenigen gewesen, die gemeinsam mit Josef Reither und dem früheren Handelsminister Friedrich Stockinger wesentlichen Anteil an der Vorbereitung der von Schuschnigg beabsichtigten Abstimmung hatten. Hinzugefügt wurde, dass er für das Plebiszit über Geldmittel in der Höhe von 200.000,– Schilling verfügt hätte, die nach seiner Festnahme in der Zentrale des Bauernbundes vorgefunden worden seien.[10]

Nach einer Vernehmung im Niederösterreichischen Landhaus wurde Figl vorderhand im Polizeigefängnis auf der Wiener Elisabethpromenade, der heutigen Rossauerlände, inhaftiert. Es war dies die erste Station in der Reihe der Gefängnisse und Konzentrationslager, in die Figl in den kommenden Jahren als Verfolgter des nationalsozialistischen Regimes verbracht wurde. Insgesamt sollten es fast sechs Jahre sein, in denen er bis 1945 seiner Freiheit beraubt war.

Am Abend des 1. April ging es für Figl im Arrestantenwagen, einem im Volksmund damals so genannten „Grünen Heinrich“, zum Wiener Westbahnhof. Gemeinsam mit 149 weiteren Gegnern des Nationalsozialismus wurde er dort der SS überantwortet.[11] Zu ihnen zählten Josef Reither genauso wie zahlreiche weitere führende Politiker des autoritären Österreich, darunter der frühere Wiener Bürgermeister Richard Schmitz, der Präsident des Gewerkschaftsbundes Johann Staud und Alfons Gorbach, der Landesleiter der Vaterländischen Front in der Steiermark. Es waren aber nicht nur Regierungsfunktionäre, die diesem ersten „Prominententransport“ nach Dachau angehörten. Neben Kommunisten wie

Ludwig Soswinski und Sozialdemokraten wie Robert Danneberg, Alexander Eifler und Franz Olah befanden sich unter den Häftlingen zahlreiche prominente Juden, wie der Präsident der Israelitischen Kultusgemeinde Desider Friedmann, sowie auch die Söhne des 1914 ermordeten Thronfolgers Franz Ferdinand, Max und Ernst von Hohenberg. Hohe Beamte, vor allem aus dem Bereich der Polizei und Justiz, gehörten dem Transport ebenso an wie oppositionelle Kulturschaffende und Journalisten. Die Liste war in den Tagen zuvor durch die mit Erlass Heinrich Himmlers vom 18. März 1938 eingerichtete Gestapoleitstelle Wien zusammengestellt worden.[12] Die Gefangenen wurden in insgesamt neun Zellenwagen zum Westbahnhof gebracht. Im Moment des Abtransports von der Elisabethpromenade wussten sie noch nicht, was mit ihnen geschehen würde. Einige Häftlinge hofften, ihre Freilassung stünde bevor. Erst als die Gefangenenwagen von der Ringstraße in die Mariahilfer Straße in Richtung Westbahnhof einbogen, realisierten zumindest einige, was dies bedeutete.[13]

Am Wiener Westbahnhof erfolgte die Übergabe der prominenten Häftlinge von der Wiener Polizei an die SS des Konzentrationslagers Dachau. Von dieser wurden die Gefangenen mit Gewehrkolbenschlägen in Empfang genommen und brutal in die bereitstehenden Waggons getrieben. Schon der Transport wurde zu einer traumatischen Ouvertüre dessen, was die Häftlinge in Dachau erwarten sollte. Während der Fahrt wurden sie immer wieder vom aggressiven und teilweise alkoholisierten Wachpersonal sadistisch gequält und zusammengeschlagen. Figls persönlicher Freund und Mithäftling Rudolf Kalmar erinnerte sich: „Wir standen von dem Augenblick unserer Übernahme durch die SS unter gar keiner Regel mehr. Man trat mit genagelten Stiefeln nach uns, stieß uns die Gewehrkolben in die Rippen, schlug uns mit geballten Fäusten mitten ins Gesicht. Der Herrenmensch tobte sich aus."[14] Ein anderer Mithäftling, Bruno Heilig, sprach von „zwölf Stunden Fahrt in der fahrenden Hölle"[15]. Als sie am frühen Morgen des 2. April endlich im Konzentrationslager ankamen, hatten viele der Häftlinge, so Fritz Bock, „so zerschlagene Gesichter, dass sie nicht mehr einem menschlichen Antlitz glichen"[16].

In Dachau erhielt Leopold Figl die Häftlingsnummer 13897. Wie allen KZ-Insassen wurden ihm sämtliche Habseligkeiten abgenommen, stattdessen bekam er die gestreifte Häftlingskleidung und wurde kahl geschoren. Er kam in den Block 13, den sogenannten Österreicherblock, und wurde bei der täglich zu verrichtenden Zwangsarbeit einem Maurerkommando zugeteilt.

Gleichzeitig mit seiner Deportation in das KZ wurde Figl – ganz der zynisch-bürokratischen Seite des NS-Terrorsystems entsprechend – an seine Privatadresse seitens der „Landesbauernschaft Österreich", die nun in der Schenkenstraße residierte, seine fristlose Entlassung zugestellt, „auf Grund Ihres dienstlichen und politischen Verhaltens", wie es in dem kurzen, selbstverständlich mit „Heil Hitler" gezeichneten Schreiben hieß.[17]

Schon bald wurden Figl und seine Mithäftlinge Zeugen der brutalen und sadistischen Foltermethoden der Wachmannschaft im KZ Dachau. Die österreichischen Gefangenen mussten geschlossen am Appellplatz antreten und eine der grausamsten Misshandlungen, eine Auspeitschung eines Häftlings am sogenannten „Bock", mitverfolgen. Dabei wurde der Delinquent nach einem sadistisch zelebrierten Ritual über ein dem gleichnamigen Turngerät vergleichbares Holzgestell gefesselt und von SS-Männern mit sogenannten „Ochsenziemern" – dabei handelte es sich um Peitschen aus geflochtenen Ochsensehnen, die zuvor in Wasser getränkt wurden – ausgepeitscht. Die Peiniger schlugen mit solcher Wucht zu, dass tiefe Fleischwunden die grausame Folge waren. Dessen ungeachtet wurde die Folter weiter vollzogen. Sehr häufig verlor der Gefangene, der die ihm zugefügten Hiebe selbst mitzählen musste, während dieser Bestrafung vor Schmerz das Bewusstsein. In einem solchen Fall wurde er mit einem Kübel Wasser übergossen und es wurde gewartet, bis er wieder zu sich kam. Erst danach wurde die Folter fortgesetzt. Es sollte der Delinquent die ihm zugefügten Schmerzen bei vollem Bewusstsein erleiden.[18]

In Reih und Glied angetreten und strammstehend, musste auch Figl erstmals diese qualvolle Prozedur mitansehen. Rudolf Kalmar zufolge war der sonst sehr robuste Figl von der Folterung psychisch derart mitgenommen, dass er bleich im Gesicht wurde und für einige Sekunden selbst das Bewusstsein zu verlieren drohte. Unbeobachtet von der Wachmannschaft, wurde er von den neben ihm stehenden Mithäftlingen gestützt.[19] Damals konnte er noch nicht ahnen, dass er einige Zeit später selbst Opfer dieses grausamen Strafrituals werden sollte. Im Herbst 1938 wurde er dabei ertappt, mit einem Mithäftling, dem früheren Staatsrat und niederösterreichischen Heimwehrfunktionär Eduard Seeger, während der Arbeit über Politik gesprochen zu haben. Der SS-Wache, die ihn

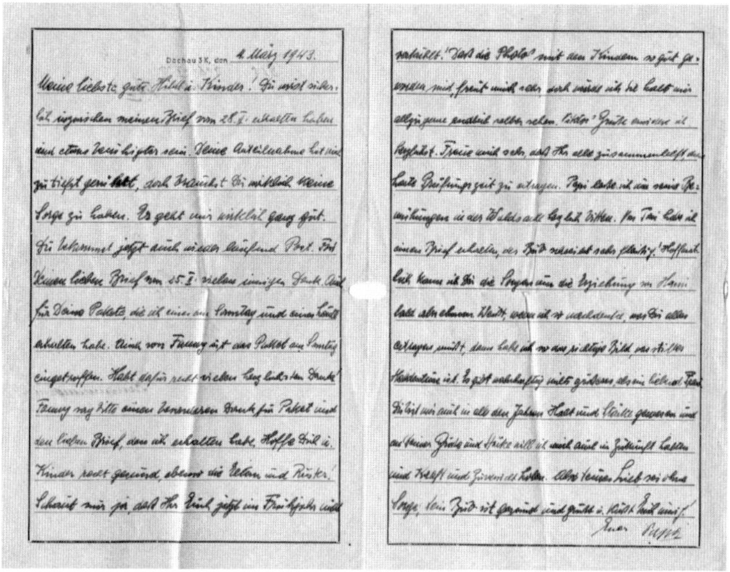
Dachau 3K, den 4. März 1943.

Brief Leopold Figls aus dem KZ Dachau an seine Frau und seine Kinder; das Schreiben stammt vom 4. März 1943.

gestellt hatte, antwortete Figl auf die Frage, woher er käme, „aus Österreich"[20]. Schon die Nennung des Namens Österreich war aus Sicht der Lagerleitung Provokation genug, um drakonisch abgestraft zu werden, wie dies für solche „Delikte" in der brutalen Disziplinar- und Strafordnung für das Gefangenenlager sogar schriftlich festgelegt war.[21] In Figls Fall erfolgte die Auspeitschung am Bock allerdings, ohne dass andere Häftlinge antreten und das qualvolle Spektakel mitverfolgen mussten. Blutüberströmt verlor Figl dabei das Bewusstsein, wobei die Strafe nach dem bereits geschilderten Ritual fortgesetzt wurde. Anschließend kam er am 18. Oktober 1938 in den berüchtigten Kommandantur-Arrest, wo er mehrere Monate, anfangs in einer Dunkelzelle und mit Verpflegung nur jeden dritten Tag, festgehalten wurde.[22] Auf Grund des düsteren Aussehens des zentralen Arrestgebäudes wurde es im Häftlingsjargon als der „Bunker" bezeichnet.[23]

Was dies alles hieß, hat Figls Mithäftling Franz Olah, der Ähnliches zu erdulden hatte, anschaulich geschildert: „Auch ich erhielt diese Lagerstrafe, aber nicht 25 Schläge [wie Figl, Anm. d. Verf.], sondern nur 15. Es war nicht angenehm; zwei kräftige, junge SS-Männer schlugen mit Ochsenziemern so fest zu, dass ich die folgenden 14 Tage nur mehr am

Bauch liegen konnte. Dazu kam der Dunkelarrest von 45 Tagen, wobei es nur jeden vierten Tag etwas zu essen gab, dann folgte ein Jahr Strafblock [...] Wer dies alles überstehen konnte, trug seine Wunden davon, mancher mehr, mancher weniger."[24]

Auch Figl trug bleibende körperliche Wunden davon. Doch darüber sprach er kaum. Im Konzentrationslager versuchte er stets, gegenüber seinen Mitgefangenen Trost und Zuversicht auszustrahlen. Auch später wollte er darüber nicht sprechen, schon gar nicht in der Öffentlichkeit. Lediglich in einem persönlichen Brief an einen früheren KZ-Kameraden vom Mai 1946 räumte Figl ein, an gesundheitlichen Spätfolgen der KZ-Haft zu laborieren.[25]

Nach seiner Rückkehr aus dem „Bunker" am 2. Juni 1939 wurde er in Dachau für einige Zeit auf Grund seiner völligen körperlichen Erschöpfung bei leichteren Vermessungstätigkeiten eingesetzt. In diese Phase fällt ein Ereignis, das sich bei Figl tief eingeprägt hat. Im August 1939 mussten die Häftlinge eines Tages um vier Uhr in der Früh auf dem Appellplatz des Konzentrationslagers antreten und stundenlang warten. Sodann wurde ihnen über den Lagerlautsprecher eine Radioübertragung von der völlig überraschenden Unterzeichnung des Hitler-Stalin-Pakts durch die Außenminister der beiden Staaten, Joachim von Ribbentrop und Vjačeslav M. Molotov, vorgespielt. Vor allem für die kommunistischen Häftlinge sollte es in den Augen der Lagerleitung eine tiefe Demütigung sein, Kenntnis vom Arrangement der beiden Diktatoren, die sich bis dato als unversöhnliche Erzfeinde gegenübergestanden waren, zu haben. Figl kam nach 1945 gegenüber Vertretern der Besatzungsmächte immer wieder auf diese Begebenheit im KZ zu sprechen, im Zuge der Staatsvertragsverhandlungen im April 1955 auch gegenüber Molotov persönlich, der darauf betreten reagierte.[26]

Am 27. September 1939 wurde Leopold Figl wie die meisten Österreicher von Dachau für ein knappes halbes Jahr in das Konzentrationslager Flossenbürg in der Oberpfalz verlegt. Das KZ Flossenbürg war wegen der von den Häftlingen zu verrichtenden besonders schweren Zwangsarbeit in den dortigen Granitsteinbrüchen gefürchtet. Figl musste neuerlich aufreibende und kräfteraubende körperliche Schwerstarbeit verrichten. Am 2. März 1940 kehrte er in das KZ Dachau zurück.[27]

Ob seines unerschütterlichen Optimismus, seiner Kontaktfreudigkeit und seiner Hilfsbereitschaft war Figl bei seinen Lagerkameraden beliebt. Er fand rasch Zugang zu allen Häftlingen, unabhängig davon, welchen politisch-ideologischen Hintergrund sie hatten.[28] In der Situation der Gefangenschaft fielen die alten Lagergrenzen, und bei Figl wie bei vielen seiner Mithäftlinge setzte ein Umdenken ein. Für ihn waren das insofern neue menschliche Erfahrungen, als er bis 1938 ausschließlich im Umfeld von Bauernbund, Christlichsozialer Partei und politischem Katholizismus sozialisiert worden war. Nun lernte er erstmals auch Menschen mit ganz anderen politisch-ideologischen Ansichten näher kennen. Was früher nur eingeschränkt möglich gewesen war, wurde nun durch die schrecklichen Haftbedingungen, den gemeinsamen Außenfeind und das gegenseitige Aufeinander-angewiesen-Sein der Häftlinge möglich: der langsame Aufbau eines Solidaritätsgefühls und einer Atmosphäre gegenseitigen Vertrauens. Die eingekerkerten politischen Kontrahenten von einst, die bisher durch ihre hermetisch voneinander getrennten weltanschaulichen Lager so gut wie keine persönlichen Berührungspunkte miteinander gehabt hatten, knüpften erstmals auf einer menschlichen Ebene Kontakte zueinander.

Dazu kam bei Figl noch die persönliche Komponente: Es war vor allem seine Zuversicht, die auf viele seiner Mithäftlinge ausstrahlte und ihnen über den trostlosen und entbehrungsreichen Lageralltag hinaus Hoffnung gab. Dies fand wiederholt Eingang in Erinnerungen seiner Mitgefangenen an ihre Zeit in Dachau, etwa jene des Geistlichen Johann Maria Lenz. Er erwähnte die Gespräche mit Figl auf der Lagerstraße, wo die Gefangenen nach dem Ende der Arbeit spazieren gehen durften und dabei Gelegenheit fanden, miteinander einigermaßen ungestört zu sprechen: „Öfters ging ich mit ihm allein auf der breiten Lagerstraße. Sein unbesiegbarer Frohsinn machte ihn uns besonders liebenswert. Wie vielen mag er dadurch allein schon in der Not des Lagers geholfen haben."[29] Mit anderen Gefangenen fand Figl im Rahmen dieser Spaziergänge Gelegenheit, politische Gespräche zu führen, auch wenn dies strikt untersagt war.

Die Grundhaltung Figls in der Gefangenschaft, den anderen Mut, Hoffnung und Zuversicht zuzusprechen, wird auch anhand seiner Briefe an seine Familie deutlich. Auch wenn bei ihrer Lektüre stets zu bedenken ist, dass sie strengster Zensur unterlagen und daher weder etwas von der grausamen Realität des Lageralltags noch politische Bemerkungen enthalten durften, geben sie ein beredtes Zeugnis vom Selbstverständnis Figls während der Jahre im KZ. Ohne den geringsten Anflug von Selbstmitleid richtete er den Blick immer nach vorne. Er versuchte, darin Zuversicht zu vermitteln und für das Wohlergehen nicht nur seiner Frau und seiner beiden heranwachsenden Kinder, sondern auch der weiteren Verwandtschaft Sorge zu tragen. Stets gab er vor, vollkommen gesund zu sein. Lediglich über Zahnprobleme klagte er gelegentlich in seinen Briefen. Immer wieder vermittelte er die Hoffnung, dass „[...] die Stunde des Wiedersehens schlägt. Einmal[,] hoffen wir zuversichtlich, muss sie ja kommen."[30] Nur ganz selten klang etwas Unsicherheit über das eigene Schicksal durch, etwa als er im Juni 1941 nach Hause schrieb, „[...] dass ich alles[,] was in meiner Macht steht, tun werde, um Euch für diese lange Zeit der Trennung zu entschädigen. Ja, Pläne habe ich mir schon viel zurecht gelegt, ob ich sie durchführen kann, müssen wir der Zeit überlassen."[31]

Die Ungewissheit über das eigene Schicksal, die aus diesen Zeilen deutlich wird, war Bestandteil der perfiden psychischen Torturen, unter denen die Häftlinge, insbesondere wenn sie so wie Figl über Jahre im KZ waren, litten. Sie hatten keine Ahnung, wie lange sie noch inhaftiert blieben, ja ob sie überhaupt je das Lager lebend verlassen würden. Auskünfte über die Haftdauer oder Ähnliches gab es nicht. Wenn ein Häftling bei einem Appell herausbefohlen wurde, so konnte das den Weg in die Freiheit genauso wie die Einweisung in den Strafblock oder im schlimmsten Fall die Hinrichtung bedeuten. Die Gefangenen sollten nach dem Willen der SS in permanenter Angst um ihre Existenz gelassen werden, und tatsächlich wirkte sich dieser ständige Alpdruck bei vielen mit der Zeit zermürbend aus.

Im Gegensatz zu den beschönigenden Angaben in seinen Briefen verlangten Figl die Jahre der KZ-Haft auch über die erlittenen Folterungen hinaus gesundheitlich einiges ab. Zweimal, am 23. August 1941 und am 7. Oktober 1941, mussten in schmerzhaften Operationen Schweißdrüsenabszesse entfernt werden.[32] Sie waren ein Tribut an die Strapazen der vergangenen Jahre, sind solche Abszesse doch eine typische Folge einer unausgewogenen Flüssigkeitsbilanz, unzureichender Körperhygiene und schwerer körperlicher Anstrengungen bei großer Hitze. Einige Zeit später erlebte er in Dachau eine ernste, ja lebensgefährliche gesundheitliche Krise. Eine schwere Typhusepidemie suchte ab Jänner 1943 das überfüllte Lager heim.

Auch Figl erkrankte an Typhus und musste am 19. Jänner 1943 in eine der „Typhusbaracken" im Krankenrevier eingeliefert werden.[33] Seinem Freund Rudolf Kalmar blieb der Schock über Figls Aussehen bei einem kurzen Wiedersehen durch das Fenster des hermetisch abgeriegelten Krankenreviers in Erinnerung: „Ein unvorstellbarer, gespenstischer Anblick hinter dem schmutzigen, mit alten Brettern und Stacheldraht doppelt verschlagenen Glas. Bleich und verfallen. Das schmale, von rötlichen Bartstoppeln bis zur Unkenntlichkeit struppig umrahmte Gesicht gehörte kaum noch zu ihm."[34]

Die SS-Aufseher mieden aus Angst vor Ansteckung den Typhusblock, wo die Erkrankten zusammengefasst und abgesondert worden waren.[35] Ein Häftlingsarzt und ein Krankenpfleger aus dem Kreis der Gefangenen kämpften um das Leben der Infizierten. Sie verschrieben eine Sonderkost und besserten diese mit für die Kranken verträglichen vitaminhaltigen Lebensmitteln, wie Obst, Zitrusfrüchten oder Eiern, auf. Zu diesem Zeitpunkt war es den Verwandten bereits gestattet, ihren inhaftierten Angehörigen Nahrungsmittel zukommen zu lassen, aus denen viele Häftlinge die für die Infizierten so wichtigen Lebensmittel beisteuerten. Obzwar selbst hungernd, sparten sie sich die Dinge vom Mund ab. Aus der SS-Apotheke gelang es illegal Medikamente zu beschaffen, vor allem den für die Injektionen so wichtigen Traubenzucker. Dadurch wurde es möglich, die Todesfälle in Grenzen zu halten. Von den knapp 590 isolierten Häftlingen starben trotzdem 78, davon 30 an Tuberkulose. Figl überlebte und erholte sich langsam. Nach zehn Wochen, am 30. März 1943, konnte er den Typhusblock verlassen.[36]

Schon seit dem Sommer 1938 waren Bemühungen der Familie Figls im Gange, seine Enthaftung zu erreichen. Seine Frau wie auch seine Mutter versuchten, durch persönliche Vorsprachen wie durch schriftliche Eingaben den Ehemann beziehungsweise Sohn aus Dachau freizubekommen.[37] Dies war anfangs chancenlos. Erst relativ lange nachdem die meisten anderen nach Dachau deportierten politischen Häftlinge aus Österreich freigelassen worden waren, schien sich auch das Blatt für Leopold Figl zu wenden. Im März 1941 setzte sich der nationalsozialistische Bürgermeister von Figls Geburtsort Rust im Tullnerfeld für Figl ein. Seitens des Büros Baldur von Schirachs erfolgte am 5. April 1941 eine Eingabe an das Gaurechtsamt, in der davon die Rede war, dass aus „menschlichen Gründen" mit Rücksicht auf die Familie Figls, die „seelisch völlig gebrochen sein soll", ein Enthaftungsantrag begründbar wäre. Dementsprechend wurde seitens des Referenten des Reichsleiters für Schutzhaftsachen der Antrag gestellt, die Entlassung Figls in Vorschlag zu bringen. Ein diesbezüglicher Antrag wurde seitens der Gauleitung der NSDAP in Wien bei der zuständigen Stelle des SS-Reichsführers Ende April gestellt.[38] Im Februar 1942 bestätigte auch die Kreisleitung III des Gaupersonalamts, dass Figl „in politscher Beziehung nicht mehr als Gegner anzusprechen und daher aus der Gegnerkartei zu streichen“ sei.[39]

Doch es dauerte dann noch mehr als ein Jahr, bis Figl tatsächlich freikommen sollte. Einer der Gründe für die Verzögerung der Freilassung lag wohl in der Typhusepidemie und der Ansteckung Figls mit dieser Krankheit. Etwas mehr als einen Monat nach seiner Entlassung aus dem Krankenrevier erfolgte am 7. Mai 1943 seine Enthaftung. Nach mehr als fünfjähriger Gefangenschaft in den Konzentrationslagern Dachau und Flossenbürg konnte Figl zu seiner Familie zurückkehren. Mit Datum vom 8. Mai 1943 vermerkte er, gleich einem freudigen Ausruf, in seinem Gästebuch: „Zu Haus ist's am schönsten“.[40] Sein 1932 geborener Sohn Johannes war inzwischen Gymnasiast, seine 1936 geborene Tochter Anneliese, die er zuletzt als Kleinkind gesehen hatte, ging mittlerweile in die Volksschule.

In Wien nahm Figl Kontakt mit seinem langjährigen Freund Julius Raab auf. Dieser, obzwar Minister in der letzten Regierung Schuschnigg, war nach dem 11. März 1938 vergleichsweise glimpflich davongekommen. Er entging einer Verhaftung, wurde aber mit einem Berufsverbot in Niederösterreich belegt. Raab ließ sich in Wien nieder, wo er mit dem Fuhrwerksunternehmer Hans Kohlmayer eine Straßenbaugesellschaft gleichen Namens gründete.[41] Figl und der um elf Jahre ältere Raab kannten einander seit 1918, wobei der jüngere Figl stets zu Raab aufgeblickt hatte. Raab war für ihn *in politicis* wie auch privat ein älterer Bruder, so wie Josef Reither für Figl, der schon im Alter von elf Jahren zum Halbwaisen wurde, zu einer Art politischer Vaterfigur geworden war.

Raab war sofort bereit, Figl in der Firma Kohlmayer eine berufliche Stellung zu geben. Noch im Mai 1943 fing er dort als Bauleiter im Straßenbau an. Ihm oblagen die „Beaufsichtigung und Betreuung der Gefolgschaftsmitglieder sowie die gesamten technischen und Vermessungsarbeiten“.[42] Dass sich Figls Straßenbautätigkeit im Zistersdorfer Erdölgebiet abspielte, war von Raab wohldurchdacht. Denn als damals 41-Jähriger musste Figl damit rechnen, zur Wehrmacht eingezogen zu werden. Doch war das sogenannte Mineralölprogramm in die Wehrkreis-Rangfolge-Liste XVII für dringende Bauten aufgenommen worden. Damit lag ein Grund vor, um Figl, der sich Anfang Juni 1943 zu einer Nachmusterung melden musste, unabkömmlich zu stellen.[43] Figl verfügte übrigens

Leopold Figl und Julius Raab mit einem Neffen Figls im Tullnerfeld während der Weinlese 1943

über passable Kenntnisse der Vermessungstechnik. Vorlesungen über Geodäsie und praktisches Feldmessen gehörten zum Ausbildungsplan des Studiums an der Hochschule für Bodenkultur, wurde doch bei Agraringenieuren vorausgesetzt, dass sie einfache Vermessungsarbeiten selbst erledigen konnten und bei bäuerlichen Grundstreitigkeiten in der Lage waren zu vermitteln.[44] Seine diesbezüglichen Kenntnisse waren auch ausschlaggebend dafür, dass Figl im Konzentrationslager Dachau nach seiner Zeit im Strafblock bzw. seiner Rückkehr aus Flossenbürg bei Vermessungs- bzw. Planungsarbeiten eingesetzt wurde.

Ungeachtet seiner grauenvollen Erlebnisse während der Jahre der Haft war Figl ein zutiefst politischer Kopf geblieben. Zwar war er bei seiner Entlassung mit gewissen Auflagen bedacht worden, musste sich regelmäßig bei der Gestapo melden, hatte ein abendliches Ausgehverbot zu beachten und andere Einschränkungen.[45] Das hinderte ihn aber nicht, wieder den Kontakt zu Josef Reither, der 1941 aus dem KZ entlassen worden war, aufzunehmen. Doch mehr noch begann er darüber hinaus wieder Verbindung zu ehemaligen Politikern des Bauernbundes in Niederösterreich zu knüpfen. Seine berufliche Tätigkeit im Straßenbau und der Umstand, dass ihm dabei ein Kraftfahrzeug zur Verfügung stand, erleichterten es ihm, ohne dabei allzu sehr aufzufallen, sein politisches Netzwerk neu zu knüpfen. So entstand über ihn erstmals eine Verbindung zwischen den verschiedenen Gruppierungen früherer Bauernbundfunktionäre, die sich davor nur regional isoliert und ohne darüber hinaus Verbindungen untereinander gehabt zu haben, in einzelnen Gehöften zusammengefunden hatten.

Vorbereitungen für die Zeit danach

Im Frühsommer 1943 waren schon seit längerem Bestrebungen im Gange, die das Ziel verfolgten, die Neugründung einer bürgerlichen Integrationspartei für die Zeit nach dem erhofften Ende des Krieges vorzubereiten. Ihre Schnittstelle bildeten die Aktivitäten Felix Hurdes' und Lois Weinbergers. Der Christgewerkschafter Lois Weinberger kristallisierte sich im Laufe der ersten Kriegsjahre als der führende Kopf verschiedener illegaler Zirkel heraus, die sich aus ehemaligen Funktionären der christlichen Arbeiterbewegung beziehungsweise der christlichen Gewerkschaften bildeten. Diese standen in mehr oder minder losem Kontakt zu Leopold Kunschak, der allerdings bereits zu erkennen gab, in Weinberger einen möglichen Nachfolger an der Spitze der christlichen Arbeitnehmerbewegung zu sehen.[46] Über Weinberger stieß Felix Hurdes zu diesem Kreis. Der in Südtirol geborene Rechtsanwalt Hurdes war vor 1938 Landesrat in Kärnten gewesen, wurde nach dem Anschluss verhaftet und kam nach Dachau. Dort war er bis 1939 ein Mithäftling Figls. Eine Zeitlang waren beide den verschärften Torturen im Isolierblock des Konzentrationslagers gemeinsam ausgesetzt.

Hurdes und Weinberger waren Freunde seit Jugendtagen, wo sie einander im Christlich-Deutschen Studentenbund erstmals begegnet waren und beide großen Anteil am Aufbau des Bundes Neuland hatten.[47] Nunmehr war der Eintritt von Hurdes in die illegalen Zirkel, die sich rund um Weinberger gebildet hatten, insoferne bedeutungsvoll, als dadurch die anfangs rein gewerkschaftliche Ausrichtung dieser Kreise erweitert und erste Kontakte zu anderen gesellschaftlichen und politischen Gruppierungen des bürgerlichen Lagers aufgenommen wurden.[48] Hurdes war es auch, der zur Sozialdemokratie in der Person Adolf Schärfs eine Verbindung herstellte.[49]

Zu der Gruppe um Hurdes und Weinberger, der auch der ehemalige Unterrichtsminister der Regierung Schuschnigg, Hans Pernter, angehörte, knüpfte nach seiner Enthaftung Leopold Figl Kontakte.[50] Er fungierte als der von Weinberger und Hurdes schon herbeigesehnte Verbindungsmann zu den Bauern. Aber mehr noch, Figl wurde dies auch zu Julius Raab und damit zu den Wirtschaftstreibenden. Raab hatte längst seinen aus dem Gewerbebund kommenden Vertrautenkreis von Unternehmern und Selbstständigen reaktiviert, als dessen zentrale Persönlichkeit er als ehemaliger Handelsminister und Präsident des Gewerbebundes von Anfang an fungierte. Mit Kontakten darüber hinaus blieb er aber zurückhaltend. Er vermutete, dass er als ehemaliger Minister stets im Visier der Gestapo war. Möglicherweise genoss er auch auf Grund seiner lange zurückreichenden privaten Bekanntschaft mit dem niederösterreichischen Gauleiter Hugo Jury, der so wie Raab aus St. Pölten stammte, eine gewisse privilegierte Position, die er nicht aufs Spiel setzen wollte. Raabs von Haus aus schweigsames Naturell trug zusätzlich das seine zu seinem Verhalten bei. Es half Raab aber auch, seine Pläne bis zum Kriegsende vor den Nationalsozialisten verbergen zu können und so als praktisch Einziger einer Verhaftung zu entgehen.

Nicht zuletzt geprägt durch die Erfahrungen des Konzentrationslagers und der nationalsozialistischen Diktatur insgesamt, herrschte im Kreis um Hurdes und Weinberger, zu dem jetzt auch Figl als Vertreter der Bauern gestoßen war, Einmütigkeit darüber, dass ein politischer Neubeginn unter neuen und anderen Prämissen erfolgen müsse, als sie in der Zwischenkriegszeit für die österreichische Politik bestimmend waren. Die Denkansätze bewegten sich jenseits des autoritären Regimes, aber bald auch jenseits der früheren Christlichsozialen Partei. Im Rahmen der damals gepflogenen Überlegungen entstand das Konzept einer demokratischen bürgerlichen Sammelbewegung, die alle gesellschaftlichen Gruppen umfassen, aber auch verschiedenen geistigen Strömungen gegenüber offen sein sollte. Bei einem prinzipiellen Bekenntnis zu christlichen Wertvorstellungen sollte sie überkonfessionell ausgerichtet werden und keiner strikten Bindung an die katholische Kirche mehr unterliegen.[51]

Zu Ostern 1944 kamen Lois Weinberger, Felix Hurdes und Hans Pernter zu Figl in die Kundmanngasse. Bei diesem Treffen herrschte Einverständnis darüber, die illegalen Gruppen der christlichen Gewerkschafter, der niederösterreichischen Bauern und der Wirtschaftstreibenden in einer Partei zu vereinen.[52] Eine Entscheidung über eine konkrete Organisationsstruktur der ins Auge gefassten Partei fiel bei diesem Treffen noch nicht. Ob damals bereits über den künftigen Parteinamen „Österreichische Volkspartei" gesprochen wurde, ist strittig, letztlich aber zweitrangig.[53] Daneben bestand für Figl die oberste Priorität darin, sofort nach Kriegsende den Bauernbund zu reaktivieren, sollte dieser doch in der neuen Sammelpartei von Anfang an eine Hauptrolle spielen. In diesem Zusammenhang kam es am 4. Mai 1944 zu einem konspirativen Treffen einiger früherer Bauernbundfunktionäre. Schon bei der getrennt erfolgten Anreise waren die einzelnen Teilnehmer bemüht, keinen Verdacht zu erregen.[54] Die Zusammenkunft fand im Weinkeller Josef Reithers in Judenau im Tullnerfeld statt. Dieser lag unweit von Reithers Heimat in Langenrohr. Auch Figl stammte wie andere führende Persönlichkeiten der Bauernschaft aus der Gegend, sein Geburtsort Rust lag nur wenige Kilometer entfernt. Dieses Treffen wurde später bereits als die Neugründung des Bauernbundes bezeichnet.[55] Dies dürfte wohl etwas zu weit gegriffen sein.[56] Unzweifelhaft erfolgten aber im Weinkeller Reithers einige langfristige Weichenstellungen, die sehr wohl für die dann ein Jahr später erfolgte Reaktivierung des Bauernbundes maßgeblich wurden. Vor allem designierte Reither bei dieser Gelegenheit Figl in Anwesenheit einiger maßgeblicher Persönlichkeiten des Bauernbundes, also vor einer relevanten Teilnehmerrunde, zu seinem präsumtiven Nachfolger. Dies wurde schlagend, da Reither dann im Frühjahr 1945 verschleppt war und daher die ersten Schritte in seiner Abwesenheit erfolgen mussten. Darüber hinaus gab Reither sein Placet zu den zu Ostern in Figls Wohnung ins Auge gefassten Plänen bezüglich einer Parteigründung. Es wurde der Beschluss gefasst, den Bauernbund „geschlossen in die neue Gemeinschaft einzuordnen“[57]. Eine Woche später fuhr Figl nochmals zu Reither. Diesmal kam er gemeinsam mit Julius Raab. Dieser informierte Reither darüber, dass sich auch die Wirtschaftstreibenden in die neue Partei eingliedern würden.[58]

Parallel zu diesen politischen Kontakten im engeren Sinn traf Figl auch Vertreter der Widerstandsbewegung. So war bei ihm im August 1943 sein Mithäftling und Freund aus Dachau, Franz Sobek, zu Gast. Er gehörte später als Repräsentant des bürgerlichen Lagers dem sogenannten „Siebenerausschuss“ der Widerstandsgruppe 05 an.[59] Zur Tarnung dieser konspirativen Treffen brachte Figl meist Grundnahrungsmittel wie Eier, Kartoffeln oder Speck mit, die er von niederösterreichischen Bauern organisiert hatte. Seinen Freunden waren sie stets sehr willkommen.[60] Ein halbes Jahr später ist ein anderes bemerkenswertes Treffen in Figls Wohnung nachweisbar. Am 29. Jänner 1944, nur wenige Wochen nach der Moskauer Konferenz der Außenminister der Sowjetunion, Englands und der Vereinigten Staaten, schrieb Julius Raab, der gerne in wenn auch etwas holprigen Versen reimte, nach einem Beisammensein in der Wohnung Figls Folgendes in dessen Gästebuch:

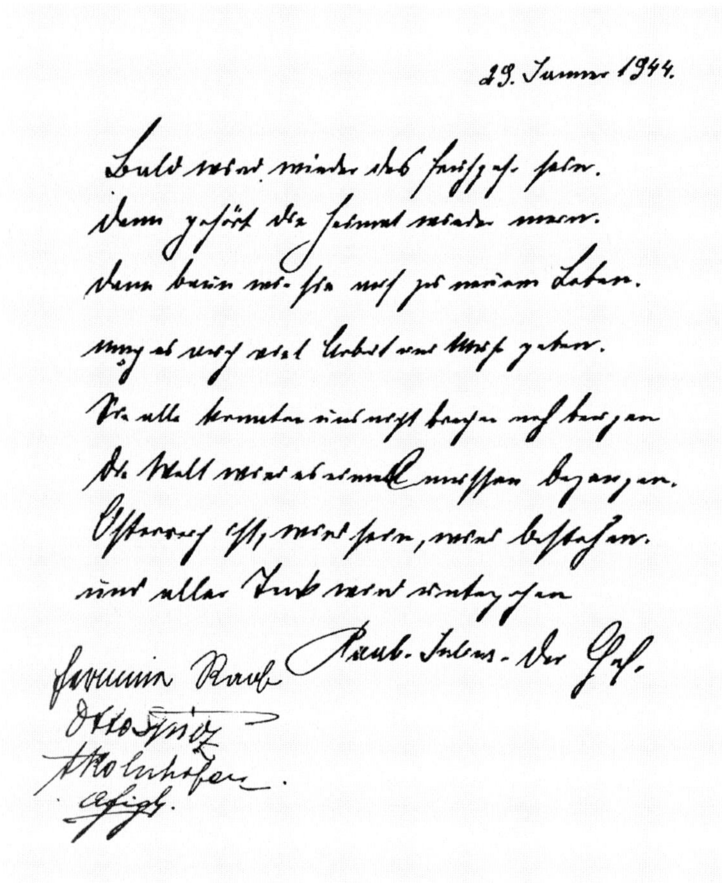
29. Jänner 1944.

Raab. Julius. Der Chef.

Eintragung Julius Raabs („der Chef") im Gästebuch Figls vom 29. Jänner 1944

„[…]
Sie alle konnten uns nicht brechen, noch beugen,
Die Welt wird es einmal müssen bezeugen.
Österreich ist, wird sein, wird bestehen,
und aller Dreck wird untergehen."[61]

Zu Besuch bei Figl waren neben Julius Raab und seiner Gattin Hermine zwei Unternehmer aus Raabs engerem politischen Umfeld, Heinrich Otto Spitz und der spätere Wiener Stadtrat Anton Rohrhofer. Beide spielten in der Widerstandsbewegung eine Rolle. Diese, genauso wie die im

Untergrund agierende politische Opposition, hatte relativ schnell Kenntnis von den Österreich betreffenden Beschlüssen der Alliierten, die über Feindsender verbreitet und als Flugblätter über Österreich abgeworfen wurden, erlangt.[62] Es kann wohl davon ausgegangen werden, dass die – wäre das Tagebuch in die Hände der Nazis gefallen, für Raab höchst gefährliche – Eintragung die an diesem Abend stattgefundenen Gespräche in der einen oder anderen Form reflektieren bzw. zusammenfassen sollte. Demnach wären die von den Alliierten in der Moskauer Deklaration in Aussicht gestellte Wiedererrichtung Österreichs genauso wie die von österreichischer Seite zu leistenden politischen und militärischen Beiträge die Gesprächsthemen gewesen. Ersteres, die Wiedererrichtung Österreichs als nunmehr offizielles Kriegsziel der Alliierten, musste als erfreuliche Nachricht wirken, Letzteres, dass es nach seinem eigenen Beitrag zu seiner Befreiung beurteilt würde, als Motivation, was auch von Seiten der Alliierten so bezweckt war. Die an allen Fronten in schwere und verlustreiche Kämpfe verwickelten Verbündeten hatten sich bei der Textierung der Deklaration von dieser in erster Linie folgende Wirkung erhofft: Durch eine Beflügelung des österreichischen Widerstandes sollte ein Beitrag zur militärischen Schwächung NS-Deutschlands und damit zur möglichst raschen siegreichen Beendigung des Krieges erwachsen. Erst in zweiter Linie hatten sie das weitere Schicksal Österreichs vor Augen. Interessanterweise wird in der zweiten Verszeile Raabs die von den Alliierten im Hinblick auf Österreich angewendete Argumentation nahezu in ihr Gegenteil verkehrt. Der österreichische Selbstbehauptungswille wird fast trotzig als bereits vor der staatlichen Wiederherstellung feststehendes Faktum vorausgesetzt. Aus der etwas eingeschränkten Perspektive der in der Wohnung Figls konspirierenden Männer hieß dies, die Weltgemeinschaft, also die Anti-Hitler-Koalition der Alliierten, würde gar nicht umhinkommen, dies anzuerkennen. Das illustriert bereits anno 1944 anschaulich, wie sehr die Opferthese schon Teil des Selbstverständnisses dieser in der Illegalität agierenden Männer war.

Dass es bei dem Treffen vom 29. Jänner 1944 um die Fragen des Zusammenspiels zwischen der politischen Opposition und dem sich herausbildenden bewaffneten Widerstand ging, belegt vor allem auch die Anwesenheit von Heinrich Otto Spitz. Dieser war vor 1938 Stellvertreter Raabs im Gewerbebund und saß gemeinsam mit Raab und Figl im Bundeswirtschaftsrat. Man kannte einander also gut. Nunmehr fungierte er als Bindeglied zwischen den in der Illegalität agierenden Vertretern der in Vorbereitung befindlichen bürgerlichen Sammelpartei und dem bewaffneten Widerstand, zu dessen prominentesten Vertretern er zählte. Im Hause von Heinrich Otto Spitz fand etwas mehr als zehn Monate später im Dezember 1944 die Gründung des Provisorischen Österreichischen Nationalkomitees POEN statt. Es wurde Ende Februar/Anfang März 1945 verraten und zerschlagen. Spitz gelang es vorerst unterzutauchen.[63]

Warten auf die Hinrichtung

Die politische Untergrundtätigkeit sollte für Figl nicht ohne Folgen bleiben. Denn als die POEN aufflog, befand sich auch er schon längst wieder in den Kerkern der Nationalsozialisten. Seine Kontaktleute Felix Hurdes und Lois Weinberger hatten über Carl Goerdeler und Jakob Kaiser losen Kontakt zu den Verschwörern des 20. Juli 1944 geknüpft. Auf Drängen Kaisers nannten sie den früheren Wiener sozialdemokratischen Bürgermeister Karl Seitz und Josef Reither als Ansprechpersonen mit hoher Bekanntheit und großem Vertrauen in der Bevölkerung.[64] Nach dem Scheitern des Hitler-Attentats fand die Gestapo die beiden Namen als Ansprechpartner im „Wehrkreisverband Wien" auf einer sichergestellten Liste der Putschisten. Beide wurden umgehend verhaftet. Damit rückte auch Reithers engster Mitarbeiter Leopold Figl wieder in das Fadenkreuz der NS-Verfolgungsmaschinerie. Seine umtriebigen politischen Untergrundaktivitäten waren ohnedies nicht ganz unbemerkt geblieben und er musste sich von nun an wöchentlich zu Verhören bei der Gestapoleitstelle in Wien, dem früheren Hotel Metropol, melden. Am 6. Oktober 1944 wurde Leopold Figl dann neuerlich verhaftet. Man brachte ihn wie schon nach seiner ersten Festnahme im März 1938 in das Polizeigefangenenhaus auf der Elisabethpromenade, wo eine Gruppe politisch Verfolgter bzw. des politischen Widerstandes Angeklagter zusammengefasst wurde.[65] Zu ihnen zählten Hans Pernter, Felix Hurdes, Lois Weinberger, der bereits zum Tod verurteilte katholische Geistliche Heinrich Maier, der spätere Präsident der Industriellenvereinigung Franz Josef Mayer-Gunthof, der Rechtsanwalt Alfons Klingsland, Otto-Franz Troidl, der einer der Kontaktleute zu Carl Goerdeler und Jakob Kaiser war, und eben Leopold Figl. Am 21. November 1944 wurden sie auf einen kleinen, offenen Lastwagen verladen.[66] Der Transport verließ Wien mit einem den Gefangenen unbekannten Ziel. Erst auf der Fahrt wurde klar, dass sie in das KZ Mauthausen eingeliefert würden. Mauthausen galt als eines der berüchtigtsten Konzentrationslager, der Steinbruch und die Todesstiege, die Existenz der Hinrichtungsstätten, ja sogar der Gaskammer, all das war in Widerstandskreisen zumindest gerüchteweise bekannt. Die Situation für die Häftlingsgruppe schien ohne jede Hoffnung zu sein. Als Julius Raab erfuhr, dass sein Freund Leopold Figl nach Mauthausen gebracht worden war, glaubte er nicht mehr daran, ihn jemals lebend wiederzusehen.[67]

Im Konzentrationslager wurden die neuen Häftlinge ohne nummernmäßige Erfassung direkt in den schwerbewachten Isoliertrakt, den sogenannten Bunker, überstellt.[68] Dieses Arrestgebäude des Lagers befand sich in unmittelbarer Nähe der Gaskammer und der Krematorien.

Im Gegensatz zu Dachau wurde Figl, genauso wie die anderen der Gruppe, nicht zu Zwangsarbeit herangezogen. Im Gegenteil, sie waren vom Rest der Gefangenen durch ein weiteres System von elektrischen Zäunen und Mauern völlig separiert, wurden in winzige Einzelzellen gesteckt und hatten selbst untereinander so gut wie keinen Kontakt. Spaziergänge oder Ähnliches gab es nicht, die Verpflegung bestand aus einer dünnen Rübensuppe, Brot blieb die Ausnahme. „Das Leben im Bunker war eintönig, grau und ermüdend. Es war mehr ein Vegetieren als ein Leben."[69]

In unmittelbarer Nähe der Zellen des Bunkers fanden schwere Folterungen statt, die Schreie der gepeinigten Opfer genauso wie der Geruch der Gaskammer und Krematorien drangen in die Zellen der Häftlinge. In der Erinnerung von Felix Hurdes waren die Zellen gerade einmal so breit „wie die ausgespannten Arme. In der Länge hatte sie nur um ungefähr einen Meter mehr. Unter meiner Zelle war, wie ich allmählich wahrnehmen konnte, der Verbrennungsraum des Krematoriums. In diesem herrschte, wie ich den Geräuschen entnahm, die das Hineinschieben in die Öfen und das Auskratzen der Roste verursachte, ständig Hochbetrieb."[70] Ähnliches prägte sich einem der anderen Mithäftlinge Figls, Franz Mayer-Gunthof, unauslöschlich ein: „Durch das kleine Fenster [der Zelle, Anm. d. Verf.] hat man immer wieder weiße Flankerln wie Schneeflocken gesehen. Ich war von der ungewohnten Unterernährung ziemlich geschwächt, habe mich aber doch einmal zu dem Fenster hinaufgeturnt, und dann sah ich unten Leichen über Leichen. Und ich habe mit Schrecken erkannt, dass wir direkt über den Gaskammern waren und ich habe gesehen, wie die Menschen vergast und ihre Leichen verbrannt wurden. Die Schneeflocken, das waren Aschenteile vom Krematorium ..."[71]

All dies bildete die Drohkulisse, unter deren Einfluss die Gestapo in neuerlichen Verhören den Gefangenen weitreichende Geständnisse und die Preisgabe von Namen und Netzwerken des Widerstandes und oppositioneller Gruppen abzupressen hoffte. Anschaulich signalisierte man damit den Gefangenen, in Mauthausen „alle Möglichkeiten" zu besitzen.[72] Figl selbst beschrieb die Verhöre folgendermaßen: „Hatten sich 1938 in Dachau übermütige Sieger an ihren Opfern ihr Mütchen gekühlt, so tobte sich nun in Mauthausen der Sadismus von Leuten aus, die das sichere Scheitern ihrer Machtträume drastisch vor Augen haben mussten; – dementsprechend war unsere Behandlung."[73] Schon bei ihrer Ankunft hatte ihnen der Lagerkommandant Franz Ziereis angekündigt, man werde sie in „verschärften" Einvernahmen zum Sprechen bringen.[74] Doch auch angesichts der unmittelbaren und ständigen Präsenz des Todes schwiegen Figl und die anderen Mithäftlinge.

Am 21. Jänner 1945 wurde ein Teil der Gruppe, unter ihnen Leopold Figl, wieder in Marsch gesetzt. Ein erster Anlauf, sie wieder nach Wien zurückzubringen, musste allerdings abgebrochen werden. Als die Häftlinge nach dem Fußmarsch aus dem etwas abgelegenen Konzentrationslager in der Bahnstation Mauthausen angekommen waren, stellte sich heraus, dass infolge eines Fliegerangriffs auf Linz der Gefängniswaggon nicht bereitgestellt war. Die Häftlinge mussten in das Lager zurück und konnten erst bei einem neuerlichen Versuch nach Wien gebracht werden.[75] Während der Fahrt bot sich erstmals seit ihrer Verbringung nach Mauthausen wieder die Gelegenheit, untereinander Gespräche zu führen und allfällige Zeugenaussagen im Hinblick auf weitere Verhöre miteinander abzustimmen. Die Wachmannschaften, Figl blieb der damalige Leiter des Transports in Erinnerung, verhielten sich den Häftlingen gegenüber wohlwollend und hörten weg.[76]

Es ging zurück nach Wien und nach einem kurzen Zwischenspiel im Polizeigefangenenhaus auf der Elisabethpromenade ins Landesgericht. Dort hatten sie ihren Prozess vor dem Volksgerichtshof zu erwarten. Die Wahrscheinlichkeit, dass dieser mit dem Urteil „Tod durch Fallbeil" enden würde, war hoch. Die Ungewissheit war in jeder Hinsicht groß: Schwere Luftangriffe auf Wien, während derer die Häftlinge in ihren fest verschlossenen Zellen ausharren mussten, das Aufsichtspersonal hingegen in den Kellerräumen Schutz suchte; die Exekutionen, die mit unverminderter Intensität fortgeführt wurden, und die näher rückende Front, all das ließ für die Gefangenen in den Monaten Februar und März 1945 ganz unterschiedliche Szenarien offen. Was würde geschehen? Noch am 22. März fanden Hinrichtungen statt, in deren Zuge Kaplan Heinrich Maier, der gemeinsam mit Figl im Herbst 1944 nach Mauthausen gekommen war, der mörderischen NS-Justiz zum Opfer fiel. Es sollte sich um die letzten Exekutionen handeln, die im Landesgericht durchgeführt wurden. Anfang April wurden über 40 bereits zum Tode verurteilte Häftlinge auf brutale Art und Weise nach Stein gebracht und dort erschossen: Je zu zweit aneinandergekettet, mussten sie den Weg zu Fuß zurücklegen. Am 15. April 1945 wurden die Gefangenen im Hof der Strafanstalt Stein mit Maschinengewehrsalven niedergestreckt. Eine Zeitlang sah es so aus, als würden auch die für ein Volksgerichtshofverfahren vorgesehenen, aber noch nicht abgeurteilten Delinquenten nach Stein gebracht werden. In den ersten Apriltagen musste Figl mehrfach, bereits an einen Mithäftling gefesselt, zum Abmarsch antreten.[77] Doch unterblieb dieser letzte Transport schließlich. Er hätte wohl den sicheren Tod in der Apokalypse des untergehenden „Dritten Reiches“ bedeutet.

Neubeginn in Trümmern

Als Figl am Nachmittag des 6. April in seine Wohnung in der Kundmanngasse zurückkehrte, war die Schlacht um Wien in vollem Gange. Das sowjetische Umfassungsmanöver rund um die Stadt wurde nunmehr für die deutschen Verteidiger Wiens in seinem ganzen Umfang sichtbar. Zugleich drangen die Angreifer vom Süden kommend weiter in die Stadt ein: Der 3. SS-Panzer-Division gelang es gerade noch, den Vormarsch knapp vor dem Gürtel auf der Höhe Südbahnhof/Südtirolerplatz zum Stehen zu bringen.[1] Im Gebiet rund um das Arsenal sollten die Kämpfe zwei Tage lang toben, während die Sowjets ansonsten fast überall bis zum Gürtel vorgedrungen waren und im Zuge ihrer Zangenbewegung bereits Klosterneuburg unter ihre Kontrolle gebracht hatten. Am 7. April 1945 begann die Rote Armee in schweren Kämpfen durch die Industriezonen des elften und dritten Bezirkes in Richtung Donaukanal vorzudringen, wobei das Kampfgeschehen in den dicht besiedelten Gegenden immer unübersichtlicher wurde. Tieffliegerangriffe begleiteten die Vorstöße der Sowjets.[2] Für Figl hieß das: Die engere Umgebung seines Wohnhauses wurde noch von den Deutschen kontrolliert, zugleich rückte die Frontlinie aber unaufhaltsam näher. Figl war sich der doppelten Gefahr, die für ihn bestand, bewusst. Einerseits war er wie alle Zivilisten durch das unmittelbare Kampfgeschehen gefährdet, andererseits wusste er, dass er bis zum letzten Augenblick mit Racheaktionen der SS zu rechnen hatte. Er blieb daher nicht in seiner Wohnung, sondern verschanzte sich, wie andere Mitbewohner auch, im Keller seines Hauses, ohne diesen für einige Tage zu verlassen. Dass seine Vorsicht mehr als berechtigt war, zeigte sich am Beispiel des tragischen Schicksals seines Freundes Heinrich Otto Spitz, der noch im Jänner 1944 bei ihm zu Gast gewesen war. Es wurde bereits erwähnt, dass es Spitz nach dem Auffliegen des Provisorischen Österreichischen Nationalkomitees POEN gelungen war, unterzutauchen. Am 10. April wurde er in buchstäblich letzter Sekunde nahe seines Wohnhauses in Wien an der Heiligenstädter Lände von der SS gestellt und erschossen.[3] Die Deutschen standen unmittelbar davor, sich über den Donaukanal nach Norden abzusetzen. Folgt man der Darstellung von Ernst Trost, so suchte ein fanatisierter Nazi-Trupp in den letzten Stunden vor dem Rückzug in Richtung des zweiten Wiener Gemeindebezirks auch noch nach Figl. Im Keller des Wohnhauses, wo er sich hinter Lebensmittelvorräten versteckt hatte, wurde er aber nicht entdeckt.[4] Die letzten Wochen und Tage der nationalsozialistischen Herrschaft im Osten und Südosten Österreichs waren insgesamt von einer Reihe furchtbarer „Endphasenverbrechen“ begleitet, deren Opfer nicht nur politische Gegner des Regimes waren.[5] So verübten SS-Männer noch in den Abendstunden des 11. März 1945 in der Förstergasse im zweiten Wiener Gemeindebezirk ein Massaker an neun Juden, ehe im frühen Morgengrauen des 12. April sowjetische Soldaten von der Gegend Besitz ergriffen.[6]

Am 8. und 9. April 1945 war der dritte Wiener Gemeindebezirk direkt zur Kampfzone geworden und es war absehbar, dass die Bezirke zwischen Gürtel und Ring unmittelbar davor standen, an die Sowjets zu fallen.[7] In der Nacht vom 9. auf den 10. April 1945 räumten die Deutschen die Innenbezirke, sprengten die Brücken über den Donaukanal und eröffneten von der anderen Seite des Flusses das Feuer auf die vorrückenden Verbände der Roten Armee. So endete für den im Keller seines Hauses ausharrenden Leopold Figl der siebenjährige Alptraum des Deutschen Reiches.

Es erschien ratsam, im Keller noch einige Zeit zuzuwarten. Immerhin war die Front nur wenig entfernt, entlang des Donaukanals, kurzfristig ins Stocken gekommen. Von beiden Seiten des Flusses gab es Artilleriefeuer, Brände breiteten sich aus, nachdem die Nationalsozialisten aus militärisch sinnloser Zerstörungswut die Wiener Berufsfeuerwehr samt Gerät schon am 6. April 1945 abgezogen hatten.[8] Als sich im Laufe des 11. April 1945 die Front mehr und mehr vom Donaukanal weg in Richtung Donau verschob, war für Figl der Krieg endgültig vorüber. Nun konnte er sich wieder auf die Straße trauen und begann, die Gegend in Richtung der Inneren Stadt zu erkunden. Die ersten Eindrücke Figls müssen deprimierend gewesen sein: Der Stephansdom stand in Flammen, überall Zerstörung und Plünderungen, Übergriffe der Sowjets, die im harmloseren Fall den Männern Wertgegenstände abnahmen, im schlimmsten Fall, oft betrunken, sich in großer Zahl an wehrlosen Frauen vergingen.

Der erste Anstoß zur Rückkehr Leopold Figls in die Politik ging auf eine russische Initiative zurück und kam noch, bevor er selbst aktiv wurde. Tatsache ist, dass er von Soldaten der Roten Armee am 12. April 1945 aus seiner Wohnung geholt und zu Marschall Fedor I. Tolbuchin geleitet wurde. Das Zusammentreffen wurde im Laufe der Zeit „von Mythen umrankt“[9]. Verbürgt scheint zu sein: Figl wurde von sowjetischen Soldaten aufgestöbert, die den Auftrag hatten, ihn zu Marschall Tolbuchin zu bringen. Nach Figls eigenen Angaben fand das Zusammentreffen im Palais Auersperg statt.[10] Dabei forderte ihn der siegreiche Feldherr der Schlacht um Wien auf, im Auftrag und mit Legitimation der Roten Armee für die Versorgung der Stadt Wien mit Lebensmitteln und den Anbau der Felder hinter der Front tätig zu werden. Auf Figls Einwand, weder über Fahrzeuge noch über Saatgut zu verfügen, um diese Aufgabe ausführen zu können, sagte ihm Tolbuchin zu, das Notwendige zur Verfügung zu stellen.

Offensichtlich hatten die Sowjets Figl als den von ihnen gesuchten, in Wien anwesenden und daher für sie greifbaren Repräsentanten der Bauernschaft identifiziert, der zur Mithilfe bei der Reorganisation der Lebensmittelversorgung herangezogen werden sollte. Figl galt als Agrarexperte, der eine hohe Akzeptanz bei der bäuerlichen Bevölkerung besaß. Er sollte bei der Wiederherstellung der landwirtschaftlichen Infrastruktur hilfreich sein. Von wem der Hinweis stammte, auf den aufstrebenden und dynamischen Bauernbunddirektor von vor 1938 zurückzugreifen, lässt sich wohl nicht mehr definitiv klären. Er könnte den Sowjets von mit Figl bekannten Vertretern der Widerstandsgruppe 05 oder von Seite der österreichischen Kommunisten gegeben worden sein. Jedenfalls berichtete Figl, dass bei seinem Zusammentreffen mit Marschall Tolbuchin am 12. April auch österreichische Kommunisten, namentlich der Vorsitzende der KPÖ, Johann Koplenig, anwesend gewesen seien.[11] Ernst Fischer, der gemeinsam mit Koplenig wenige Tage zuvor aus dem Moskauer Exil zurückgekehrt war, wiederum erinnerte sich, dass Koplenig bei seiner ersten Begegnung mit Figl von dessen Persönlichkeit beeindruckt gewesen sei. Er habe „einen jungen Bauernführer, die Verkörperung einer neuen progressiven Generation der Katholiken, kennengelernt. Mit diesem ebenso temperamentvollen wie neuen Ideen zugänglichen Mann sei eine gute Zusammenarbeit zu erwarten.“[12]

Eines ist jedenfalls klar: Ab dem Zeitpunkt seines Gesprächs mit Tolbuchin sah sich Figl von den Sowjets legitimiert, nicht nur die Lebensmittelversorgung der Bundeshauptstadt zu organisieren, sondern überhaupt wieder im politischen Leben eine Rolle zu spielen. Denn nur bei einer raschen Wiederinstandsetzung der bäuerlichen und landwirtschaftlichen Infrastrukturen war es möglich, Nahrungsmittel im größeren Stil aus dem Umland nach Wien zu schaffen. Daher bestanden Figls erste Schritte auch darin, nach alten Weggefährten Ausschau zu halten und, gestützt auf seine Beauftragung durch die Sowjets, die ehemaligen Standorte der landwirtschaftlichen Organisationen wieder in Besitz zu nehmen.

Bauernbund und Österreichische Volkspartei – die Anfänge

Das am Rande der Wiener Innenstadt gelegene Palais Auersperg fungierte als Zentrum der aus dem bewaffneten Widerstand hervorgegangenen Freiheitsbewegung 05. Mit ihr hatten die Sowjets zwar rund um die militärische Befreiung Wiens kooperiert, nun gingen sie zu ihr aber auf Distanz. Figl ging anfangs davon aus, dass es notwendig sein würde, um die Lebensmittelversorgung in Gang zu bringen, in laufendem Kontakt mit Vertretern der 05 im Palais Auersperg zu bleiben.[13] Dort herrschte am 12. und 13. April 1945, als das politische Leben Wiens wieder einigermaßen in Gang zu kommen begann, allerdings ein durchaus als chaotisch zu bezeichnendes Durcheinander. Neben zahlreichen Persönlichkeiten, die das öffentliche Leben zukünftig prägen sollten, tauchten auch Glücksritter und Opportunisten unterschiedlichster Schattierungen, ja selbst ehemalige, nun gewendete Nationalsozialisten auf. Die Repräsentanten der Widerstandsbewegung waren außer Stande, den Dingen eine geordnete Struktur zu geben.[14]

Auch Felix Hurdes und Lois Weinberger kamen ins Palais Auersperg, wo sie einander erstmals seit ihrer Freilassung aus dem Wiener Landesgericht wieder begegneten.[15] Sie kamen angesichts des wenig ermutigenden Bildes, das sich ihnen dort bot, überein, nun die Gründung der neuen Partei entlang der in der Illegalität entworfenen Konzepte und Pläne anzugehen. Auch der Name „Österreichische Volkspartei" stand spätestens jetzt endgültig fest.[16] Dass auch Figl seinen beiden ehemaligen Haftgenossen und Konspiratoren aus der Zeit der Illegalität dort begegnete, ist nicht dokumentiert. Dafür stieß Figl auf einen anderen alten Bekannten, den ehemaligen Kärntner Bauernbunddirektor Ferdinand Graf. Auch mit ihm hatte er 1943/44 Kontakt gehabt. Ab dem Moment des Wiedersehens waren sie ein unzertrennliches politisches Gespann. Der bewährte Organisator Graf, mit dem Figl schon vor 1938 kooperiert hatte, fungierte ab sofort als Figls „Erster Offizier" und als seine rechte Hand. Zu ihnen gesellte sich binnen kurzem noch der Journalist Edmund Weber, der, aus dem Bauernbund kommend, für Dollfuß und Schuschnigg im Bundespressedienst tätig gewesen war und ebenfalls im KZ eingesessen hatte. Auch er hatte schon in der Illegalität wieder Kontakt zu Reither und Figl gehabt und war einer der Teilnehmer des Judenauer Treffens der Bauernfunktionäre im Weinkeller Reithers gewesen. Ab sofort war er der Dritte im Bunde und Figls unverzichtbares publizistisches Sprachrohr.

Noch am 13. und 14. April 1945 stießen weitere Mitarbeiter zu ihnen, darunter der spätere Nachfolger Figls als Landeshauptmann von Niederösterreich, Eduard Hartmann. Gemeinsam nahmen sie die ehemalige Bauernbundzentrale in der Wiener Schenkenstraße, hinter dem Burgtheater, wieder in Besitz, indem sie dort eine rot-weiß-rote Fahne und die grüne Fahne des Bauernbundes aufzogen. Am Tor wurde ein von Figl besorgtes, in deutscher und russischer Sprache verfasstes handschriftliches Dokument angebracht, wonach in diesen Gebäuden für die Sicherung der Ernährung der österreichischen Bevölkerung gearbeitet werde. Genauso verfuhren sie mit dem Gebäude der Niederösterreichischen Landes-Landwirtschaftskammer in der nur einen Steinwurf entfernt gelegenen Löwelstraße.[17] Mitten in den Ruinen der Wiener Innenstadt waren beide Gebäude von Bombentreffern verschont geblieben. So waren die ersten Stützpunkte für Figls künftige Tätigkeit provisorisch gesichert.

Schon zu diesem frühen Zeitpunkt schloss sich ein weiterer, ganz wesentlicher Bauernpolitiker dem rund um Figl wieder entstehenden Bauernbund an: der frühere Vizekanzler und Innenminister Vinzenz Schumy. Der Kärntner Schumy war in den 1920er Jahren Obmann des Landbundes und Landeshauptmann von Kärnten gewesen. Nach dem Regierungseintritt des Landbundes hatte er mehrfach Regierungsämter in Wien bekleidet, zuletzt 1933 unter Dollfuß.[18] Auch nach der Auflösung des Landbundes hatte Schumy mit dem Regierungslager weiter zusammengearbeitet und war Präsident der Landwirtschaftskammer in Kärnten gewesen. Bereits in der Illegalität hatte Figl über Ferdinand Graf Kontakt zu dessen Kärntner Landsmann Schumy hergestellt. Das Ziel der Gespräche war schon damals, bei der Wiederbegründung des Bauernbundes über Schumy große Teile des ehemaligen Landbundes in den Bauernbund zu inkorporieren.[19] Das Kalkül Figls und Grafs ging auf. Schon in den allerersten Tagen stellte sich der in Wien befindliche Vinzenz Schumy auf die Seite des sich neu gründenden Bauernbundes. Das war „ein gewaltiger politischer Coup", der am Beginn von Figls Tätigkeit stand, wurde doch damit die lang ersehnte „Bauerneinheit" im April 1945 über weite Strecken Realität.[20] Figl hatte damit auch bei der Gründung der ÖVP von Anfang an ein zusätzliches Atout im Ärmel, brachte er doch nicht nur den Bauernbund, sondern darüber hinaus noch den gemäßigten Teil der ehemals nationalen Bauernschaft in die neue Sammelpartei ein.

Inzwischen waren die Anstrengungen der Sozialisten und Kommunisten zur Neubildung ihrer Parteien schon weit gediehen. Johann Koplenig und Ernst Fischer waren, kaum in Wien angekommen, sofort darangegangen, die Kommunistische Partei unter ihrer Führung wieder ins Leben zu rufen. Im Wiener Rathaus waren am 12. April 1945 ehemalige sozialdemokratische Funktionäre zusammengekommen. Am 14. April 1945 erfolgte im Roten Salon des Rathauses die Gründung der Sozialistischen Partei Österreichs, in der sich nicht nur die Vertreter der früheren, nach dem Februar 1934 verbotenen Sozialdemokratischen Arbeiterpartei (SDAP), sondern auch die in der Illegalität gegründeten „Revolutionären Sozialisten" zusammenfanden. Auch innerhalb des bürgerlichen Lagers war schon einiges in Bewegung gekommen. Parallel zu Figls frühen Schritten zur Reaktivierung des Bauernbundes hatten am 13. April 1945 frühere Christgewerkschafter die ehemalige Heimstätte der christlichen Arbeiterbewegung in der Laudongasse im achten Wiener Gemeindebezirk wieder in Besitz genommen. Am 14. April 1945 gründete sich der „Arbeiter- und Angestelltenbund". Den Vorsitz übertrug Leopold Kunschak von Anfang an Lois Weinberger mit dem Argument, dass dieser die Last der illegalen Arbeit auf seinen Schultern getragen hatte.[21]

Durch diese Entwicklungen auf der Ebene der politischen Parteien und auf Grund der teils chaotischen Verhältnisse im Palais Auersperg wurde immer klarer, dass die ursprünglichen Vorstellungen der 05, wonach sie als Dachorganisation über den Parteien bestehen bleiben und sich aus ihrem Schoß die neue Regierung bilden würde, illusionär, um nicht zu sagen politisch naiv waren.[22] Dazu kam, dass die Sowjets nunmehr keine Anstalten mehr machten, der 05 als politischer Bewegung Rückendeckung zu geben, sondern den politischen Parteien, die ihnen offenbar wesentlich berechenbarer erschienen, den Vorzug gaben.[23] All dies und die Tatsache, dass Kommunisten und Sozialisten ihre Parteien bereits ins Leben gerufen hatten, veranlassten Hurdes endgültig, mit der Parteigründung nun tatsächlich ernst zu machen. Er war in dieser Phase die treibende Kraft.

Einige jugendliche Aktivisten aus dem Widerstand, die im Palais Auersperg „amtierten", vor allem Johannes Eidlitz und Herbert Braunsteiner, waren mit Hurdes über einen gemeinsamen geistlichen Wegbegleiter, den nach seiner Inhaftierung eine Zeitlang als Pfarrer von Ebenfurt und nunmehr in St. Rochus im dritten Wiener Gemeindebezirk tätigen Monsignore Anton Pichler, schon aus dem Untergrund bekannt. Um ihn herum hatte sich eine Anlaufstation oppositioneller Jugendlicher, meist handelte es sich wie bei Braunsteiner um ehemals von ihm unterrichtete Schüler, gebildet. Pichler war aber auch seit langem mit Felix Hurdes befreundet, der einige Zeit nach seiner ersten Entlassung aus dem KZ im Jahr 1943 zu diesem Kreis gestoßen war.[24] Schon damals hatte der energiegeladene und charismatische Hurdes Braunsteiner und Eidlitz mit seinem Konzept einer neuen Partei vertraut gemacht. Nun sahen sie ihn wieder, „kahlgeschoren, sehr mager, aber mit einem unglaublichen Elan ausgestattet“[25]. Frustriert über die Vorgänge im Palais Auersperg, folgten ihm Braunsteiner und Eidlitz nur allzu bereitwillig. Sie bewogen auch einige andere Protagonisten der Widerstandsbewegung, sich der neuen Partei als Mitarbeiter der ersten Stunde zur Verfügung zu stellen.

Auf der Suche nach Räumlichkeiten wurde man rasch fündig: Im Schottenstift waren von den Nationalsozialisten die früheren Wohnräume des Abtes in Beschlag genommen und in eine Dienststelle der Wehrmacht umgewandelt worden. Abt Hermann Peichl, der diese der Freyung zugewandten Räume[26] mittlerweile ohnedies vom Kloster abgetrennt und sich anderwärtig eingerichtet hatte, war damit einverstanden, sie vorderhand der neuen Partei zu überlassen.[27] Peichl war eine bekannte Größe des politischen Katholizismus der 1930er Jahre gewesen und hatte als Vertreter der katholischen Kirche dem Staatsrat, neben dem Bundeswirtschaftsrat eines der weiteren gesetzgebenden Organe der Verfassung 1934, angehört. Die hinter der neuen Partei stehenden Personen waren ihm daher wohlbekannt. Allerdings beschränkte er sich darauf, die Räumlichkeiten zur Verfügung zu stellen und, was angesichts der bereits dramatischen Lebensmittelsituation auch eine Rolle spielte, die dort Tätigen aus der Stiftsküche zu verköstigen.[28] Davon abgesehen nahm er aber keinen Einfluss auf die im Entstehen begriffene Partei. Was die Räumlichkeiten in der Notsituation des April 1945 zusätzlich attraktiv machte, war, dass sie auf Grund ihrer früheren Verwendung mit der für einen Bürobetrieb notwendigen Infrastruktur ausgestattet waren. Es gab Schreibmaschinen, Schreibpapier, ja selbst eine Sekretärin, die bisher im Sold der Wehrmacht gestanden war, konnte gleich mit übernommen werden.

Mastermind bei der Parteigründung war Felix Hurdes. Ihm war auch daran gelegen, an der Spitze der Partei Männer zu haben, die in der Öffentlichkeit über einen gewissen Bekanntheitsgrad verfügten. Insoweit war Leopold Kunschak als Obmann der Partei und damit ihr prominentestes Aushängeschild völlig unbestritten. Im Falle Hans Pernters lag die Sache ähnlich, er war als ehemaliger Minister, verglichen mit Hurdes, Weinberger oder Figl, relativ bekannt, auch wenn Hurdes offensichtlich ahnte, dass dessen frühere Mitgliedschaft in der Regierung Schuschnigg nunmehr auch Probleme verursachen könnte.[29]

Am 16. April kamen die Protagonisten der Parteigründung in der Wohnung des ehemaligen Generaldirektors des Katholischen Volksbundes, Jakob Fried, am Stephansplatz zusammen, um die für den nächsten Tag geplante Gründung nochmals zu besprechen. Der Prälat hatte als eine der großen Figuren des politischen Katholizismus der Zwischenkriegszeit fungiert und war ebenfalls jahrelang eingekerkert gewesen. Nunmehr und auch auf Grund des nach wie vor gültigen, von den Bischöfen im Dezember 1933 verordneten Rückzugs der Geistlichen aus der Parteipolitik beschränkte er sich auf die Rolle eines im Hintergrund bleibenden wohlwollenden Beraters für die neue Partei.[30]

Am nächsten Tag, dem 17. April 1945, war es dann so weit. Die Männer rund um Hurdes, Weinberger und Figl trafen sich am späteren Vormittag im Schottenhof, Freyung 6. Nur Hans Pernter musste noch ausfindig gemacht werden. Immerhin war er als geschäftsführender Obmann der neuen Partei in Aussicht genommen. Pernter, der noch während der Haft im Landesgericht an Typhus erkrankt war, befand sich im Inquisitenspital, von wo ihn Herbert Braunsteiner in den Schottenhof brachte. Er war zwar einigermaßen genesen, von der Haft und der Erkrankung aber doch sichtbar mitgenommen.[31] Auch der mittlerweile 74-jährige Leopold Kunschak wurde von Braunsteiner aus seiner Wohnung abgeholt und in den Schottenhof gebracht. Neben den Genannten waren auch schon Vinzenz Schumy, der frühere Handelsminister Eduard Heinl sowie aus der 05 deren bürgerliche Führungspersönlichkeiten Raoul Bumballa, Viktor Müllner und Emil Oswald gekommen.[32] Die Parteigründung selbst lief in einer Art von Wahl ab. Kunschak wurde nominell zum Obmann, Hans Pernter zum geschäftsführenden Obmann, Felix Hurdes zum Generalsekretär gewählt. Er sollte die eigentliche Führung der Partei innehaben. Weiters wurden Lois Weinberger zu seinem Stellvertreter und Bumballa zum Stellvertreter Pernters gewählt. Braunsteiner wurde Leiter der Parteikanzlei, Eidlitz erster Organisationsreferent. Danach erfolgte noch ein Gedankenaustausch über die wesentlichsten programmatischen Eckpunkte der neuen Partei, wobei Hurdes und Weinberger ihre Vorstellungen präsentierten. Dabei wurde dort angeknüpft, wo die Beratungen in der Illegalität 1944 durch die Verhaftungen von Hurdes, Weinberger, Pernter und Figl 1944 unterbrochen worden waren. Auch standen die drei Bünde bereits fest, von denen zwei, der Bauernbund und der Arbeiter- und Angestelltenbund, ihre Tätigkeit ja bereits de facto aufgenommen hatten. Lediglich der Wirtschaftsbund befand sich noch in statu nascendi. Julius Raab stand zwar schon seit einigen Tagen wieder mit Figl in Kontakt, hatte aber an der Gründungssitzung nicht teilgenommen.[33] Freilich stand außer Zweifel, dass er als Kopf der Wirtschaftstreibenden fungieren würde. Dass die drei Bünde das Fundament der ÖVP bilden würden, war also bereits klar.[34] Welche Rolle ihnen im Gesamtgefüge der Partei zukommen sollte, war zum Zeitpunkt der Gründung allerdings noch weitgehend offen und sollte in der Folge zu heftigen Diskussionen führen. Jedenfalls wurde schon bei der Gründungssitzung festgelegt, dass über die gewählten Vertreter hinaus Weinberger, Figl und Raab dem Parteivorstand als Vertreter der Bünde angehören sollten.

Auf die Führung eines Protokolls wurde bei der Gründung genauso wie bei den ersten Sitzungen danach übrigens bewusst verzichtet.[35] Angesichts der latenten Unsicherheit, immerhin war in diesen Tagen in Wien noch Kanonendonner von der nach wie vor nicht allzu weit westlich und nordwestlich der Stadt entfernt verlaufenden Front zu hören, stellte dies vor allem auch eine Vorsichtsmaßnahme gegenüber den Sowjets dar. Deren Haltung zu einer „bourgeoisen" und „kapitalistischen" Partei war noch schwer abschätzbar und die Parteigründer hatten ihnen gegenüber noch längere Zeit ein gewisses Misstrauen.

Nach dem Ende der Gründungssitzung begaben sich alle Teilnehmer ins Erzbischöfliche Palais zu Kardinal Innitzer, um sich sein Wohlwollen hinsichtlich der neuen Partei zu erbitten.[36] Dieser bekundete der ÖVP seine Sympathie, zugleich bekräftigte er, dass die Kirche keine exklusive Bindung einer einzelnen Partei gegenüber einzugehen wünsche, also an der bereits eingeschlagenen Linie festhalten wolle.[37]

Noch am selben Tag begab sich Hurdes zum Wiener Stadtkommandanten General Aleksej Blagodatov. Die Gründung der Österreichischen Volkspartei wurde seitens der Sowjets ohne dass es zu Problemen kam „überraschend schnell" genehmigt.[38] Dies machte erneut deutlich, dass sich diese gegen die 05 und für die Restitution des Parteienstaates auf Basis der drei entstandenen demokratischen Parteien KPÖ, SPÖ und ÖVP entschieden hatten.

Das Straßenbild in der durch die Kampfhandlungen und zuletzt durch die vielen nicht mehr gelöschten Brände arg in Mitleidenschaft gezogenen Stadt war nach wie vor vom Krieg geprägt, auch wenn die Kampfhandlungen mit dem 13. April in Wien zu Ende gegangen waren. Kanonendonner war nach wie vor Tag und Nacht zu hören, kam man näher an die Frontlinie im Norden und Nordwesten, so auch das Dröhnen der Stalinorgeln. Truppenverbände zogen fast pausenlos durch die Stadt, am Himmel waren Kampfflieger im Einsatz. In den Parks und Gärten der Bezirke innerhalb des Gürtels hingegen waren die im Häuserkampf um Wien gefallenen Soldaten notdürftig beerdigt worden.

Unter diesen äußeren Bedingungen liefen die von Figl im Auftrag der Sowjets gesetzten Maßnahmen zur Verbesserung der Nahrungsmittelsituation in Wien an.[39] Die Büros im Bauernbund in der Schenkenstraße und in der niederösterreichischen Landwirtschaftskammer in der Löwelstraße hatten ihre Tätigkeit bereits seit einigen Tagen aufgenommen und stellten noch vor den staatlichen Einrichtungen eine der ersten funktionierenden Infrastrukturen dar. Das Wichtigste in der gegebenen Situation war die Herstellung eines Kontakts mit den Bauern in den von den Sowjets befreiten ländlichen Regionen rund um Wien, ohne dass Post- oder Telefonverbindungen vorhanden gewesen wären. Von den russischen Verantwortlichen erwirkte Figl die tägliche Bereitstellung einer Anzahl von Lastautos, die sich je nach Verfügbarkeit in der Größenordnung zwischen einem und drei Dutzend bewegte. Figl zufolge waren es sogar bis zu 60 Fahrzeuge. Diese wurden jeden Tag um sechs Uhr in der Früh vor der Löwelstraße oder dem Wiener Rathaus bereitgestellt. Mit den von Figl besorgten beziehungsweise ausgestellten russischen Papieren sowie je einem von ihm gestellten zivilen Vertrauensmann der Bauern, manchmal war es auch Figl oder seine engste organisatorische Stütze, Ferdinand Graf, selbst, schwärmten die Lastautos aus, um Lebensmittel nach Wien zu holen. Besonders die Bauern und Gemüsegärtner im Marchfeld sowie am Stadtrand Wiens, wie beispielsweise in Velm, Gramatneusiedl, Zwölfaxing oder Simmering, stellten in dieser ersten Phase vor allem Kartoffeln, Milch und Gemüse bereit. Die Tatsache, dass es sich dabei um keine militärischen Requirierungen handelte, sondern dass den Bauern Vertreter ihrer eigenen Standesorganisation gegenübertraten, wirkte vertrauensbildend und führte dazu, dass die Bauern aus ihren vorhandenen Vorräten das äußerst Mögliche zur Verfügung stellten.[40] Im Gegenzug stellte Figl in Aussicht, das dringend benötigte Saatgut für den Anbau über die sowjetische Besatzungsmacht aufzutreiben.

Die Bildung der Provisorischen Staatsregierung

Praktisch zeitgleich mit der Gründung der ÖVP kam es zur Bildung der Provisorischen Wiener Stadtregierung, und wenige Tage später begannen die Gespräche zur Bildung der Provisorischen Staatsregierung in ein konkretes Stadium zu treten.

In Wien hatte sich der Kommunist Rudolf Prikryl am 13. April 1945 mehr oder weniger selbst zum Bürgermeister designiert, was allerdings eine kurze Episode bleiben sollte. Am 17. April war alles klar: Der geachtete Sozialist und ehemalige General Theodor Körner wurde vom sowjetischen Stadtkommandanten General Blagodatov zum Provisorischen Bürgermeister, der Kommunist Karl Steinhardt und Leopold Kunschak zu seinen Stellvertretern bestellt. Es war eine Zusammenarbeit aller drei demokratischen Parteien, bei der die ÖVP anfangs aber eine eher nur untergeordnete Rolle spielte. Noch herrschte Unsicherheit, welche Möglichkeiten die sich gerade in Gründung befindliche Volkspartei angesichts der sowjetischen Besatzer überhaupt haben würde.

Der Beginn der Gespräche zur Bildung einer Provisorischen Regierung auf Bundesebene setzte unmittelbar mit dem Eintreffen Karl Renners in Wien am 20. April 1945 ein. Der erste Staatskanzler der Ersten Republik hatte Anfang April 1945 von seinem Wohnort in Gloggnitz aus Beschwerde über Übergriffe der eben einmarschierten Roten Armee bei lokalen Befehlshabern geführt.[41] Als sich herausstellte, um wen es sich handelte, wurde er ins sowjetische Hauptquartier nach Hochwolkersdorf gebracht und mit dem Umstand konfrontiert, dass man bereits Ausschau nach seiner Person gehalten hatte. In einer Unterredung mit dem hohen russischen Politoffizier Generaloberst Aleksej S. Želtov machte sich Renner erbötig, bei der Wiederherstellung Österreichs abermals eine führende Rolle zu spielen. Von Schloss Eichbüchl am Fuße des Rosaliengebirges aus, wo die Sowjets Renner ein Quartier zuwiesen, erfolgten seine ersten Kontaktnahmen mit heimischen Politikern. Ursprünglich ging Renner von einem Wiedererstehen der Christlichsozialen Partei aus, wobei er, wie er in einem Schreiben an den ehemaligen christlichsozialen Klubobmann und Badener Bürgermeister Josef Kollmann entschieden festhielt, nur Vertreter der Christlichsozialen zu akzeptieren gedachte, die keine Verbindungen zur Heimwehr oder zum Dollfuß/Schuschnigg-Regime aufwiesen.[42] Sobald Renner in Wien war, sah die Situation anders aus. Er sah sich mit der neu gegründeten Österreichischen Volkspartei als bürgerlicher Gruppierung konfrontiert. Als Verhandlungsführer saß ihm der erfahrene Leopold Kunschak gegenüber. Von einer Einflussnahme Renners, wer seitens der ÖVP zum Zug kommen dürfe, war nun keine Rede mehr.[43]

Bei den ersten Gesprächsrunden verhandelte für die ÖVP Kunschak allein. Doch war die Parteiführung der ÖVP und damit Figl durch den Umstand, dass in dieser ersten Zeit fast täglich Parteivorstandssitzungen im Schottenhof stattfanden, eingebunden. Im weiteren Verlauf der Gespräche wurden dann auch Figl, Weinberger, Pernter und Schumy direkt zugezogen.[44] Es war übrigens für Renner und sein Denken in größeren historischen Zeiträumen typisch, dass er wie zu Beginn der Ersten Republik nicht von Bundesministern und Ministerien, sondern von Staatsämtern, an deren Spitze Staatssekretäre stehen sollten, ausging und sich mit dieser Terminologie auch durchsetzte. Für die ihm selbst zugedachte Funktion als Regierungschef wählte er daher folgerichtig den 1918 gebräuchlichen Funktionstitel eines Staatskanzlers.

Was den Verlauf der Gespräche, die in der Renner zugewiesenen Wohnung in Wien-Hietzing stattfanden, anging, so brachte die erste Runde kein Ergebnis. Renner wollte die Kommunisten auf nebensächliche Ressorts abschieben, was diese rundweg ablehnten. Die KPÖ verlangte die Schlüsselministerien Inneres und Unterricht. Darüber hinaus wollten die Kommunisten ein Präsidium, bestehend aus dem Staatskanzler und den drei Parteivorsitzenden als Vizekanzler. Renner gewann im Zuge der Verhandlungen zwischen 20. und 23. April den subjektiven Eindruck, aus Rücksicht auf die Sowjets den kommunistischen Forderungen nachgeben zu müssen. Um allerdings die kommunistischen Regierungsmitglieder nicht unumschränkt agieren lassen zu müssen, schuf man mit bis zu drei Unterstaatssekretären pro Staatsamt ein ausgeklügeltes System der *checks and balances*. So waren in fast jedem Staatsamt alle Parteien durch zumindest einen Staatssekretär oder Unterstaatssekretär vertreten.

In der Frage des von den Kommunisten geforderten Präsidiums machte Renner den Vorschlag zur Bildung des Politischen Kabinettsrates, bestehend aus dem Staatskanzler und je einem von den drei Parteien entsandten Staatssekretär. Dieser Politische Kabinettsrat war das zentrale Gremium für Parteibesprechungen. Hier sollten wichtige Personalentscheidungen fallen, außerdem waren dem Kabinettsrat als Kollegialgremium vorderhand verschiedene Zuständigkeiten zugedacht, die nach der Verfassung dem Bundespräsidenten zufielen.

Auch für die ÖVP war es nicht angenehm, dass den Kommunisten zwei der wichtigsten Staatsämter überlassen werden sollten. Zwar war man zufrieden, die naheliegenden Zuständigkeiten wie Landwirtschaft sowie die beiden Wirtschaftsressorts zu erhalten. Noch lieber hätte man aber das Staatsamt für „Volksaufklärung, Unterricht, Erziehung und Kultusangelegenheiten" besetzt. Es schmerzte vor allem, dass gerade der Kultus, also die Zuständigkeit für Religionsangelegenheiten, ausgerechnet an einen Kommunisten gehen sollte, wobei man in dieser Frage auch den Sozialisten anfangs nicht über den Weg traute. Auch wenn sich die ÖVP nicht mehr als konfessionelle Partei verstand, fühlte sie sich doch berufen, für die grundlegenden Interessen der Kirche, wie das Recht auf freie Religionsausübung oder den Religionsunterricht, einzutreten. Erst als der in Aussicht genommene Staatssekretär Ernst Fischer ausdrücklich versprach, keine antireligiöse Politik zu verfolgen und die Religionsfreiheit zu akzeptieren, stimmte die ÖVP zu.[45] Außerdem erhielt sie im Staatsamt für Unterricht neben dem für Bildungsfragen zuständigen Unterstaatssekretär Karl Lugmayer in der Person Ernst Hefels einen zweiten Unterstaatssekretär mit der besonderen Zuständigkeit für Kultusfragen zugestanden. Immerhin hatten die schweren Auseinandersetzungen zwischen den führenden Sozialisten Karl Renner und Adolf Schärf auf der einen sowie den Kommunisten Johann Koplenig und Ernst Fischer auf der anderen Seite den ÖVP-Vertretern eines gezeigt: Eine unmittelbare Gefahr, von den zusammenspielenden Linksparteien in der Regierung von Anfang an majorisiert zu werden, bestand nicht, eher im Gegenteil – und das war fürs Erste beruhigend. Die Kluft zwischen SPÖ und KPÖ war beträchtlich. Bei den Sozialisten hatten eindeutig die rechten Kräfte der Partei wie Renner, Schärf und auch der Figl aus Niederösterreich bekannte Oskar Helmer das Sagen.

Für die ÖVP ging es nun darum, die Personalentscheidungen für die ihr zufallenden Posten zu treffen. Bei den drei ihr zugedachten Ressorts war es das Bestreben Kunschaks, Personen zu finden, die schon über Erfahrung in der Leitung eines Ministeriums aus der Ersten Republik verfügten. Für das Staatsamt für Industrie, Gewerbe, Handel und Verkehr bot sich der mehrfache Handelsminister Eduard Heinl an. Er war zwar etwas jünger als Kunschak, seine politische Laufbahn hatte aber schon wie jene Kunschaks unter Karl Lueger begonnen. Nunmehr war er einer der Mitbegründer der neuen Partei. Für das Landwirtschaftsressort hatte naturgemäß der Bauernbund ein Vorschlagsrecht. Figl nannte Rudolf Buchinger. Dieser gehörte zu der aus dem Tullnerfeld kommenden Kerntruppe des Bauernbundes rund um Josef Reither, war in den 1920er Jahren Landwirtschaftsminister und bis 1938 einer der führenden Männer des Genossenschaftswesens. Buchinger war darüber hinaus ein entfernter Verwandter Figls. Als Staatssekretär für Bauten, Übergangswirtschaft und Wiederaufbau wählte die Partei Julius Raab. Als Mitglied der letzten Regierung Schuschnigg, die nach dem Treffen Schuschniggs mit Hitler im Februar 1938 umgebildet wurde, verfügte auch er über eine, wenn auch nur vergleichsweise kurze Erfahrung als Minister.

Karl Renner hatte übrigens damit spekuliert, dass sich der Landbund reaktivieren würde. Als gewieftem politischen Taktiker wäre ihm eine Spaltung des bürgerlichen Lagers nicht unrecht gewesen. Bis zum letztmöglichen Zeitpunkt hielt er für den Landbund einen Staatssekretärsposten offen.[46] Doch Vinzenz Schumy, der im Moment der einzige Kristallisationspunkt einer Parteigründung hätte sein können, erteilte allen Angeboten eine Absage und blieb bei seiner von Figl und Graf eingefädelten Mitgliedschaft im Bauernbund und damit in der ÖVP. Das für den Landbund vorgesehene Staatsamt fiel dann der ÖVP zu, die so gleich wie die SPÖ, zählt man den Staatskanzler hinzu, drei Ressorts leitete. Die zwei kommunistischen Staatssekretäre und zwei parteilose Staatssekretäre komplettierten die Leiter der insgesamt zehn Ressorts, die Staatskanzlei und neun Staatsämter.

Am wichtigsten aber war die Frage, wer die Riege der ÖVP-Regierungsmitglieder als Staatssekretär ohne Portefeuille und Mitglied des Politischen Kabinettsrates anführen sollte. Renner hätte ein Interesse daran gehabt, Kunschak in der Regierung zu haben, wusste er doch um dessen Prestige in der Öffentlichkeit. Noch bevor die Idee des Kabinettsrates geboren wurde, bot er ihm die Position eines Vizekanzlers an, später wollte er ihn als Staatssekretär ohne Portefeuille. Doch Kunschak lehnte Renner gegenüber ab.[47] Der 74-Jährige sah seine Aufgabe als erfüllt an, die ÖVP in die Regierung zu führen, und wollte sich nun wieder auf seine Funktion als Wiener Vizebürgermeister zurückziehen. Daraufhin schlug Weinberger im Parteivorstand seinen Freund Felix

Hurdes für diese Funktion vor. Als die treibende Kraft hinter der Parteigründung war er der nach Kunschak auf den ersten Blick logische Kandidat. Doch zur völligen Überraschung auch seiner engeren Vertrauten, vor allem seines Freundes Weinberger, lehnte Hurdes ab.[48] Als Grund dafür nannte er, dass sein Bruder Franz zu diesem Zeitpunkt noch bei der Wehrmacht eingerückt war und er eine Racheaktion an diesem fürchtete, wenn den Deutschen bekannt würde, dass er an so exponierter politischer Stelle im wieder unabhängig gewordenen Österreich tätig sei. In dieser Situation war es Kunschak selbst, der Leopold Figl für den Posten des Staatssekretärs ohne Portefeuille vorschlug und Zustimmung fand. In seinen Erinnerungen schrieb Weinberger dazu, dass „oft Zufälle und wenige Minuten für sehr weitreichende Entscheidungen von Bedeutung werden", waren doch damit die Weichen für Figls weitere politische Zukunft gestellt.[49]

Figl war gerade im Begriff, neben seiner Tätigkeit als Agrarfunktionär im Auftrag der Sowjets die niederösterreichische Landesverwaltung aufzubauen. Man kann daher davon ausgehen, dass so wie für die meisten anderen Parteivorstandsmitglieder auch für ihn die Entscheidung eher überraschend kam.[50]

Doch ganz so eine Zufallsentscheidung, wie es Weinberger schilderte, war die Nominierung Figls nicht, im Gegenteil. Figl war von Anfang an ein politisches Schwergewicht innerhalb der neu gegründeten Partei.[51] Er stand an der Spitze der immer schon mitgliedermäßig bei weitem stärksten und am besten organisierten Kerntruppe seines politischen Lagers, der Bauern. Er galt als dynamisch, effizient und war bestens vernetzt. Mit Julius Raab bildete er eine Achse zur Wirtschaft. Beide standen auch für die sich bildende niederösterreichische Parteiorganisation.

Was zusätzlich für Figl sprach, war die Tatsache, dass er in seiner Funktion als Agrarfunktionär bereits von den Sowjets legitimiert war. Seit dem ersten Kontakt mit Tolbuchin am 12. April 1945 hatte er es wie kein anderer unter den Parteigründern mit Geschick verstanden, von den Offizieren der Besatzungsmacht als Gesprächspartner mit Handschlagqualität akzeptiert zu werden.

Dass Kunschak gerade Figl vorschlug, hatte wohl noch einen weiteren Grund, der auf den ersten Blick nicht ganz so offensichtlich ist. Denn die beiden standen einander auch abseits der Politik seit Jahren nahe. Kunschak war bei Figls Hochzeit im Jahr 1930 der Trauzeuge von dessen Braut Hilde gewesen. Deren Vater, Franz Hemala, zählte zu Kunschaks engsten Kampfgefährten und Freunden aus der Frühzeit der christlichen Arbeiterbewegung und der christlichen Gewerkschaften.[52] Später setzte er sich im Gefolge Kunschaks innerhalb der Christlichsozialen Partei für die Aufrechterhaltung des demokratischen Verfassungsstaates und einen Ausgleich mit der Arbeiterschaft ein.[53] Hemala war Mitglied von Figls CV-Verbindung, der Norica, wo der junge Leopold Figl dessen Tochter Hilde näher kennen und lieben gelernt hatte. Übrigens war auch Kunschak Ehrenmitglied der Norica.

Sobald die Zusammensetzung der Provisorischen Staatsregierung feststand, oblag es Figl, im Auftrag Kunschaks einige der von der ÖVP zu stellenden Mitglieder, die an den Verhandlungen nicht unmittelbar beteiligt waren, über ihre Berufung zu informieren. Dies gestaltete sich im Falle Raabs relativ einfach,[54] stellte Figl bei anderen aber vor fast unlösbare Probleme. Vor allem galt es, den designierten Staatssekretär für Land- und Fortwirtschaft, Rudolf Buchinger, nach Wien zu bringen. Dessen Hof befand sich in Staasdorf unweit von Figls und Reithers Heimat.[55] Diese lag Ende April nach wie vor gefährlich nahe der Frontlinie, die auf der Höhe von Tulln beziehungsweise Korneuburg verlief. Figl wurde von der Roten Armee ein Fahrzeug samt einem Begleitoffizier zur Verfügung gestellt, dennoch wäre die Fahrt um ein Haar in einem Fiasko geendet. Als der Wagen mit Figl über Klosterneuburg und Gugging in das Hagenbachtal einfuhr, um so ins Tullnerfeld zu gelangen, wurden Figl und sein sowjetischer Begleiter von einer Militärpatrouille der Roten Armee unsanft angehalten. Sie waren mitten in eine russische Maschinengewehrstellung im unmittelbaren Frontgebiet und unweit eines Gefechts geraten. Beide wurden für Spione gehalten, dem Figl begleitenden Offizier die Distinktionen von der Bluse gerissen. Sie mussten sich mit nacktem Oberkörper hinter einem Haus an eine Wand stellen. Eine sechsköpfige Abteilung mit Maschinenpistolen rückte an, als der Kommandant des Frontabschnitts, ein russischer Oberstleutnant, erschien. Er erkannte den Geheimdienstmann, und die bereits prekäre Situation klärte sich so auf. Nach diesem kritischen Zwischenfall und angesichts der nahen Kämpfe war Figl gut beraten, umzukehren. Einen Tag später startete er einen neuerlichen Versuch, ins Tullnerfeld zu gelangen. Diesmal nahm er die Strecke über den Riederberg und kam sicher zu Buchinger, um diesen von seiner Berufung zu informieren und auch gleich nach Wien mitzunehmen. Einen anderen Bauernbündler, den ehemaligen Obmann des Milchausgleichsfonds, Josef Kraus, holte Figl erst mit einigen Tagen Verspätung, aber ebenfalls persönlich aus seinem Heimatort nach Wien. Es war dies das niederösterreichische Kronberg, im bereits von den Sowjets befreiten Teil des Weinviertels.[56] Er sollte vorderhand Unterstaatssekretär für Volksernährung und später Nachfolger Buchingers in der Provisorischen Staatsregierung werden.

Renner war anfangs nicht bereit, Kunschaks Entscheidung, nicht in die Provisorische Staatsregierung einzutreten, einfach hinzunehmen. Schließlich kam ihm Kunschak ein Stück insoweit entgegen, als er Renners Vorschlag zustimmte, auf der anfangs veröffentlichten Regierungsliste aufzuscheinen, um erst unmittelbar danach seinen Platz für Figl zu räumen.[57] Als rangmäßig höchster Repräsentant der ÖVP war er es auch, der für die Österreichische Volkspartei die von allen drei Parteien gefertigte Unabhängigkeitserklärung vom 27. April 1945 unterzeichnete. Mit ihr wurde festgelegt, die demokratische Republik wiederherzustellen „und im Geiste der Verfassung 1920" wieder einzurichten. Der Anschluss wurde für „null und nichtig" erklärt, die Provisorische Staatsregierung eingesetzt und „vorbehaltlich der Rechte der besetzenden Mächte mit der vollen Gesetzgebungs- und Vollzugsgewalt betraut"[58]. In derselben Nummer der Zeitung „Neues Österreich" vom 28. April, in der die Unabhängigkeitserklärung erschien, wurde auch die Bildung und Zusammensetzung der Regierung bekannt gegeben. Auch hier schien noch Leopold Kunschak als Staatssekretär auf, ohne dass in den nächsten Tagen der schon längst stattgefundene Wechsel auf Figl groß gemeldet wurde.[59]

Diese Vorgangsweise erklärt sich, wenn man bedenkt, dass Leopold Figl im April 1945 noch weitgehend unbekannt war. Er hatte sich als Funktionär der Bauernschaft zwar im Bauernbund einen Namen gemacht und galt in der politischen Hierarchie des autoritären Österreich vor dem März 1938 als ein kommender Mann. In der breiten Öffentlichkeit war er aber kaum bekannt. Das mag eine kleine Episode veranschaulichen. Am 23. April 1945 erschien die erste Ausgabe der eben erwähnten Tageszeitung „Neues Österreich". Sie war „das publizistische Symbol der Stunde Null" im Sinne der österreichisch-patriotischen Aufbruchsstimmung der ersten Monate und Jahre.[60] Chefredakteur war Ernst Fischer, der ungeachtet der Tatsache, einer der führenden Kommunisten zu sein, bestrebt war, aus dem „Organ der demokratischen Einigung", wie sich die Zeitung im Untertitel nannte, tatsächlich ein über den Parteien stehendes Blatt, basierend auf einem antifaschistischen Konsens, zu machen. Dies sollte sich auch im Herausgeberkomitee, das das Edi-

Die Mitglieder der Provisorischen Staatsregierung nach ihrer ersten Sitzung am 29. April 1945 auf dem Weg vom Rathaus ins Parlament. In der Mitte Staatskanzler Karl Renner, links von ihm der Wiener Stadtrat Paul Speiser, links dahinter Leopold Figl, rechts von Renner der sowjetische Stadtkommandant Wiens, General Aleksej Blagodatov

torial auf der ersten Seite der ersten Ausgabe zeichnete, widerspiegeln.[61] Ihm gehörten Repräsentanten aller politischen und weltanschaulichen Richtungen des wiedererstandenen Österreich an. Von Monsignore Jakob Fried für die katholische Kirche über den populären Schauspieler Paul Hörbiger bis zum sozialistischen Wiener Stadtrat Paul Speiser, Ernst Fischer selbst und eben Leopold Figl für die Bauern, um nur einige zu nennen. Während bei allen anderen Herausgebern der volle Name und zumeist ein Funktionstitel aufschien, stand bei Figl lediglich „Ing. Figl". Offenbar war in der Eile der Produktion nicht einmal den Journalisten der Vorname des neuen und bisher nicht bekannten Repräsentanten der Bauernschaft geläufig gewesen.[62]

Erste Weichenstellungen in der Regierung

Am 24. April 1945 wurde von den sowjetischen Politoffizieren in Wien eine Liste über die Zusammensetzung der Regierung an Stalin übermittelt. Schon wenig später kam das Placet und Tolbuchin konnte das Ergebnis der Regierungsbildung genehmigen.[63] Daraufhin empfing der sowjetische Marschall die führenden Politiker der drei Parteien zu einem opulenten Abendessen, an dem für die SPÖ Renner, Körner und Schärf, für die ÖVP Kunschak und Figl und für die KPÖ Koplenig und Fischer teilnahmen.[64] Tags darauf wurden zu Mittag sämtliche für die Regierung in Aussicht genommenen Personen dem Marschall vorgestellt. Daran schloss sich abermals ein üppiges Essen, das sich, wie bei den Sowjets nicht unüblich, den ganzen Nachmittag hinzog.[65] Die Regierungsmitglieder wurden von den Sowjets zuvorkommend und mit ausgesuchter

Das von einem Bombentreffer schwer in Mitleidenschaft gezogene Bundeskanzleramt

protokollarischer Höflichkeit empfangen und bewirtet. Welch ein Gegensatz zur Lebensrealität voll Hunger, Entbehrung und auch Angst vor den sowjetischen Besatzern, aus der die Staatssekretäre und Unterstaatssekretäre aus den unterschiedlichen Bezirken der verwüsteten Stadt gekommen waren!

Die Nachricht über die Bildung einer österreichischen Regierung verbreitete sich in Wien wie ein Lauffeuer. Ihre Tätigkeit sollte am 29. April 1945 mit einem offiziellen Akt beginnen. Ab nun war es nicht mehr Kunschak, sondern Figl, der für die ÖVP als Mitglied des Kabinettsrates an der Seite Renners erschien. Im Rathaus begrüßte Bürgermeister Körner in Anwesenheit der Wiener Stadtregierung die Mitglieder der Provisorischen Staatsregierung.[66] Die Regierung ging anschließend zu Fuß vom Rathaus zum Parlament. An der Spitze schritt Staatskanzler Renner, begleitet vom Wiener Bürgermeister Körner, dahinter Figl, Schärf und Koplenig als Mitglieder des Kabinettsrates. Auf der Rampe des Parlaments erfolgte die offizielle Begrüßung der Staatsregierung durch den sowjetischen Stadtkommandanten von Wien, General Blagodatov. Tausende Wienerinnen und Wiener waren kurz entschlossen an diesem Frühlingstag gekommen und akklamierten die Regierungsmitglieder als Verkörperung des wiedererstandenen unabhängigen Österreich. Es war ein bewegender Moment für alle Teilnehmer, auch für Figl, der sich später daran erinnerte: „Im halbzerstörten Parlament stiegen wir über Schutt und Trümmer zum großen Sitzungssaal […]“, wo Renner „mit Kraft und Entschlossenheit“ die Proklamation der Provisorischen Staatsregierung verlas.[67] Die erste Arbeitssitzung fand dann am 30. April in den Räumen des ebenfalls von Bombentreffern schwer in Mitleidenschaft gezogenen

Bundeskanzleramtes am Ballhausplatz statt. Ein improvisierter Dienstbetrieb war dort schon mehr als zehn Tage vorher aufgenommen worden. Aus eigener Initiative waren bereits Mitte April einige ehemalige Beamte am Ballhausplatz zusammengekommen und hatten damit begonnen, die Grundlage für die zukünftige Verwaltungstätigkeit zu schaffen.[68]

Von Anfang an war Figl um eine konstruktive Zusammenarbeit innerhalb der Gesamtregierung, aber auch innerhalb des engeren Gremiums des Politischen Kabinettsrates bemüht. Seine Gabe, leicht einen persönlichen Zugang zu anderen Menschen zu finden, kam ihm dabei sehr zugute. Und was noch wichtiger war: Die Erfahrungen der vergangenen sieben Jahre, vor allem auch sein persönliches Erleben von Verfolgung und Haft gemeinsam mit Vertretern jener weltanschaulichen Gruppierungen, die nun mit in der Regierung saßen, hatten bei Figl zu einem grundlegenden Wandel in seiner politischen Sichtweise geführt.

Es sollte ein kompletter Neubeginn sein. Nicht personell, da waren über weite Strecken Politiker am Werk, die eine schon vor das Jahr 1938 zurückreichende Vergangenheit hatten. Aber sie gingen die Sache mit einer grundlegend anderen Einstellung an. Es war nunmehr eine demokratische Grundlage vorhanden, die Zusammenarbeit, Konsens und Kompromiss miteinschloss. Es dominierte nicht mehr die Ausschließlichkeit der weltanschaulichen Lager, deren Vertreter in Parallelwelten gelebt und sich hermetisch voneinander abgeschlossen hatten, sondern ein Aufeinander-Zugehen angesichts von Not, Zerstörung und letztlich nach wie vor einem hohen Maß an Ungewissheit über die allernächste Zukunft. Es war Karl Renner, der in den ersten Tagen eine diesbezüglich signifikante Geste setzte. Mit Leopold Figl an seiner Seite besuchte er am 9. Mai 1945 einen von Kardinal Innitzer zelebrierten Dankgottesdienst zu Kriegsende. Die Feier fand in der Peterskirche statt, die als Ersatz für den zerstörten Stephansdom diente.[69]

Wie gesagt, Figl hatte bald zu den Vertretern der beiden anderen Parteien eine gute, tragfähige Beziehung. Adolf Schärf, der Figl davor nicht gekannt hatte, empfand die Zusammenarbeit „von allem Anfang an freundschaftlich und vertrauensvoll“[70] und auch zu Johann Koplenig hatte Figl bald ein „ausgezeichnetes Verhältnis“[71]. Dass die Relation zu beiden belastbar sein musste, sollte sich bald insofern herausstellen, als es schon in den ersten Wochen zu schwerwiegenden Auffassungsunterschieden innerhalb der Staatsregierung kam. Insbesondere in der Verfassungsfrage prallten die divergierenden Sichtweisen von SPÖ und

ÖVP auf der einen und Kommunisten auf der anderen Seite voll aufeinander.

Ursprünglich dachte Staatskanzler Renner daran, die Tätigkeit der Provisorischen Staatsregierung auf Grundlage der Verfassung 1920 zu führen. Auch in der Unabhängigkeitserklärung war von der Wiedererrichtung der Republik Österreich im Geist der Verfassung des Jahres 1920 die Rede. Doch Renners Vorstellungen gingen selbst darüber hinaus. Seine in einer Denkschrift von Ende April/Anfang Mai 1945 niedergelegten Gedanken wären wohl überhaupt auf eine neue Verfassung hinausgelaufen. Denn Renner schwebte die Durchsetzung einiger jener sozialdemokratischen Forderungen vor, die dem Verfassungskompromiss zu Beginn der Ersten Republik geopfert werden mussten: ein zentralistischer Einheitsstaat, die Beseitigung der Landesgesetzgebung und eine straffe, demokratische Verwaltung. Bei der ÖVP hätte er mit solchen Vorstellungen mit schwerstem Widerspruch rechnen müssen. Doch kam es nicht so weit. Denn schon Adolf Schärf, dem er sein Exposé zur Vorablektüre gab, äußerte schwere Bedenken. Er sah voraus, dass man mit einer Verfassungsdiskussion den Kommunisten in die Hände spielen würde, und überzeugte Renner davon, zur Verfassung des Jahres 1929, also dem letzten zwischen Christlichsozialen und Sozialdemokraten erzielten Verfassungskompromiss, zurückzukehren.[72] Dementsprechend beauftragte Renner den prominenten Verfassungsjuristen Ludwig Adamovich, Universitätsprofessor und Justizminister in der letzten Regierung Schuschnigg, als Konsulent der Regierung eine Überleitungsgesetzgebung mit rückwirkender Wirkung vom 1. Mai 1945 auszuarbeiten. Diese kam am 13. Mai im Kabinettsrat auf die Tagesordnung. Es war dies die einzige Regierungssitzung, an der nur die Staatssekretäre und nicht auch die Unterstaatssekretäre teilnahmen. An der dort stattgefundenen Kontroverse um die Verfassung wäre die Regierungszusammenarbeit zwischen den drei Parteien um ein Haar zerbrochen. Denn Renner stellte das Verfassungs-Überleitungsgesetz mit seiner Rückkehr zur Verfassung 1929 ohne vorherige Konsultation im Politischen Kabinettsrat zur Beschlussfassung anheim. Den Kommunisten war mittlerweile klar geworden, dass sie sich mit ihrer Forderung nach einer neuen Verfassung innerhalb der Regierung nicht würden durchsetzen können.[73] Daher plädierte Koplenig dafür, nach dem Vorbild einiger anderer Staaten wie Polen, Ungarn, Jugoslawien oder der Tschechoslowakei bloß Übergangsbestimmungen zu beschließen und die endgültige Verfassung ei-

Eine der ersten Sitzungen des Kabinettsrates der Provisorischen Staatsregierung. An der Stirnseite: Adolf Schärf, Karl Renner, Leopold Figl, Georg Zimmermann, Franz Honner (v. l.).

ner künftigen konstituierenden Nationalversammlung vorzubehalten.[74] Inwieweit ein solches Vorgehen die Tür für eine mögliche Volksdemokratisierung Österreichs geöffnet hätte?

Renner leitete als Staatskanzler in einer durchaus selbstbewussten, um nicht zu sagen autokratischen Weise die Regierungssitzungen. Als er ungeachtet der kommunistischen Einwände das Verfassungs-Überleitungsgesetz gemäß dem Einstimmigkeitsprinzip bei den Regierungssitzungen für beschlossen erklärte, eskalierte die Situation. Die beiden kommunistischen Staatssekretäre widersprachen heftig und Koplenig erklärte, „dass die Einheitlichkeit nicht vorhanden sei". Darauf replizierte Renner prompt: „Dann müssen die Herren die Konsequenzen ziehen."[75] Das hieß nichts anderes, als dass er die Kommunisten vor die Alternative stellte, zuzustimmen oder zurückzutreten. Die beiden schwiegen. Damit war für Renner die Zustimmung gegeben. Mit diesem Beschluss war die Zweite Republik zu jener verfassungsmäßigen Situation zurückgekehrt, wie sie vor dem Ende des demokratischen Parlamentarismus am 4. März 1933 bestanden hatte.

Der ÖVP konnte eine Rückkehr zur Verfassung 1929 nur recht sein. Eine Verfassungsdiskussion, bei der die föderalen Grundlagen des Staates zur Debatte gestanden wären, konnte genauso wenig in ihrem Interesse sein wie die latente Unsicherheit durch eine letztlich ungeklärte verfassungsmäßige Situation. Dennoch hatte sie sich im Disput zwischen Sozialdemokraten und Kommunisten um die Verfassung zurückgehalten. Auf eine Bemerkung Schärfs hin, den Sozialdemokraten wäre es am liebsten gewesen, zur Verfassung 1920 zurückzukehren, aber man fühle sich nicht berechtigt, das Ergebnis einer 14-jährigen demokratischen

Entwicklung rückgängig zu machen, meinte Ludwig Adamovich in den Beratungen des Kabinettsrates, aus politischen Erwägungen sei es sinnvoll, auf die Verfassung von 1929 zurückzugehen, da die parlamentarische Entwicklung bis 1933 verfassungsrechtlich einwandfrei war. Damit dürfte er die Haltung der ÖVP und auch jene Figls, er stand ihm weltanschaulich ja durchaus nahe, auf den Punkt gebracht haben.[76]

Einige Tage nach der Beschlussfassung des Verfassungs-Überleitungsgesetzes im Kabinettsrat nahm Figl zur Verfassungsfrage öffentlich Stellung. Es war das erste Statement, das er als Mitglied des Kabinettsrates und damit als Sprecher der ÖVP in der Regierung im „Neuen Österreich" abgab. Sie wirkte noch etwas hölzern. Mehr als Vertreter der Landwirtschaft denn als Sprecher seiner Partei in der Staatsregierung erklärte er, die österreichische Bauernschaft empfinde es als befreiend, wenn jetzt, nachdem „das würgende Netz nationalsozialistischer Gesetze und Verordnungen zerrissen ist", das neue Österreich auf Basis der demokratischen Grundsätze der Verfassung 1929 wieder aufgebaut werde.[77]

Insgesamt war die Tätigkeit der Regierung geprägt von den ersten Schritten im Zusammenhang mit der Wiederherstellung der gesamten staatlichen Verwaltung sowie den Beschlüssen der ersten und damals noch konsequenten Gesetze zur Entnazifizierung, wie dem Verbotsgesetz oder dem Kriegsverbrechergesetz. Erste Maßnahmen zur Einleitung des Wiederaufbaus von Wirtschaft und Währung wurden gesetzt. Es war ein bemerkenswertes Arbeitspensum, das die Provisorische Staatsregierung unter der umsichtigen, wenn auch mitunter etwas autoritär anmutenden Stabführung Renners abspulte. Alles wurde in einer erstaunlichen Professionalität und Routine abgewickelt. Die sowjetische Besatzungsmacht räumte in dieser frühen Phase der Provisorischen Staatsregierung ein hohes Maß an Autonomie sowohl bei den von ihr in der Verwaltung als auch in der Gesetzgebung gesetzten Maßnahmen ein. Denn solange noch kein Parlament bestand, wurden auch Gesetze direkt von der Staatsregierung beschlossen und in Kraft gesetzt.

Schließlich waren es Maßnahmen zur Sicherung der Ernährung und der Versorgung der Bevölkerung, die maßgeblich die Tätigkeit der Regierung bestimmten. Dabei ist stets zu bedenken, dass sich auf österreichischem Boden neben der Bevölkerung und den Besatzungstruppen noch eine große Zahl von ausländischen Kriegsgefangenen und Zwangsarbeitern aufhielt. Dazu sollten im Laufe des Frühjahrs noch weitere Flüchtlingsströme kommen, unter ihnen die von der tschechoslowakischen Regierung vertriebene deutschsprachige Bevölkerung, die in Massen über die österreichische Grenze strömte.

In allen Fragen der Ernährung und der Versorgung der Bevölkerung mit Lebensmitteln spielte Figl eine herausragende Rolle. Am 8. Mai legten er und Landwirtschaftsminister Buchinger dem Kabinettsrat einen Aufruf des Bauernbundes an die Bauernschaft vor, in dem diese energisch aufgefordert wurde, den Frühjahrsanbau durchzuführen beziehungsweise abzuschließen. Den Bauern wurde zugesagt, Saatgutbestände und Futtermittel zur Verfügung gestellt zu erhalten. Auch würde die Rote Armee unbefugtes Requirieren unterbinden, die Bauern nicht von landwirtschaftlicher Tätigkeit fernhalten und ausreichende Mengen von Diesel- und anderem Treibstoff zur Verfügung stellen. Etwas pathetisch, wie es Figls Art entsprach, hieß es darin: „Bauern Österreichs! Geht an die Arbeit, denn nun gilt Eure Arbeit nur dem befreiten österreichischen Volke. Nicht mehr den Nazi, sondern Eurer eigenen Heimat und Eurer Familie leistet Ihr Dienst durch restlose Pflichterfüllung. Kein Stückchen Erde darf unbebaut bleiben, das ist das Gebot des neuen Österreich. Bauern Österreichs! Zeigt durch Euren Fleiß, dass die Bauernschaft alles tun will, um unserem befreiten Vaterlande die Ernährung und damit den Wiederaufbau zu sichern. Es gilt, die Selbständigkeit und die Freiheit eines unabhängigen und wahren demokratischen Österreich zu sichern, wie es die österreichische Staatsregierung in ihrer ersten Proklamation festgelegt hat. In diesem Sinne auf zur Arbeit!“[78]

Freilich mussten auch Figl und Buchinger einräumen, dass in der Realität noch beträchtliche Schwierigkeiten bestanden. Denn Übergriffe, auch gegenüber der ländlichen Bevölkerung und deren landwirtschaftlichen Einrichtungen, waren noch immer an der Tagesordnung. Vor allem musste erreicht werden, dass keine Requirierungen von Vieh durch die Rote Armee mehr stattfanden. Von allem anderen abgesehen endeten diese Requirierungen zumeist auch für die Besatzer mit einem Schlag ins Wasser, was aber einen nicht unerheblichen Schaden verursachte. Denn das requirierte Vieh wurde vorerst über das Land getrieben und weidete dabei die Wintersaaten ab. Mangels der erforderlichen Futtermengen gingen die Tiere dann unterwegs zumeist zugrunde. Notschlachtungen waren manchmal noch das Beste, was getan werden konnte, wobei in der Regel oft die Kapazitäten fehlten, um das Fleisch dorthin zu bringen, wo es dringend benötigt worden wäre.[79]

Was dies in der Praxis hieß, sei an folgendem Beispiel geschildert.

Auf ihrem Rückzug aus Ungarn trieben die Deutschen größere Viehbestände aus der ungarischen Tiefebene vor sich her. Ein Teil davon wurde im Marchfeld zurückgelassen und zog im Mai 1945 auf den bebauten Äckern unkontrolliert umher. Zahlreiche Tiere gingen zugrunde, was zum Ausbruch der Maul- und Klauenseuche führte. Nun sollten die ausgemergelten Reste der herabgekommenen und dezimierten Herden wieder nach Ungarn zurückgetrieben werden, ohne dass Aussicht bestanden hätte, dass die Tiere dort lebend ankommen. Der kommunistische Widerstandskämpfer und nunmehrige provisorische Ernährungsbeauftragte für Floridsdorf, Bruno Sokoll, ergriff Anfang Mai die Initiative und wandte sich direkt an die Wiener Stadtregierung. Im Rathaus traf er auf Stadtrat Anton Weber, von dem er kurzerhand an Leopold Figl weiterverwiesen wurde. Figl nahm sich der Sache sofort an:[80] Schon am nächsten Tag konnte der Transport bei Wiener Neustadt abgefangen und dem Schlachthaus St. Marx zugeführt werden, um die Fleischrationen für die Bundeshauptstadt zumindest kurzfristig ein wenig aufzubessern.

In Wien, aber auch in einigen niederösterreichischen Städten wurde die Versorgungslage von Tag zu Tag schlechter. Die noch vorhandenen Lebensmittelvorräte waren von der Deutschen Wehrmacht vor ihrem Rückzug verteilt oder vernichtet, von den sowjetischen Truppen beschlagnahmt oder von ihnen beziehungsweise der Bevölkerung geplündert worden. Die Nahrungsmittelversorgung wurde zur Überlebensaufgabe der Wienerinnen und Wiener.[81] Anfang Mai erfolgte dann die erste Lebensmittelzuteilung durch die sowjetischen Besatzer. Im Zuge der sogenannten Mai- oder Erbsenspende erhielt jede Person gerade einmal 20 dag Bohnen, 20 dag Erbsen, 5 dag Speiseöl, 15 dag Fleisch und ein Achtel Kilo Zucker. Die Brotrationen betrugen anfangs 50 dag pro Kopf und Woche. In der zweiten Maiwoche wurden sie auf ein Kilo erhöht, wobei Brot und Milch überhaupt nur sehr schwer zu bekommen waren, sodass Hülsenfrüchte zum Hauptnahrungsmittel der städtischen Bevölkerung wurden. Nicht einmal die für die Säuglingsversorgung erforderliche Mindestmenge an Milch war vorhanden, weshalb auch die von Figl im Umland Wiens aufgetriebene Milch praktisch zur Gänze an die Wiener Spitäler ging.

Die Zuständigkeiten zwischen Bauernbund, Landwirtschaftskammer und verantwortlichem Staatsamt für Land- und Forstwirtschaft überlagerten sich in dieser frühen Phase. Überhaupt war es Figl und nicht so sehr der gesundheitlich nicht voll auf der Höhe befindliche

Staatssekretär Buchinger, der auch im Landwirtschaftsressort das Heft in der Hand hielt. Das galt vor allem für alle Fragen der Versorgung der Bevölkerung mit landwirtschaftlichen Produkten. Dementsprechend hieß es auch in einer ersten Beurteilung der Tätigkeit der neuen Regierungsmitglieder durch die Sowjets, dass Figl sich besonders um die Landwirtschaft kümmere und eigentlich derjenige sei, der die Arbeit im Landwirtschaftsministerium lenke.[82]

Aufbruch in Niederösterreich

Die sowjetischen Truppen, die, beginnend mit dem 29. März 1945, in der Nähe des burgenländischen Ortes Klostermarienberg österreichisches Staatsgebiet betreten hatten, verfolgten von Beginn an eine Besatzungspolitik, die sich von folgendem Grundsatz leiten ließ: Die Zivilverwaltung in den eroberten Gebieten sollte so rasch wie möglich wieder von Österreichern ausgeübt werden, die sowjetische Militärverwaltung hatte sich auf eine kontrollierende Position zu beschränken, ohne dabei die Fäden aus der Hand zu geben.[1] Schon vor dem Überschreiten der österreichischen Grenze hatte Marschall Tolbuchin eine „Provisorische Verordnung über Kriegskommandanturen auf den durch sowjetische Truppen eingenommenen Territorien Österreichs" erlassen. Darin wurde den kommandierenden Generälen befohlen, ihnen vertrauenswürdig erscheinende Personen mit der Führung der Verwaltung zu beauftragen. Es ging den Sowjets um eine möglichst rasche Weiterführung der administrativen Tätigkeit unter Ausschaltung der Nationalsozialisten. Vor diesem Hintergrund ist auch die „Beauftragung" Karl Renners und Leopold Figls zu sehen.[2]

Nachdem Figl am 14. April 1945 die Gebäude des Bauernbundes und der Landwirtschaftskammer wieder in Besitz genommen hatte, wollte er nachsehen, was in dem nur einen Steinwurf entfernt gelegenen Niederösterreichischen Landhaus los sei. Immerhin hatte dort bis zum 11. März 1938 sein politisches Vorbild Josef Reither seinen Sitz als niederösterreichischer Landeshauptmann gehabt. Am Weg dorthin kam es bereits zu einem ersten Zusammentreffen mit einem prominenten Sozialdemokraten. Es handelte sich um den Figl noch aus den 1930er Jahren gut bekannten ehemaligen Landeshauptmannstellvertreter von Niederösterreich, Oskar Helmer. Er hatte, wie die meisten niederösterreichischen Sozialdemokraten, dem gemäßigten Flügel seiner Partei angehört. Rasch stellte sich heraus, dass beide ein und dasselbe Ziel hatten. Figl schilderte die Episode folgendermaßen: „Es war der 14. April, als ich aus der Bankgasse herausgehend, an der Ecke der Herrengasse mit [...] Oskar Helmer zusammenstieß und wir einander fragten: ‚Wo gehst du hin?' Wir erwiderten beide: ‚Wohin soll ich gehen, natürlich ins Landhaus.' So sind wir ins Landhaus eingezogen [...]. Dort haben wir unsere Arbeit begonnen und besprochen, was aus diesem Land werden wird. [...] Als wir [...] das erste Mal in dieses Haus hineingingen, war es überhaupt noch nicht möglich, in die Stockwerke hinaufzugehen, denn alles lag voll Schutt und Trümmer."[3] Im sogenannten Liechtensteinzimmer fanden Figl und Helmer einen benützbaren Raum für ein erstes Gespräch. Dort begegneten ihnen bereits die ersten Landesbeamten. Sie waren aus eigener Initiative gekommen, um daran mitzuwirken, dass aus „Niederdonau" wieder Niederösterreich würde. Figl und Helmer kamen überein, einander am Montag darauf, dem 16. April 1945, neuerlich zu treffen und den Wiederaufbau der niederösterreichischen Landesverwaltung in Angriff zu nehmen.[4]

Als Figl und Helmer am 16. April wieder ins Landhaus kamen, hatte sich überraschenderweise die Widerstandsbewegung 05 unter der Führung Raoul Bumballas dort breitgemacht. Es herrschte anfangs einige Unklarheit.[5] Figl und Helmer führten zuerst ein Gespräch mit dem „Siebenerausschuss" der 05, das sie offensichtlich aber darin bestärkte, die Widerstandsbewegung links liegen zu lassen. Ihnen war bald klar geworden, dass hier keine politischen Profis am Werk waren. Außerdem wurde offensichtlich, dass die von Bumballa vorgegebenen Beziehungen zu den Sowjets nicht den Tatsachen entsprachen. So setzten sich die beiden zusammen und begannen, wie geplant, die Verwaltung des Landes gemeinsam in die Hand zu nehmen. Sie einigten sich darauf, einen Landesausschuss zu bilden. Figl erklärte sich zum Platzhalter von Landeshauptmann Reither, über dessen Schicksal man zu diesem Zeitpunkt noch gar nichts wusste. Helmer akzeptierte das und designierte sich zum Landeshauptmannstellvertreter, was er bereits bis zum Februar 1934 gewesen war. Die beiden kamen überein, alle Verfügungen vorderhand gemeinsam zu zeichnen und dem noch zu bildenden Landesausschuss zu einem späteren Zeitpunkt zur Genehmigung vorzulegen. Auch auf eine erste Einteilung der teilweise schon anwesenden Landesbeamten verständigten sie sich. Als Landesamtsdirektor und damit oberster Verwaltungsbeamter wurde mit Dr. Hans Vanura ein enger Vertrauensmann Figls in Aussicht genommen. Die beiden waren auch 1943/44, in der Zeit nach der Entlassung Figls aus Dachau, miteinander in Verbindung gestanden.[6] Figl wollte die Amtsräume des ehemaligen Gauleiters Hugo Jury auf der Seite zum Minoritenplatz beziehen, von wo er den kürzesten Weg in die Bauernbundzentrale in der praktisch gegenüberliegenden Schenkenstraße hatte. Helmer blieb im Landhaus in der Herrengasse.

Beiden war allerdings klar, dass es sich bei ihrer Übereinkunft nur um Gedankenspielereien handelte, solange sie nicht den Segen der Sowjets zu ihrer Vorgangsweise hatten. Also gingen sie am nächsten Tag, dem 17. April 1945, in die russische Zentralkommandantur in das Hotel Imperial. Sie wurden freundlich empfangen, in der Sache verhielten sich die Sowjets aber ausweichend. Figl und Helmer wurden für den nächsten Tag neuerlich in das Hotel Imperial bestellt. Die beiden waren sich über die Gründe dafür nicht im Klaren. War ihr Vorhaben gescheitert? Doch die Unsicherheit währte nur kurz. Schon am Morgen des 18. April 1945 erhielten sie grünes Licht für die Vorbereitungsarbeiten zum Aufbau der Verwaltung. Die einzige Vorbedingung der Sowjets bestand darin, dass auch ein Vertreter der KPÖ miteinbezogen würde.[7] Dieser sollte sich dann in der Person Otto Mödlagls finden. Mödlagl, ursprünglich Sozialdemokrat, trat 1921 der KPÖ bei. Von 1928 bis 1934 war er wiederum in den Reihen der Sozialdemokratie zu finden. Erst nach den Februarkämpfen 1934 schloss er sich neuerlich den Kommunisten an und betätigte sich im Untergrund für die KPÖ im Burgenland.[8] Dass Mödlagl aus dem Burgenland kam, war insoweit kein Hindernis, als ja auf Grund der von den Nationalsozialisten vorgenommenen territorialen Veränderungen in den Strukturen der Länder vorderhand auch das nördliche Burgenland zu Niederösterreich gehörte.

Im Vorgehen der Sowjets Figl und Helmer gegenüber spiegelte sich einmal mehr deren generelle Politik bei der Wiedererrichtung der staatlichen Verwaltung auf den unterschiedlichen Ebenen wider: Sie wollten, dass in den zu bildenden Körperschaften die demokratischen Parteien etwa in jenem Stärkeverhältnis wie vor Beginn der autoritären Ära vertreten waren; die Kommunisten sollten allerdings eine ihnen annähernd gleichberechtigte dritte Kraft darstellen.

Am 18. April 1945 fand sich der von Figl für die Funktion des Landesamtsdirektors vorgesehene Hans Vanura im Landhaus ein. Er wurde sofort zu Figl und Helmer gerufen. Beide erteilten ihm den Auftrag, die Agenden des ehemaligen Regierungsdirektors als Leiter des Inneren Dienstes zu übernehmen.[9] Seine erste Aufgabe bestand darin, sämtliche Bedienstete, die während der NS-Zeit entlassen worden waren, wieder in den Landesdienst aufzunehmen.[10]

Ab diesem Zeitpunkt amtierten Figl und Helmer, Anfang Mai stieß dann Mödlagl zu ihnen. Das alles passierte noch während der westliche und nördliche Teil des Bundeslandes Frontgebiet waren. Einen Tag nach Kriegsende, am 9. Mai, einigten sich Figl und Helmer gemeinsam mit dem nunmehrigen Staatssekretär für Land- und Forstwirtschaft, Rudolf Buchinger, auf die Bildung und Zusammensetzung eines Provisorischen Landesausschusses. Sie verständigten sich auch darauf, dass Figl und Helmer für den Landesausschuss zeichnungsberechtigt sein sollten. Der KP-Mann Mödlagl war bei dieser zentralen Besprechung nicht anwesend.[11] Dies war bereits kennzeichnend für die künftige Rolle, die die Kommunisten in Niederösterreich spielen sollten. Am 11. Mai 1945 wurde dann der Provisorische Landesausschuss für Niederösterreich mit Billigung der sowjetischen Besatzungsmacht formal konstituiert. In der am nächsten Tag erschienenen Verlautbarung im „Neuen Österreich" wurde dies wie folgt publiziert:

„Die drei anerkannten Parteien Österreichische Volkspartei, Sozialistische Partei (Sozialdemokraten und Revolutionäre Sozialisten) und Kommunistische Partei sind übereingekommen:

1. Für das Land Niederösterreich einen neungliedrigen provisorischen Landesausschuss zu bestellen;

2. In diesen provisorischen Landesausschuss für Niederösterreich entsendet vier Mitglieder die Österreichische Volkspartei, drei Mitglieder die Sozialistische Partei (Sozialdemokraten und Revolutionäre Sozialisten) und zwei Mitglieder die Kommunistische Partei. Für die Dauer des provisorischen Landesausschusses für Niederösterreich werden Staatssekretär Ing. Leopold Figl als Vorsitzender, Unterstaatssekretär Oskar Helmer und Unterstaatssekretär Ing. Otto Mödlagl als dessen Stellvertreter fungieren. Der provisorische Landesausschuss wird die Geschäfte auf der Grundlage der engsten Zusammenarbeit und der kollektiven Beratung der Vertreter der drei beteiligten Parteien führen. [...]"[12]

Weiters wurden in der Erklärung die Bediensteten des Landes aufgefordert, sich binnen der nächsten drei Tage „zwecks Registrierung und eventueller Diensteinreihung zu melden". An Stelle der bisherigen Landratsämter wurde die Wiedererrichtung der Bezirkshauptmannschaften bekanntgegeben. In den Gemeinden hätten die drei anerkannten Parteien unverzüglich Gemeindeausschüsse zu bilden, wobei sich die Zahl der Mitglieder an den letzten demokratischen Gemeindewahlen zu orientieren hätte. Bei der Besetzung hätte „den derzeitigen Verhältnissen Rechnung" getragen zu werden. Dies hieß nichts anderes, als dass neben Vertretern von ÖVP und SPÖ auch Kommunisten zu berücksichtigen seien.

Es ist interessant, dass die Zusammensetzung des Landesausschusses widerspruchslos von den sowjetischen Besatzern akzeptiert wurde, wich die Vorgangsweise doch erstmals deutlich von einer drittelparitätischen Besetzung der Funktionen, und zwar zu Ungunsten der Kommunisten, ab.[13] Dazu kam noch, dass sich die Zuständigkeiten Mödlagls als Mitglied des Landesausschusses, also de facto als Landesrat, auf weitgehend einflusslose Bereiche beschränkten.

Die politische „Dreieinigkeit"

Auch wenn er formal „nur" der Vorsitzende des Provisorischen Landesausschusses war, de facto amtierte Leopold Figl ab dem 11. Mai 1945 als Provisorischer Landeshauptmann von Niederösterreich. Oskar Helmer war Erster Landeshauptmannstellvertreter und Otto Mödlagl Zweiter Landeshauptmannstellvertreter.[14] Binnen eines Monats hatte Leopold Figl damit seine dritte zentrale Funktion erhalten, neben dem Amt als Staatssekretär und de facto Vizekanzler in der Regierung Renner und der Führung des Bauernbundes.

Der Provisorische Landesausschuss gab bereits am Tag seiner offiziellen Konstituierung Richtlinien für die künftigen Bezirkshauptmänner heraus. Diese wurden angewiesen, mit dem örtlichen Kommando der Roten Armee Kontakt aufzunehmen und unverzüglich mit ihren Amtsgeschäften zu beginnen. Die Zusammenarbeit mit den sowjetischen Stellen sollte möglichst eng sein, Anordnungen der Besatzungsmacht sollten konsequent durchgeführt werden. Gerade in der für die Versorgung der Bevölkerung lebenswichtigen Frage der Bereitstellung von Kraftfahrzeugen mussten die örtlichen Kommanden eingebunden werden.[15] Ebenfalls am selben Tag, dem 11. Mai, gaben die Sowjets das ganze Landesgebiet für die zivile Verwaltung frei. Es kam zur Errichtung einer Sowjetischen Kontrollkommission, die im Niederösterreichischen Landhaus Quartier bezog. Sie fungierte als zweite Kontrollinstanz neben der militärischen Landeskommandantur für Niederösterreich in der Wallnerstraße. Mit beiden sowjetischen Behörden, deren Kompetenzabgrenzungen untereinander anfangs auch nicht ganz klar waren, kam es wiederholt zu spannungsgeladenen Situationen.[16]

Der nun voll angelaufene Aufbau der politischen Landesverwaltung wurde von den sowjetischen Besatzern nur in Ausnahmefällen behindert. Allerdings waren einzelne Funktionsträger nur allzu oft russischer Willkür ausgesetzt, insbesondere wenn sie sich in deren Augen unbotmäßig verhalten hatten.[17] Zusätzlich erschwert wurde der Kontakt Figls mit den russischen Verantwortlichen durch den Umstand, dass das Land von zwei unterschiedlichen sowjetischen Armeen besetzt war. Nördlich der Donau standen die Truppen unter dem Befehl des sowjetischen Marschalls Rodion Jakowlewitsch Malinovskij, südlich der Donau war Niederösterreich inklusive der ihm zugeschlagenen Gebiete des nördlichen Burgenlandes von der Armee Marschall Tolbuchins besetzt. Diese Zweiteilung verursachte zusätzliche Probleme und noch mehr Zeitaufwand für Figl. Anfang Juli kam es dann zu einer Umgruppierung und Marschall Ivan Konev übte ab diesem Zeitpunkt die Befehlsgewalt über ganz Niederösterreich aus. Für Figl bedeutete das eine durchaus willkommene Erleichterung seiner Arbeit, zählte Konev doch zu den im Umgang verbindlicheren Offizieren der Roten Armee. Es wurde ein „Verbindungsoffizier zur Landeshauptmannschaft" installiert, auch die militärischen sowjetischen Befehlsstellen sollten der zivilen niederösterreichischen Verwaltung angeglichen werden.[18]

Figl und Helmer wollten von Beginn an keine Zeit verlieren. Schon am 12. Mai 1945 wurde vom Provisorischen Landesausschuss mit Ludwig Mohr der erste Bezirkshauptmann, und zwar für die Bezirkshauptmannschaft Wiener Neustadt, bestellt. Weitere Bestellungen von Bezirkshauptmännern und wichtigen Funktionsträgern in der Landesverwaltung folgten am nächsten Tag. Möglicherweise wollten Figl und Helmer der am 13. Mai 1945 erfolgten und ihnen als Mitgliedern der Staatsregierung im Voraus bekannten Beschlussfassung des Verfassungs-Überleitungsgesetzes in der Provisorischen Staatsregierung zuvorkommen, da sie befürchteten, dass die Kommunisten auf dieses gestützt mehr Mitsprache verlangen würden.[19]

Was waren nun die vordringlichsten Aufgaben? An erster Stelle stand die Ernährungslage. Diese konnte sich nur dann entspannen, wenn es auch gelang, die katastrophale Verkehrssituation im Land zu verbessern. Zugleich ging es um eine Verbesserung der Sicherheitsverhältnisse sowie die Fortführung des Aufbaus der Verwaltung auf der Ebene der Bezirkshauptmannschaften und Gemeinden.

Ganz offensichtlich war es Figl gelungen, binnen kurzer Zeit die Sowjets von seinen Fähigkeiten als tüchtiger Organisator im Zusammenhang mit der Lebensmittelbeschaffung zu überzeugen. Daneben hatte er auch rasch eine funktionierende Gesprächsbasis mit ihnen gefunden. Beides war wohl eine Voraussetzung dafür, dass die Besatzungsmacht seinem

Niederösterreichs „politische Dreieinigkeit“: Oskar Helmer, Leopold Figl, Otto Mödlagl (v. l.)

Vorschlag bei der Bildung des Landesausschusses prompt zugestimmt hatte. Mit den Kommunisten im Land ging Figl recht geschickt um. Sobald ihm klar wurde, dass ihr Rückhalt bei der sowjetischen Besatzungsmacht nicht allzu groß war, gingen er und Helmer daran, sie an die Wand zu spielen.[20] Auf Grund ihrer langjährigen Erfahrung im politischen Geschäft sollte ihnen das nicht allzu schwer fallen. Sachentscheidungen sprach er oft nur mit Helmer im Voraus ab, so beispielsweise als er am 19. Juni im Landesausschuss den Antrag einbrachte, ein eigenes Presseamt einzurichten. Dieses sollte ihm direkt unterstehen und den gesamten Nachrichten-, Presse- und Propagandadienst des Landes besorgen. Zum Leiter wurde Figls enger Vertrauter Edmund Weber bestellt. Mödlagl war völlig überrascht und verlangte vorerst eine Rückstellung der Entscheidung, ließ sich dann aber von Figl und Helmer unter Hinweis auf die möglichst rasche Genehmigung durch die Sowjets überreden, zuzustimmen.[21]

Nach außen hin legte Figl allerdings den größten Wert darauf, stets mit seinen beiden Stellvertretern gemeinsam aufzutreten, um so das Einvernehmen in der Führung des Landes zu demonstrieren. Zu dritt begannen sie, allen Schwierigkeiten ob der vielfach zerstörten Verkehrsverbindungen trotzend, das Land zu bereisen, wobei anfangs für den Landesausschuss nur ein einziges Auto zur Verfügung stand, das

Oskar Helmer aufgetrieben hatte. Bei ihren Fahrten durch das Land setzten Figl, Helmer und Mödlagl die meisten Bezirkshauptmänner persönlich ein und hielten insgesamt über 30 sogenannte Bürgermeisterkonferenzen ab. Dazu wurden die Bürgermeister des jeweiligen Bezirks eingeladen. Es handelte sich aber um öffentliche Versammlungen, für jedermann zugänglich. Das Interesse der Bevölkerung war groß, überall wurden sie freudig empfangen.[22] Und die Leute staunten nicht schlecht, als nun nach dem Ende des NS-Regimes plötzlich die Gegner von einst, die sich noch elf Jahre zuvor mit der Waffe in der Hand gegenübergestanden waren, in trauter Einheit vor sie traten. Der Gegensatz zu den 1930er Jahren war so groß, dass sich für Figl, Helmer und Mödlagl der fast verklärte Begriff der „Dreieinigkeit", offensichtlich angelehnt an die religiöse „Dreifaltigkeit", bei den Leuten einbürgerte.[23] Und jeweils einer von ihnen gebrauchte in seiner Rede dabei stets das signifikante Bild vom gemeinsamen Haus, müsse doch zuerst „das zerstörte Haus gemeinsam aufgebaut werden, dann kann sich jeder sein Zimmer schwarz, rot oder noch röter oder wie er will ausmalen oder austapezieren lassen"[24].

Den Beginn dieser Serie von gemeinsamen Auftritten machte ein Zusammentreffen mit den schon im Amt befindlichen Bediensteten der Landesregierung im Landhaus am 18. Mai. Figl machte bei dieser Gelegenheit den ihm eben bekannt gewordenen Tod Hugo Jurys, des nationalsozialistischen Gauleiters und Reichsstatthalters von „Niederdonau", publik. Dieser hatte am 8. Mai in der Nähe von Zwettl Selbstmord begangen. Mit Verachtung nahm er auf den Freitod jenes Mannes, der der Kopf der NS-Herrschaft in Niederösterreich gewesen war, Bezug: „Wenn einmal die Gräber in diesem Land geöffnet werden, dann wird man voll Grauen sehen, wieviele Menschen aus rassischen Gründen, wegen ihres Bekenntnisses oder ihrer Zugehörigkeit zu einer politischen Partei hingemordet worden sind. Sie alle haben ihre Tapferkeit und ihre Treue bis in den Tod bewiesen. Anders die Herren, die diese Tausende ermordeten und in den Tod trieben. [...] Politiker sein ist schwer, aber Politiker sein und für seine Überzeugungen bis zum letzten einstehen, ist noch schwerer. Menschen, die wenn es zum letzten geht, in den Tod fliehen, das sind keine Politiker, das sind Lumpen und Gauner."[25]

Figl sah in der Tatsache, dass die Mehrzahl der nationalsozialistischen Führer auf diese oder andere Weise versuchte, sich der Verantwortung für die von ihnen begangenen Untaten zu entziehen, den endgültigen moralischen Bankrott des Nationalsozialismus. Diesem stellte er das neue Österreich gegenüber, das durch die Vertreter der drei Parteien verkörpert wurde, die ihre Standhaftigkeit in den Gefängnissen und KZs bewiesen hatten. Sie hatten, so wie er, als Bekenner ihrer Sache jahrelange Torturen durchgestanden und im Gegensatz zum nunmehrigen Verhalten der nationalsozialistischen Führungsclique so die moralische Überlegenheit des Österreichertums erwiesen. Dabei projizierte er, wie so oft in seinen Reden im Jahr 1945, sein eigenes, nicht einmal zwei Monate zurückliegendes Schicksal auf das ganze Land: „Die Vertreter der demokratischen Parteien, die im alten Österreich bestanden haben, die sieben Jahre gekämpft und gelitten und in den Konzentrationslagern vegetiert haben, diese Übriggebliebenen werden das neue Österreich bauen, ein Österreich, das vor allem auf dem Recht aufgebaut sein muss." Im Hinblick auf die nationalsozialistischen Funktionäre ließ Figl keinen Zweifel darüber, konsequent vorgehen zu wollen. Die von ihm ausgegebene Parole lautete: „[...] hart und gerecht. Es sind in diesem Staate in den letzten sieben Jahren auch manche gewesen, die gezwungenermaßen bei der Partei waren, um ihre Existenz nicht zu verlieren. Sie werden nach den Vorschriften des Gesetzes behandelt. Hart bestraft aber werden alle Illegalen, die als Beamte des früheren Österreich auf der einen Seite sich vom Staat bezahlen ließen, und auf der anderen Seite alles taten, um ihn zu zerstören. Diese Verbrecher werden wir hart bestrafen."[26] Tatsächlich war es mehrfach vorgekommen, dass Figl und Helmer den einen oder anderen ihnen noch aus der Zeit vor 1938 als fähig bekannten Beamten in eine bestimmte Funktion setzen wollten, sie davon aber Abstand nahmen, als sich herausstellte, dass der Betreffende Nationalsozialist gewesen war.[27]

Auch in anderer Hinsicht war bei der Besetzung der Bezirkshauptmannschaften und der Wiedererrichtung der Gemeindevertretungen viel Fingerspitzengefühl erforderlich. Denn in den ersten Tagen nach der Befreiung einzelner Gebiete noch vor Kriegsende waren bisweilen Bürgermeister, Gemeindevertreter und auch einige Bezirkshauptleute von Gnaden der sowjetischen Besatzer in Aktion getreten, darunter zahlreiche Kommunisten. Sie waren teilweise eingesetzt worden, teilweise hatten sie sich auch selbst in ihre Funktion gehievt und erfreuten sich des Wohlwollens der Besatzungsmacht. Bis zum Sommer bekamen Figl und Helmer auch dieses Problem unter Kontrolle. Die von den russischen Kommanden eingesetzten Bezirkshauptmänner wurden entweder abgelöst oder entmachtet, oft indem die Verwaltungsbereiche anderen Bezirkshauptmannschaften zugeschlagen wurden. Auf diese Weise kam etwa der Bezirk Waidhofen an der Ybbs zu Amstetten und Pöggstall wurde ein Teil des Bezirks Melk. Lediglich in Lilienfeld sollte noch eine Zeitlang ein kommunistischer Bezirkshauptmann amtieren.[28]

Im Bereich des Sicherheitswesens war Figl anfangs als Landeshauptmann oberste Instanz. Die Lage war zu Beginn katastrophal, hervorgerufen zu einem guten Teil durch die Übergriffe der russischen Besatzungstruppen. Figl war sich rasch darüber im Klaren, dass die effektivsten Maßnahmen durch direkte Aussprache mit den sowjetischen Befehlshabern erreicht werden konnten, und pilgerte immer wieder zu den zuständigen sowjetischen Kommanden. Im Juli kam es dann zur Einrichtung einer Sicherheitsdirektion. Schon kurz davor war Josef Kimmel zum provisorischen Kommandanten des Landesgendarmeriekommandos für Niederösterreich ernannt worden. Kimmel hatte vor 1938 wie Figl hohe Funktionen bei den Ostmärkischen Sturmscharen inne, war Staatsrat und kam wie Figl 1938 in das KZ Dachau. Auch die Zusammenarbeit zwischen dem vom Staatsamt für Inneres ernannten Sicherheitsdirektor Franz Baier und dem Landeshauptmann gestaltete sich eng.

Figl trachtete danach, zügig den Ausbau der Gendarmerie voranzutreiben. Auch beim Wiederaufbau der Exekutive kamen in erster Linie Gendarmen in Betracht, die 1938 gemaßregelt worden waren, bzw. durch die NS-Zeit unbelastete Pensionisten, die man in den Dienst zurückholte. Uniformierung und Bewaffnung der Beamten stellten ein weiteres Problem dar. Immerhin kam man bis in den Herbst so weit voran, dass Anfang Oktober wieder 374 Gendarmerieposten existierten, in denen 1855 Exekutivorgane ihren Dienst versahen.

Figl ließ sich weiterhin von den Bezirkshauptleuten alle Berichte in Sicherheitsfragen vorlegen, umgekehrt nahm der Sicherheitsdirektor an den Sitzungen des Landesausschusses teil. Er behielt es aber weiterhin bei, bei seinen Besprechungen mit sowjetischen Stellen, in der Regel mit Generalleutnant Stepan I. Morozov, Beschwerden über Übergriffe der Besatzungstruppen persönlich vorzubringen.[29]

Interessant ist, wie die russische Seite im Frühjahr 1945 Figl sah. Dazu liegt eine Beurteilung vor, die am 19. Juni 1945 für den stellvertretenden sowjetischen Außenminister Vladimir Dekanozov verfasst wurde. Darin wurde Figl der Wille zur aufrichtigen Zusammenarbeit attestiert. Figl sei viel im Land unterwegs und versuche Kontakte mit den rechten Sozialdemokraten in der Regierung zu intensivieren. Dies galt in erster Linie für sein enges Verhältnis zu Helmer, der als Unterstaatssekretär ja ebenfalls der Regierung angehörte, aber sicher auch für seine Kontakte zu Schärf und Renner.[30]

Die Grenzziehung zwischen den Bundesländern

Im Laufe des Sommers nahmen auch die territorialen Grenzen Niederösterreichs langsam wieder ihre alte Gestalt an. Dies betraf das von den Nazis Niederösterreich zugeschlagene nördliche Burgenland, das Mühlviertel sowie die nach dem Anschluss zu „Groß-Wien" gekommenen Umlandgemeinden rund um die Hauptstadt.

Als die Sowjets Ende März/Anfang April 1945 auf Wien vorrückten, betraten sie zwar in Österreich zuerst burgenländischen Boden, als einheitliches Territorium hatte das Burgenland aber unter der NS-Herrschaft nicht existiert. Denn die Nationalsozialisten hatten das Burgenland zwischen den Gauen „Niederdonau" und Steiermark aufgeteilt. Deshalb war das nördliche Burgenland anfangs von Figl und dem Provisorischen Landesausschuss für Niederösterreich mitzuverwalten. Figl nahm diese Aufgabe ernst und bereiste gemeinsam mit Helmer und Mödlagl schon Ende Mai 1945 den Bezirk Eisenstadt. Auch dort hielten sie eine große Bürgermeisterkonferenz. Die Frage nach dem weiteren Schicksal des Burgenlandes ließen sie dabei bewusst noch offen und appellierten vorerst nur in der bewährten Art und Weise an den gemeinsamen Wiederaufbauwillen.[31]

Ähnlich unklar verhielt es sich auch mit einem Teil des Mühlviertels, das bei Kriegsende zum größten Teil von amerikanischen Truppen besetzt war. Nur im östlichsten Teil war die Rote Armee einmarschiert. Nach Inkrafttreten der am 7. Mai 1945 unterfertigten Kapitulation der deutschen Heeresgruppe Süd trat die zwischen Amerikanern und Sowjets ausgehandelte Demarkationslinie in Kraft. Sie verlief von Freistadt entlang der Bahnlinie zur Donau. Der östlich davon gelegene Teil des Mühlviertels mit Perg als Hauptort gehörte zur sowjetischen Zone. Er wurde provisorisch vom niederösterreichischen Landesausschuss unter Figl mitverwaltet. Am 9. Juli 1945 wurde das Zonenabkommen in London paraphiert. Mit diesem verzichteten die Amerikaner auf das gesamte Mühlviertel. Für die Sowjets bedeutete dies zweierlei: Die österreichische Grenze zur Tschechoslowakei fiel zur Gänze in ihren Einflussbereich. Genauso stand die Donau von Passau stromabwärts unter ihrer alleinigen Kontrolle. Im Gegenzug räumten sie die besetzten steirischen Landesteile sowie einen Teil der am Ostufer der Enns gelegenen Gebiete inklusive der Steyr-Werke. Trotzdem kam das Nachgeben der Westmächte überraschend. Es war auf amerikanischer Seite zum Missfallen des bereits designierten Oberbefehlshabers Mark Clark erfolgt.[32]

Damit stand die Frage nach der Zukunft des Mühlviertels im Raum. Würde es Niederösterreich zugeschlagen werden? Nicht nur in Oberösterreich regte sich dagegen erbitterter Widerstand. Auch Figl wusste, dass damit eine gefährliche Verfestigung der Demarkationslinien im Sinne einer territorialen Aufteilung des Landes drohte. Es galt, noch vor dem Abzug der Amerikaner eine Lösung zu finden. Figl fuhr Mitte Juli nach Perg. Dort traf er den führenden Vertreter der christlichsozialen Bauernschaft im Mühlviertel, Johann Blöchl. Die beiden kannten sich gut aus der Zeit vor 1938. Nicht nur dass sie im Bauernbund führende Männer waren, saßen sie während der Dollfuß/Schuschnigg-Jahre auch gemeinsam im Bundeswirtschaftsrat. Er schien Figl der einzige Mann zu sein, dem er die schwierige Aufgabe zutraute, als Funktionär des Landes Oberösterreich die Zivilverwaltung im Mühlviertel zu übernehmen. Blöchl war mehrfach in Haft gewesen und hatte mit Glück einen Volksgerichtshofprozess überstanden. Darüber hinaus lag sein Hof knapp an der Demarkationslinie, allerdings auf sowjetischer Seite. Blöchl wollte die schwierige und gefahrvolle Aufgabe, die man ihm antrug, jedoch nicht übernehmen. Der eigens angereiste Figl musste sein ganzes, auf der eigenen Leidensgeschichte im KZ aufbauendes Prestige einsetzen. Blöchl schrieb dazu in seinen Erinnerungen: „Er streckte mir seine Hand entgegen – und – ich schlug ein. Ich war besiegt. Von jenem Mann, der sechs Jahre Konzentrationslager – Dachau und Mauthausen – erduldete, für Österreich ...“[33] Ab 28. Juli 1945 zogen sich die Amerikaner aus dem Mühlviertel zurück, das zwischen 1. und 8. August zur Gänze von den Sowjets besetzt wurde.

Inzwischen kamen Renner und Figl innerhalb der Provisorischen Staatsregierung überein, einen Staatsbeauftragten auch für das Mühlviertel einzusetzen. Just als sie am 7. August im Kabinettsrat über das Burgenland verhandelt hatten, erschien der unter dem Vorsitz Blöchls amtierende Ausschuss aus Urfahr in der Staatskanzlei. Im Namen des oberösterreichischen Landeshauptmannes trugen sie ihr Anliegen vor. Renner beantragte daraufhin in der Regierungssitzung die Einsetzung Blöchls als Staatsbeauftragten, der allerdings im Namen und Auftrag des niederösterreichischen Landeshauptmannes die Verwaltung zu führen gehabt hätte, auch wenn er hinzufügte, er sollte dies de facto „mit stiller Abhängigkeit" von der oberösterreichischen Landesregierung tun.[34] Figl widersprach. Er habe schon gegenüber den Sowjets den Standpunkt, wonach alles, was von der Roten Armee besetzt sei, von der Zivilverwaltung des Landes Niederösterreich zu übernehmen sei, nicht geteilt. Er erklärte, dass in diesem Fall die niederösterreichische Regierung zu einer Art Nebenregierung würde, da außer ihr nur die Gemeinde Wien im Einflussbereich der Sowjets übrig bliebe, und auf diesen war ja Anfang August die Regierung Renner nach wie vor de facto beschränkt, auch wenn sie de jure den Anspruch erhob, für das ganze Bundesgebiet die Zuständigkeit zu besitzen. Die Bemerkung, die eine Spitze gegen Renner enthielt, saß. Figl präzisierte die Bitte der Mühlviertler Delegation dahingehend, dass der oberösterreichische Landeshauptmann ersuche, Blöchl als Vertreter der oberösterreichischen Landesregierung amtieren zu lassen, und merkte noch an – wohl im Hinblick auf die laufenden Befürchtungen Renners bezüglich Abspaltungstendenzen in den westlichen Bundesländern –, dass die Oberösterreicher „nach ihrer ganzen politischen Linie absolut zur Wiener Staatsregierung stehen"[35]. Figl beharrte aber dezidiert darauf, man hätte sich geeinigt, dass die Oberösterreicher für das Mühlviertel einen eigenen Landesbeauftragten bekämen, der von der Staatsregierung bestellt würde, aber, vor allem in finanziellen Angelegenheiten, als Teil der oberösterreichischen Landesregierung amtieren würde. Er fand in weiterer Folge keinen Widerspruch mehr.

Insgesamt wurde bei der ganzen Debatte die unterschiedliche Haltung der beiden Parteien gegenüber dem Föderalismus deutlich. Während Renner einen eher zentralistischen Ansatz verfolgte, war für Figl die historische Integrität der Bundesländer eine wesentliche Voraussetzung zur Erhaltung des Gesamtstaates angesichts der potenziellen Bedrohung der gesamtstaatlichen Einheit durch die Demarkationslinien der Besatzer. Der Staatsbeauftragte und damit das Mühlviertel waren, soweit das angesichts unterschiedlicher Besatzungszonen möglich war, an Oberösterreich angebunden. Und die Regierung hatte mit Johann Blöchl den Mann seiner Wahl in diese Funktion bestellt. Die Sache war ganz nach den Vorstellungen Figls ausgegangen.

Angesichts der schwierigen Ausgangssituation, dass nämlich die Besatzungszonen der Amerikaner und Sowjets quer durch Oberösterreich verliefen, war eine Einigung zustande gekommen, die eine der „genialsten Lösungen dieser unmittelbaren Nachkriegszeit" darstellte.[36] Auch wenn in weiterer Folge die Frage der Zukunft des Mühlviertels noch mehrmals virulent werden sollte, war der Grundstein für den Erhalt der Einheit Oberösterreichs gelegt. Blöchl sollte sich in seiner Funktion bestens bewähren. Der spätere Landeshauptmann-Stellvertreter wurde zum legendären „Vater des Mühlviertels", dessen Umgang mit den Sowjets noch Raab in seiner Kanzlerschaft als Muster für einen Modus Vivendi mit der Besatzungsmacht diente.

Figl verabsäumte es nicht, aus dem von ihm erzielten Erfolg politisches Kapital zu schlagen. Nur fünf Tage nach der Entscheidung im Schoß der Regierung hielt er in Perg und Grein große Kundgebungen ab. Dabei erklärte er, dass bis dato Niederösterreich in dem seit Mai von ihm verwalteten Gebiet bloß als Treuhänder der oberösterreichischen Interessen fungiert habe.[37] Er unterstrich seinen Standpunkt, dass an der Einheit Oberösterreichs in keiner Weise gerüttelt werden dürfe. Dies in der Regierung durchzusetzen, sei ihm gelungen. Blöchl habe alle Aufgaben im Namen des Landeshauptmannes von Oberösterreich durchzuführen. Figl wies darauf hin, dass alle amtierenden Organe in den Ländern wie auf der Ebene des Gesamtstaates nur als Provisorien agieren würden. Erst bei Wahlen sei „das österreichische Volk" aufgerufen, „mit dem Stimmzettel in der Hand selbst zu entscheiden, wer es künftig führen soll"[38].

Etwas anders verhielt sich die Lage im Hinblick auf das weitere Schicksal des Burgenlandes. Hier war eine Zeitlang die Frage durchaus offen, ob nicht das nördliche Burgenland Niederösterreich und das südliche Burgenland der Steiermark zugeschlagen werden sollten. Bedenkt man beispielsweise, dass das nördliche und das südliche Burgenland im Jahr 1945 noch durch keine durchgängige Straße miteinander verbunden waren, erscheinen solche Gedanken aus damaliger Sicht plausibler. Dies hatte seinen Niederschlag auch in den Bestimmungen des Verfassungs-Überleitungsgesetzes gefunden. Doch nahmen im Laufe des Sommers die Stimmen zu, die das Burgenland wieder als ein eigenes Bundesland erstehen lassen wollten. Dies war auch der Eindruck, den Figl von seinem Besuch in Eisenstadt mitgenommen hatte. Renner hingegen bewegte etwas ganz anderes, es war wohl eine Art politischer Reminiszenz an seine Tätigkeit als Staatskanzler nach dem Ersten Weltkrieg. Er wollte die alten österreichischen Ansprüche auf Sopron/Ödenburg wieder aufleben lassen, das nach der Volksabstimmung 1921 zu Ungarn gekommen war. Außerdem hielt er es für den Fall, dass Ungarn wieder Ansprüche auf das gesamte Burgenland geltend machen sollte, für günstiger, wenn dieses vorderhand als eigenes Territorium gar nicht bestand. Deshalb hatte er Figl gegenüber die Idee geboren, einen Staatsbeauftragten für das Burgenland zu ernennen. Dieser sollte die Verwaltung im nördlichen Burgenland im Namen und Auftrag des niederösterreichischen Landeshauptmannes, im südlichen Burgenland im Namen und Auftrag des steirischen Landeshauptmannes führen.[39]

Figl sah die Sache anders.[40] Er hielt eine Lösung mit zwei Staatsbeauftragten für genauso undenkbar wie die Verwaltung des gesamten Burgenlandes von Niederösterreich aus. Figl sprach sich dafür aus, dem Wunsch der Burgenländer zu entsprechen und einen provisorischen Landesausschuss mit einem Landeshauptmann an der Spitze für das Burgenland zu bilden. Auch die Rote Armee wünsche, das Burgenland wieder als selbstständiges Land zu sehen. Oskar Helmer stellte sich auf die Seite Figls und ersuchte Renner ebenfalls darum, das Burgenland wieder als selbstständiges Bundesland zu errichten. Auch Staatssekretär Franz Honner und Unterstaatssekretär Mödlagl für die Kommunisten schlossen sich dieser Haltung an. Damit musste auch Renner einsehen, dass das Burgenland verfassungsrechtlich wiederherzustellen war, stand er doch in dieser Frage allein gegen alle drei Parteien. Figl, wie so oft um eine für alle Beteiligten gesichtswahrende Lösung bemüht, schlug in der Regierungssitzung vom 7. August 1945 vor, eine weitere Gesprächsrunde mit den burgenländischen Repräsentanten der drei Parteien einzuschieben. Damit trug er dem Anliegen Renners, nicht sofort einen Beschluss zu fassen, Rechnung. Renner griff den Vorschlag dankbar auf. Man kam überein, die Vertrauensmänner des nördlichen und südlichen Burgenlandes zu einem Gespräch mit dem Politischen Kabinettsrat nach Wien zu holen. Die weiteren Schritte sollten danach erfolgen. So war es an diesem 7. August 1945 zu einer interessanten Entwicklung gekommen. Renner hatte die Idee eines von der Regierung zu ernennenden Staatsbeauftragten im Hinblick auf das Burgenland geboren. Zur Anwendung kam sie aber auf Grund der vor allem von Figl geäußerten Einwände nicht für das Burgenland, sondern für das Mühlviertel. Dort sollte sich diese Konstruktion über zehn Jahre bewähren. Der damit gesicherte Erhalt der Landeseinheit Oberösterreichs über die Zonengrenzen hinweg wurde aber zugleich zu einem ganz wesentlichen Beitrag für die Integrität und das Zusammengehörigkeitsgefühl Österreichs insgesamt.

In weiterer Folge sollte es noch etwas dauern, ehe das Burgenland als selbstständiges Bundesland etabliert werden konnte. Renner musste sich zwar dem Wunsch der Parteien fügen, verlieh aber weiterhin seinem Missfallen über die gefundene Lösung Ausdruck.[41] Am 29. September 1945 wurde dann ohne weitere Diskussion das erforderliche Verfassungsgesetz über die Wiedererrichtung des Burgenlandes als selbstständiges Bundesland mit Wirksamkeit vom 1. Oktober 1945 beschlossen.[42]

Das erste Parteiprogramm

In den Wochen nach der Konstituierung der Provisorischen Staatsregierung mussten deren führende Männer eine ernüchternde Erfahrung machen. Auch wenn Staatskanzler Renner von Anfang an den Anspruch darauf erhoben hatte, dass sich die Regierungsgewalt des von ihm gebildeten Kabinetts auf das gesamte Bundesgebiet erstrecke, blieb dessen Zuständigkeit de facto auf die von den Sowjets kontrollierten Gebiete beschränkt. Denn was anfangs aus der Perspektive der in Wien tätigen Politiker nicht erkennbar sein konnte: Bei der Bildung der Provisorischen Staatsregierung hatte es sich um einen sowjetischen Alleingang gehandelt, der in keiner Weise mit den Amerikanern und Briten akkordiert war. Als diese am 27. April 1945 von der Existenz einer Regierung unterrichtet wurden, sahen sie sich vor ein Fait accompli gestellt, hinter dem sie ein sowjetisches Täuschungsmanöver vermuteten. Der 74-jährige Karl Renner, so mutmaßten sie, fungiere bloß als eine Marionette, hinter der die Sowjetisierung Österreichs betrieben werden sollte. Die westlichen Verbündeten dachten daher nicht daran, die Regierung in Wien anzuerkennen. Bewusst vermieden sie anfangs jeden Kontakt und überlegten, wie sie nun in den von ihnen besetzten Gebieten des Landes verfahren sollten. Dies führte wiederum in Wien zu Spekulationen über Gegenregierungen, die sich mit Hilfe der Amerikaner etablieren könnten. Eine Kontaktaufnahme mit dem Westen des Landes über die sowjetisch besetzten Gebiete hinaus erwies sich für die in Wien tätigen Politiker vorderhand als unmöglich. Dahinter standen prinzipiell unterschiedliche Konzepte. Denn die Westmächte stützten sich viel stärker auf die direkte Verwaltungs- und Kontrolltätigkeit ihrer Militärregierungen, als dies die Sowjetunion tat. Vor allem die Amerikaner waren mit der Wiederaufrichtung der politischen und verwaltungsmäßigen Strukturen in Österreich wesentlich zögerlicher; nach ihren ursprünglichen Plänen sollte der demokratische Wiederbeginn von der Besatzungsmacht streng kontrolliert werden und nicht, wie dies die Sowjets taten, zu einem bereits frühen Zeitpunkt eine gesamtösterreichische Regierung mit relativ weitgehender Autonomie eingesetzt werden.[1] Tatsache ist, dass die sowjetische Besatzungsmacht der Provisorischen Staatsregierung weitgehende Möglichkeiten der administrativen und legislativen Entfaltung einräumte, von denen in den von den Westalliierten besetzten Bundesländern noch keine Rede sein konnte. In den taktischen Überlegungen der Sowjets sollte der Einfluss auf die Tätigkeit der Regierung vor allem über die Beteiligung der KPÖ an dieser erfolgen.

Angesichts des vorderhand beschränkten Wirkungskreises der führenden Politiker in Wien blieb diesen nichts anderes übrig, als dort, wo man die Möglichkeit dazu hatte, politisch tätig zu werden. Dies galt auch für die Etablierung parteipolitischer Strukturen. Im Falle der ÖVP hatte Julius Raab, der ab dem Zeitpunkt seines Regierungseintritts wieder voll im politischen Leben präsent war, am 8. Mai 1945 den Österreichischen Wirtschaftsbund als „freie Vereinigung der selbstständig Erwerbstätigen und führenden Wirtschaftskräfte“ innerhalb der ÖVP gegründet.[2] Zugleich begann er, mit Leopold Figl in Niederösterreich einen Parteiapparat aufzubauen. Am 19. Juni 1945 fand die konstituierende Sitzung der niederösterreichischen ÖVP-Landesleitung statt. Raab wurde zum Landesobmann gewählt, Figl zu seinem Stellvertreter.[3] Ungeachtet aller Kommunikations- und Verkehrsprobleme bildeten sich rasch, oft aus eigener Initiative ehemaliger christlichsozialer Funktionäre, Ortsparteileitungen. Binnen kurzem verfügte die niederösterreichische Partei über einen Apparat, der in der Lage war, Großkundgebungen genauso abzuhalten wie Informations- und Werbematerial herzustellen und zu verbreiten.[4]

Die Parteiorganisation in Niederösterreich wurde von Raab und Figl allerdings nach ihren eigenen Vorstellungen aufgezogen. Das hieß, dass das Schwergewicht auf den Bünden lag, die autonom agieren und die Interessen ihrer Mitglieder wahrnehmen sollten.[5] Daneben wurde auf Gemeinde-, Bezirks- und Landesebene die Parteiorganisation etabliert, die sich wiederum nach einem strikt festgelegten bündischen Aufteilungsschlüssel zusammensetzte. Dies stand in diametralem Gegensatz zu jenem Konzept, das Generalsekretär Felix Hurdes beim Aufbau der Gesamtpartei verfolgte.

Bereits im Mai kam es darüber im Parteivorstand zwischen Figl und Raab auf der einen und Hurdes auf der anderen Seite zu schweren Konflikten.[6] Dabei zeigte sich bald, dass sich Hurdes in der schwächeren Position befand. Während er, von Weinberger abgesehen, über keine Verbündeten oder gar Seilschaften innerhalb der Partei verfügte, waren Raab und Figl bestens vernetzt. Sie konnten an die rasch wiederhergestellten Organisationsstränge der beruflichen Interessenorganisationen

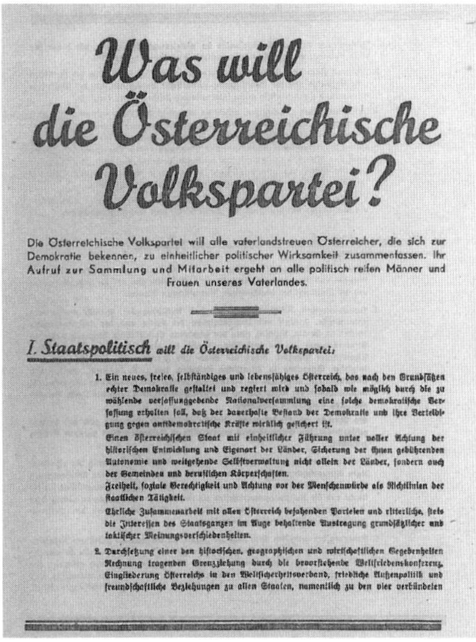
Was will die Österreichische Volkspartei?

Die Österreichische Volkspartei will alle vaterlandstreuen Österreicher, die sich zur Demokratie bekennen, zu einheitlicher politischer Wirksamkeit zusammenfassen. Ihr Aufruf zur Sammlung und Mitarbeit ergeht an alle politisch reifen Männer und Frauen unseres Vaterlandes.

I. Staatspolitisch will die Österreichische Volkspartei:

1. Ein neues, freies, selbständiges und lebensfähiges Österreich, das nach den Grundsätzen echter Demokratie gestaltet und regiert wird und sobald wie möglich durch die zu wählende verfassunggebende Nationalversammlung eine solche demokratische Verfassung erhalten soll, daß der dauerhafte Bestand der Demokratie und ihre Verteidigung gegen antidemokratische Kräfte wirklich gesichert ist.
   Einen österreichischen Staat mit einheitlicher Führung unter voller Achtung der historischen Entwicklung und Eigenart der Länder, Sicherung der ihnen gebührenden Autonomie und weitgehende Selbstverwaltung nicht allein der Länder, sondern auch der Gemeinden und beruflichen Körperschaften.
   Freiheit, soziale Gerechtigkeit und Achtung vor der Menschenwürde als Richtlinien der staatlichen Tätigkeit.
   Ehrliche Zusammenarbeit mit allen Österreich bejahenden Parteien und ritterliche, stets die Interessen des Staatsganzen im Auge behaltende Austragung grundsätzlicher und taktischer Meinungsverschiedenheiten.
2. Durchsetzung einer den historischen, geographischen und wirtschaftlichen Gegebenheiten Rechnung tragenden Grenzziehung durch die bevorstehende Weltfriedenskonferenz, Eingliederung Österreichs in den Weltsicherheitsverband, friedliche Außenpolitik und freundschaftliche Beziehungen zu allen Staaten, namentlich zu den vier verbündeten

Die erste Seite der im Juni 1945 veröffentlichten „Programmatischen Leitsätze der ÖVP"

der Bauern und der Wirtschaft, die auch nach Auflösung der Christlichsozialen Partei in den Jahren der autoritären Regierung 1934 bis 1938 weiterbestanden und die Zeit der Illegalität während der nationalsozialistischen Herrschaft 1938 bis 1945 überdauert hatten, anknüpfen. Auch die persönliche Beziehung Figls zu Kunschak erwies sich als tragfähig.[7]

Dazu kam noch ein anderer Aspekt: Bei Felix Hurdes, der zu Beginn der Initiativste und Umtriebigste unter den Parteigründern war, machten sich schon bald die jahrelangen Strapazen von Haft und Verfolgung bemerkbar. Bedenkt man, wie unmittelbar die Männer, die nach den Torturen der Konzentrationslager körperlich erschöpft und ausgepumpt waren, wenige Wochen davor, ohne sich auch nur einen Moment der Erholung gegönnt zu haben, sich wieder in das politische Geschehen gestürzt hatten, wird das bei Hurdes nur allzu verständlich. Umgekehrt unterstreicht es das Phänomen Leopold Figl im Jahr 1945. Zumindest nach außen hin ließ er sich das, was er mitgemacht hatte, in keiner Weise anmerken, ganz im Gegenteil. Scheinbar spielend steckte er seine nunmehrige politische Mehrfachbelastung weg und schien allgegenwärtig zu sein. In den Worten Lois Weinbergers: „Hurdes, der sehr viel mitgemacht hatte, magenleidend war und dessen Nerven damals auch etwas auszulassen drohten, wäre vielleicht auch gar nicht so durchgekommen wie der weitaus robustere und zähere Bauernsohn Figl. Dessen Stärke war schon damals [...], dass er mehr aushielt als alle anderen."[8]

An dieser Stelle ist ein Wort zum Verhältnis zwischen Figl und Hurdes zu sagen. Beide waren zweimal, zuerst in Dachau und dann in Mauthausen, miteinander in KZ-Haft gewesen. Durch die dortigen existentiellen Erlebnisse und die gemeinsame illegale Tätigkeit 1943/44 waren sie einander verbunden. Dessen ungeachtet hatte Hurdes nie zum engeren persönlichen Freundeskreis von Leopold Figl gezählt. Auch ihre politische Sozialisation hatte einen unterschiedlichen Hintergrund. Figls politische Heimaten seit seinen Jugendtagen waren der Cartellverband, Niederösterreich und der Bauernbund, eng verknüpft mit den Personen Josef Reither und Julius Raab. Der ursprünglich aus Südtirol stammende Felix Hurdes war zwar wie Figl auch Mitglied einer Mittelschülerverbindung, politisch geprägt hatten ihn allerdings seine Jahre beim Reichsbund und beim Bund Neuland, in dessen deutschnationales Fahrwasser er allerdings nie geraten war.

Es scheint aber nie zu einem über eine augenblickliche Konfliktsituation hinausgehenden menschlichen Zerwürfnis zwischen den beiden gekommen zu sein. Und was sie einte, war ihr unbedingtes Bekenntnis zu Österreich und zur Zusammenarbeit mit den Sozialisten. Wohl auch deshalb hielt Figl an Hurdes weit über das Jahr 1945 hinaus als Generalsekretär der Partei und als Leiter des Unterrichtsressorts in seiner Regierung fest. Die Tatsache, dass beide als Politiker galten, die im Zweifelsfall den Kompromiss suchten, führte dazu, dass sie nach der Nationalratswahl 1949 und insbesondere nach der von der ÖVP verlorenen Bundespräsidentenwahl 1951 von den „Reformern" in der Partei aus ihren Partei- und später auch aus ihren Regierungsfunktionen gedrängt wurden.[9] Damals erst wurde in der öffentlichen Wahrnehmung aus ihnen ein politisches Zwillingspaar, das sie bei gegenseitiger Wertschätzung so nie waren.

Sosehr sich Figl und Hurdes unterschieden, was den organisatorischen Aufbau der Partei anlangte, so sehr lagen sie in der Frage der programmatischen Ausrichtung der Partei auf einer Linie. Noch bevor Figl in den Jahren der Illegalität, bedingt durch seine Haft, zum Kreis um Hurdes stoßen konnte, wurde dort einiges an Vorarbeit geleistet. Weinberger, Pernter und der Programmatiker der christlichen Arbeiterbewegung, Karl Lugmayer, spielten dabei eine Rolle. Figl konnte sich mit diesen Vorstellungen identifizieren, umso mehr als sie in vielem, wie dem unbedingten Österreich-Bekenntnis, auch seinen eigenen Überzeugungen entsprachen. Entlang diesen Überlegungen, über die ein weitgehendes Einvernehmen bestand, entstand unter der Ägide Hurdes' schon im Frühsommer 1945 ein relativ detailliertes Parteiprogramm der neuen politischen Bewegung, die sogenannten Programmatischen Leitsätze der ÖVP. Leichten Herzens akzeptierte der mit dem politischen Tagesgeschäft völlig ausgelastete Figl Hurdes als programmatischen Ideengeber.[10]

Eine demokratische, soziale, überkonfessionelle Partei für Österreich

Das im Juni 1945 veröffentlichte Parteiprogramm betonte den Charakter der ÖVP als neue Partei und strich bereits im einleitenden Bekenntnis zur Demokratie die Diskontinuität zu den historischen Vorläufern hervor. Drei Gesichtspunkte waren im Hinblick auf die künftige Politik Figls von besonderer Bedeutung. Der erste Gedanke betrifft das bereits mehrfach erwähnte Verhältnis zwischen Kirche und Staat. „Gewissensfreiheit, Religionsfreiheit und freie Ausübung der staatlich anerkannten Bekenntnisse" standen dabei an erster Stelle.[11] Die ÖVP definierte sich nicht mehr als eine konfessionell auf das katholische Österreich ausgerichtete Partei, sondern erhob Forderungen wie den verpflichtenden Religionsunterricht für „bekenntnismäßig gebundene Kinder" im Namen „der jeweiligen Religionsgemeinschaft". Lediglich in der Konkordatsfrage sprach sie, allerdings ohne sich explizit auf das Konkordat des Jahres 1933 festzulegen, vom „Abschluss eines den gegebenen Verhältnissen Rechnung tragenden Staatsvertrages mit der katholischen Kirche, der die Mehrheit der österreichischen Staatsbürger angehört".

Der zweite Punkt betrifft das Österreich- und Demokratiebekenntnis der neuen Partei. Die ÖVP definierte sich als neue Partei für „alle vaterlandstreuen Österreicher, die sich zur Demokratie bekennen". Sie trete, so hieß es im Programm, das Erbe jener politischen Gruppen an, „die stets auf dem Boden der österreichischen Überlieferung standen und Österreichs Selbständigkeit verteidigten". Gefordert wurde weiters die „intensivste Arbeit am Aufbau der österreichischen Nation, die starkes, stolzes österreichisches Staats- und Kulturbewusstsein formen muss". Dieser Punkt ist insofern interessant, als er in einem deutlichen Kontrast zum Staats- und Nationsbewusstsein der Jahre vor 1938 stand, als Schuschnigg die Formel von Österreich als dem zweiten, besseren deutschen Staat zur Staatsdoktrin erhoben hatte. Die nunmehrigen Formulierungen knüpften vielmehr direkt an das Nationsbekenntnis der sogenannten „Österreichischen Aktion" an, die sich rund um Ernst Karl

Winter Ende der 1920er Jahre gebildet hatte, allerdings unter gänzlichem Verzicht auf die legitimistische Komponente, von der die damaligen Überlegungen ausgegangen waren. Von den seinerzeitigen wesentlichsten Proponenten der Österreichischen Aktion war Ernst Karl Winter 1945 im amerikanischen Exil, und Hans Karl Zeßner-Spitzenberg war im KZ Dachau ums Leben gekommen. Zu den damaligen Mitbegründern zählte weiters der Publizist Alfred Missong. Er war nunmehr als Vertrauensmann von Felix Hurdes für die ÖVP tätig und einer der Mitschöpfer des Programms.[12] Missong war das geistige Verbindungsglied zwischen der seinerzeitigen Österreichischen Aktion und den nunmehrigen Ideengebern und Verfassern der Programmatischen Leitsätze der ÖVP. Gerade deren patriotisches Österreich-Bekenntnis entsprach den Überzeugungen Leopold Figls. Bei Figl war es gespeist aus seinem schon auf die Zeit vor 1938 zurückreichenden bäuerlichen Patriotismus und seinen persönlichen Erfahrungen als Verfolgter in den Konzentrationslagern des NS-Regimes. Stets bildeten seine persönliche Religiosität und sein Glaube an Österreich die Grundlage seiner geistigen Überlebensstrategie während seiner fast sechsjährigen Haftzeit. Figls Leidensweg als Verfolgter ließ auch das Pathos, mit dem er sein Österreich-Bekenntnis oft formulierte, glaubwürdig erscheinen.[13]

In einem Beitrag für die erste, im Herbst 1945 erschienene Nummer der „Österreichischen Monatshefte", dem theoretischen Organ der neuen Partei, griff Figl einige der zentralen Gedanken des Parteiprogramms vom Frühsommer 1945 auf und entwickelte sie weiter.[14] In Figls Worten war die ÖVP „eine neue Partei, eine junge Partei, sie ist eine revolutionäre Partei". Sie bekenne sich zu einem „Programm echten Österreichertums, das zutiefst begründet ist auf der Grundlage besten europäischen Menschentums. Das neue Europa muss und wird gegründet sein auf den Grundlagen der Demokratie, der Freiheit, der sozialen Gerechtigkeit, der Achtung vor der Menschenwürde und des wirtschaftlichen Ausgleichs dieser Magna Charta Europaensis." Für Figl war es daher „selbstverständlich", dass die ÖVP neben der katholischen Kirche „auch allen übrigen Religionsgemeinschaften die gleiche Unterstützung zuteilwerden lässt und jede Wiederkehr konfessioneller und rassenmäßiger Verfolgungen, wie sie das Naziregime praktizierte, schärfstens ablehnt und bekämpft. Die Österreichische Volkspartei ist eine österreichische Partei. Dies ist wesentlich; denn wahres Österreichertum ist tolerant [...]. Jeder Antisemitismus genau so wie jeder andere Anti-ismus ist in seinem letzten Wesen unösterreichisch, er widerspricht damit dem tiefsten Sinn des Österreichertums, dem wahren Menschentum." Figl vertrat hier einen „europäisch geläuterten Österreichnationalismus", wie Thomas Angerer pointiert formulierte.[15]

Ausdrücklich berief sich Figl auf jene „Ideologie, die im Jahr 1789 endgültig die Standesunterschiede zwischen Feudalismus und Bürgertum beseitigt hat [...]. Gewissensfreiheit, Religionsfreiheit, Freiheit und Unabhängigkeit der Kirche und der Religionsgemeinschaften im Staate, Freiheit der Wissenschaft und der Presse, der Literatur und Kunst, all das beinhaltet vor allem ein aufrichtiges Bekenntnis zu einer wirklichen Freiheit im demokratischen Sinne." Bedenkt man, dass in den 1920er und 1930er Jahren der Verankerung eines unbedingten demokratischen Bewusstseins für viele christlichsoziale Eliten noch jene historischen Erfahrungsmomente entgegenstanden, die mit den durch die Französische Revolution ausgelösten Erschütterungen Europas verbunden waren, dann tritt umso deutlicher hervor, dass die Gedanken Figls eine echte Zäsur im christdemokratischen Denken in Österreich bedeuteten. Er lag damit im Trend der europäischen Entwicklung. Denn auch in anderen Ländern Europas hatten sich nach der Befreiung von der nationalsozialistischen Herrschaft Parteien mit vergleichbaren Zielsetzungen gebildet, in Italien die Democrazia Cristiana oder in Frankreich die „Republikanische Volksbewegung" (Mouvement Républicain Populaire, MRP). Weitere vergleichbare Parteien in anderen Ländern waren im Entstehen. Sie definierten sich zwar als christlich inspiriert, aber bewusst als überkonfessionell. Dies ging Hand in Hand mit dem Rückzug der Kirche aus der unmittelbaren Parteipolitik. Das Spannungsfeld zwischen Staat und Kirche trat in den Hintergrund, weil die Kirchen auch in den katholischen Ländern Europas schrittweise auf ihren Monopolanspruch verzichteten. Demokratie aus christlicher Verantwortung und der Gedanke einer freien Kirche in einem freien Staat wurden überall in Europa zu den großen Schlagworten der Christdemokraten nach 1945. Vor allem die geistige Nähe dieser frühen programmatischen Überlegungen der ÖVP zum Mouvement Républicain Populaire ist evident. Auf sie wurde auch in einer ersten Reaktion der französischen Besatzungsbehörden auf das Parteiprogramm vom Juni 1945 ausdrücklich hingewiesen.[16]

Mit seinem ostentativen und betont patriotischen Österreich-Bekenntnis als Antithese zum Nationalsozialismus beschritt Figl einen programmatischen Weg, der 1945 nicht selbstverständlich war. Von Karl

Renner etwa waren noch im Frühjahr 1945 durchaus divergente Töne zu hören. Bei einem Empfang für die Beamtenschaft der Staatskanzlei am 30. April 1945 – es war übrigens genau der Tag, an dem Hitler im Führerbunker Selbstmord beging – hatte er zur Verwunderung mancher der Anwesenden in einer fast nostalgisch anmutenden Rückschau erklärt: „Der Anschlussgedanke, wie er in den Jahren 1918, 1920 und den folgenden Jahren vertreten war, hat etwas ganz anderes vorgesehen als Hitler gebracht hat. Seiner Idee nach sollte das österreichische Volk als Bundesglied mit aufrechtstehendem Staate als Bundesstaat nach der Weimarer Verfassung in die Gemeinschaft aller deutschen Stämme eintreten, aber nicht in dem Zustand, in dem wir schließlich annektiert wurden. [...] So war der Anschluss nie gedacht und so hätte er nie von einer freien Volksvertretung angenommen werden können. Der Gedanke ist – nicht durch unsere Schuld, denn wir haben es alle redlich gemeint, sondern durch die Schuld der anderen – endgültig gescheitert und begraben. Es ist Adolf Hitler, der den Anschluss zuerst verfälscht und verfehlt, und zum Schluss auf alle Zeit verspielt hat. [...] uns bleibt nichts übrig, als selbst auf den Gedanken eines Anschlusses zu verzichten. Das mag so manchem hart werden, aber andererseits, nachdem was geschehen ist, nach dieser furchtbaren Katastrophe, ist die einmal vollzogene Tatsache für uns zugleich eine erlösende und befreiende Tatsache: wir wissen, woran wir sind!“[17] Der bei der Rede anwesende Diplomat Josef Schöner notierte in seinem Tagebuch: „Renner fährt fort, dass die Anschlussidee durch die Verbrechen des Ns. und durch den Ausgang des Krieges nunmehr endgültig dahingegangen und begraben sei – es fehlt gerade noch, dass er sagt ‚leider Gottes‘.“ Und er setzte fort, dass Renner gesprochen habe „wie ein alter Großdeutscher oder Deutschnationaler“[18]. Das war sicher ein etwas übertriebenes Urteil. Aber eines war auch klar. Die Rede Renners unterschied sich eindeutig von den Beschwörungen eines neuen österreichischen Menschen, wie sie zum Repertoire der Ansprachen Figls im Jahr 1945 zählten. Eine „starke eigenständige und kleinstaatliche Identität“ wurde mit den Ausführungen Renners nicht begründet.[19]

Kehren wir zurück zum Ausgangspunkt, den Programmatischen Leitsätzen vom Juni 1945. Ein dritter Gesichtspunkt verdient Interesse: In wirtschafts- und sozialpolitischer Hinsicht enthielt das Programm einen bemerkenswerten Ansatz: Es war darin von der „Sozialisierung oder Kommunalisierung lebenswichtiger Betriebe“ die Rede, wenngleich das Programm einschränkend fortfuhr, „nur innerhalb wohlüberlegter, sozial und wirtschaftlich tragbarer Grenzen". Die Formulierung überrascht aufs Erste, auch wenn sie denkbar unpräzise gehalten war. Denn gemeint war wohl weniger eine Sozialisierung im Sinne austromarxistischer Vorstellungen der beginnenden Ersten Republik, sondern wohl eher eine Übertragung des „‚Gemeindesozialismus' Luegerischer Prägung" auf die staatliche Ebene.[20] Eines der zentralen Projekte in der ersten Phase der Ära des christlichsozialen Bürgermeisters Karl Lueger bestand darin, Einrichtungen wie die Gasversorgung, die Elektrizitätswerke oder das Straßenbahnnetz, die für die kommunale Infrastruktur von zentraler Bedeutung waren, in die Hände der Stadt übergehen zu lassen. Von dieser wurden sie durchaus gewinnorientiert betrieben, um die auf diese Weise lukrierten Mittel in neue städtische Großprojekte investieren zu können.[21] An diese Vorstellungen knüpfte auch Figl an. In Gesprächen im Laufe des Sommers 1945 kam er wiederholt darauf zu sprechen. Er betonte stets, dass es der sozialen Ausrichtung der ÖVP entspreche, dass unter gewissen Bedingungen privates Unternehmertum dem Gemeinwohlinteresse nachzuordnen wäre. Deshalb sei seine Partei ganz damit einverstanden, beispielsweise die Elektrizitätswirtschaft oder das Eisenhüttenwesen zu verstaatlichen, ohne dass deshalb das prinzipielle Bekenntnis zu Eigentum und privater Initiative beeinträchtigt werde.[22] Hintergrund all dieser Überlegungen war, dass auch in der ÖVP vielen der Wiederaufbau unter massiver staatlicher Beteiligung leichter durchführbar zu sein schien.[23] Daher war die ÖVP 1945 bereit, Teile der Grundstoffindustrie, vor allem den Kohlebergbau, das Erdölwesen rund um die Zistersdorfer Erdölvorkommen und die Elektrizitätswirtschaft, zu verstaatlichen.

Mit den sogenannten Potsdamer Beschlüssen hatte die Verstaatlichungsfrage ohnedies eine neue Brisanz erhalten. Hatte es auf der Potsdamer Konferenz der „Großen Drei" Truman, Churchill/Attlee und Stalin Ende Juli und Anfang August 1945 vorerst so ausgesehen, als ob die Alliierten auf Reparationsforderungen Österreich gegenüber verzichten würden, so fiel am letzten Tag der Konferenz die für Österreich folgenschwere Entscheidung, dass im Ausland gelegene deutsche Vermögenswerte im Westen den Westmächten, in Osteuropa der Sowjetunion zustehen sollten. Im Falle Österreichs wurde spezifiziert, dass deutsche Vermögenswerte je nach der Zone, in der sie sich befanden, der jeweiligen Besatzungsmacht zufallen sollten. Doch war in Österreich die Situation im Hinblick auf das deutsche Eigentum eine besondere: Denn das Land war 1938 bis 1945 de facto Teil der deutschen Rechtsordnung gewesen. Daher war es zu zahlreichen Eigentumsübergängen von österreichischen und ausländischen an deutsche Besitzer gekommen, die das ganze Spektrum von freiwilligen über erpresste bis zu erzwungenen Übertragungen enthielten. Auf westlicher Seite war man sich der gesamten Tragweite dieser Entscheidung im Hinblick auf Österreich im Augenblick der Beschlussfassung am letzten Tag der Konferenz nicht ganz bewusst gewesen.[24] Denn durch die für Österreich mehr als folgenschwere Entscheidung erfuhren die von den Sowjets durchgeführten Beschlagnahmen, Demontagen und Abtransporte von Industrieanlagen sowohl nachträglich als auch pro futuro eine Legitimation.

Um die allgemeine Rechtsunsicherheit zu mindern und im – allerdings vergeblichen – Versuch, damit der Realisierung der Potsdamer Beschlüsse zuvorzukommen, stimmte auch die ÖVP dem von den beiden anderen Parteien ohnedies ursprünglich in einer umfassenderen Form verlangten Verstaatlichungsgesetz zu. Der Beschluss erfolgte in der Sitzung des Kabinettsrates vom 5. September 1945. Mit dem Gesetz sollten die Unternehmungen der Energiewirtschaft, des Bergbaus, der Erdölproduktion, der Eisenhüttenindustrie, der Starkstromindustrie sowie des Eisenbahnbaus nationalisiert werden. Es handelte sich allerdings um ein rein deklaratives Gesetz, da der dann tatsächlich erfolgte sowjetische Einspruch schon bei der Beschlussfassung voraussehbar war.

In einem zentralen Bereich des deutschen Eigentums, der Erdölindustrie, versuchten die Sowjets wenige Wochen nach den Potsdamer Beschlüssen mit Österreich eine bilaterale Lösung zu erzielen. Sie schlugen die Bildung einer gemischten Gesellschaft auf dem Erdölsektor namens „Sanaphta" vor. Sie sollte halb in sowjetischem, halb in österreichischem Eigentum sein, hätte allerdings den russischen Besatzern weitgehende Rechte im Hinblick auf Konzessionen und die Erschließung sowie Ausbeutung allfälliger neuer Erdölvorkommen in Österreich eingeräumt. Von Seite der Sowjets drängte man auf einen raschen Abschluss und bot im Gegenzug sofortige Verhandlungen über einen bilateralen Handelsvertrag an. Anfangs signalisierte die Provisorische Staatsregierung, dazu bereit zu sein, auch Figl befürwortete einen Abschluss.[25] Zu diesem Zeitpunkt, Anfang September, schalteten sich die westlichen Alliierten, die gerade dabei waren, sich in Wien zu etablieren, ein. Sie bezogen gegen den Vertrag vehement Stellung und signalisierten, dass damit die Anerkennung der Provisorischen Staatsregierung in weite Ferne rücken würde. Am 8. September spitzten sich die Verhandlungen dramatisch zu. Die Sowjets drängten die österreichische Regierung auf einen sofortigen Abschluss. Diese zögerte angesichts der westalliierten Interventionen. Auch Figl warnte nun davor, angesichts des nahen erstmaligen Zusammentritts des Alliierten Rates zu unterzeichnen.[26] Renner ließ daraufhin die Sowjets wissen, dass der fertiggestellte Vertrag noch nicht unterfertigt, sondern im Einvernehmen mit der Alliierten Kommission vorgelegt werden sollte. Damit hatte das Pendel eindeutig in die westliche Richtung ausgeschlagen. Eine erste Verstimmung zwischen den Sowjets und der Provisorischen Staatsregierung blieb zurück, wurde doch mit der Entscheidung ein eindeutiges Signal in Richtung einer Westorientierung Österreichs gesetzt.

Erste Kontakte mit dem Westen und eine Rückkehr

Blicken wir noch einmal in den Frühsommer 1945. Nach sieben Jahren fand am 31. Mai bei strahlend schönem Wetter erstmals wieder zu Fronleichnam der feierliche Stadtumgang im Herzen Wiens statt.[1] An Stelle des ausgebrannten Stephansdoms war die Kirche am Hof Ausgangs- und Zielpunkt der verkürzten Prozession. Der Zustrom der Bevölkerung war größer denn je zuvor, zehntausende Katholiken kamen in die Innenstadt, um wieder öffentlich und frei ihrem religiösen Bekenntnis Ausdruck zu verleihen. Die Prozession wurde vom sichtbar gealterten und hager gewordenen Kardinal Innitzer geleitet. In den Wochen davor war er aus Sorge vor möglichen Beschränkungen durch die Sowjets und allfälligen Gegenaktionen von Aktivisten der Linksparteien eine Zeitlang zögerlich gewesen, die Prozession überhaupt in einem großen Rahmen stattfinden zu lassen.[2] Doch kam es zu keinerlei Zwischenfällen und die hohe Beteiligung gab ihm recht, den Umgang abgehalten zu haben. Hinter dem Baldachin schritten als Vertreter des öffentlichen Lebens Leopold Kunschak als formelles Oberhaupt der Volkspartei und Figl als ranghöchster Vertreter der Regierung, danach zahlreiche andere von der ÖVP gestellte Kabinettsmitglieder.[3] Staatskanzler Renner hatte einige Tage zuvor Figl ersucht, offiziell die Staatsregierung beim Fronleichnamsumzug zu repräsentieren,[4] nachdem der Kardinal die Regierung formell zur Teilnahme eingeladen hatte.[5] Was für Gedanken Figl wohl durch den Kopf gegangen sind, als er, der im KZ höchstens an improvisierten Gottesdiensten von mitgefangenen Priestern teilnehmen konnte, nun als Erster hinter dem das Allerheiligste tragenden Kardinal durch die Straßen Wiens schritt?

Als wenige Tage später, am 5. Juni, Figl zur Sitzung des ÖVP-Parteivorstandes kam, erwartete ihn eine angenehme Überraschung: Endlich war es geglückt, eine erste Kontaktaufnahme mit dem Westen zustande zu bringen, auch wenn sie unter abenteuerlichen Umständen erfolgt war. Der bereits erwähnte enge Mitarbeiter von Felix Hurdes, Herbert Braunsteiner, hatte sich unter den schwierigsten Bedingungen bis nach Innsbruck durchgeschlagen und war nach insgesamt mehr als zweiwöchiger Reise wieder nach Wien zurückgekehrt. Am Abend zuvor, dem 4. Juni, war er am Ende seiner letzten Etappe, die Donau über den Notsteg bei der Floridsdorfer Brücke überquerend, wieder zurück in Wien und konnte am nächsten Morgen der gespannten Parteiführung über seine Mission berichten.

Schon in den ersten Tagen nach dem Ende des Krieges am 8. Mai 1945 war der Wunsch da, über die russisch besetzte Zone hinaus Beziehungen zu den in westlichen Besatzungszonen gelegenen Bundesländern zu knüpfen, Kontakt mit den Westalliierten aufzunehmen und über die neu gegründete Partei zu informieren. Einen ersten Versuch dazu unternahm Julius Raab von seiner Heimatstadt St. Pölten aus. Doch sein Wagen wurde schon am Stadtrand von russischen Soldaten aufgehalten und die Weiterfahrt verhindert.[6] In der darauffolgenden Sitzung des Parteivorstandes erklärte sich der 22-jährige Herbert Braunsteiner aus eigener Initiative bereit, einen weiteren Versuch zu unternehmen, unbemerkt über die Enns, die bereits eine von den Sowjets hermetisch abgeriegelte Demarkationslinie bildete, zu gelangen. Man stattete ihn mit einem Referenzschreiben des Kardinals aus und Figl organisierte für das erste Stück in das westliche Niederösterreich eine Möglichkeit für Braunsteiner, mit einem Wagen, der Lebensmittel nach Wien bringen sollte, als vermeintlicher Begleiter mitzufahren, was nicht weiter auffallen sollte.[7] Auch die erste Übernachtung bei einem eingeweihten Bauern war noch organisiert. Dann aber war Braunsteiner auf sich allein gestellt. Zu Fuß ging es weiter bis zur Enns. Doch die Brücke war von der Roten Armee abgeriegelt. Es gab kein Passieren. Braunsteiner blieb nichts anderes übrig, als in der Nähe von Weyer den eiskalten Fluss zu durchschwimmen. Auf dem Gemeindegebiet von Großraming stand er dann durchnässt und unterkühlt endlich auf dem ersehnten oberösterreichischen Boden.

In Linz gelang es Braunsteiner dank seines Empfehlungsschreibens ohne Probleme über Bischof Fliesser Zugang zu Heinrich Gleissner zu finden. Der frühere Landeshauptmann war hocherfreut über die Nachrichten aus Wien. Für ihn stand außer Zweifel, dass möglichst rasch wieder österreichweit eine bürgerliche Partei ins Leben gerufen werden müsste, das Konzept der Volkspartei fand seine volle Unterstützung. Umgekehrt musste es innerhalb des ÖVP-Vorstandes in Wien für Erleichterung gesorgt haben, dass in Linz der allen bestens bekannte, aus der Kaderschmiede des Bauernbundes kommende Heinrich Gleissner gemeinsam mit anderen ehemaligen Christlichsozialen wie Johann Blöchl das Heft in die Hand genommen hatte. Dass die Oberösterreicher bereits über gute Kontakte zu den Amerikanern verfügten, war ebenfalls eine ermutigende Nachricht.

In Salzburg gestaltete sich die Sache schon schwieriger. Braunsteiner versuchte es, gestützt auf sein Empfehlungsschreiben Kardinal Innitzers, das er wasserdicht verpackt über die Enns hatte retten können, wiederum über den Bischof. Doch Erzbischof Andreas Rohracher reagierte kühl und erklärte, nichts mit Repräsentanten der kommunistischen Marionettenregierung in Wien zu tun haben zu wollen. Aber ein glücklicher Zufall kam Braunsteiner zu Hilfe. Er traf auf der Straße einen alten Bekannten aus dem Widerstand. Sein Name war Rudolf Strasser, ein junger Mann, der wie Braunsteiner in Wien im Untergrund gegen die Nazis aktiv gewesen war. Vor dem Volksgerichtshof war er mit viel Glück mit einer Haftstrafe davongekommen. Nunmehr hatte es Strasser nach einer Odyssee durch verschiedene NS-Haftanstalten nach Salzburg verschlagen.[8] Über ihn kam Braunsteiner mit dem früheren VF-Funktionär Hans Becker, einem der führenden Köpfe der Widerstandsbewegung O5, in Kontakt. Dieser brachte ihn zu Adolf Schemel, in der Zeit vor 1938 der Stellvertreter von Landeshauptmann Franz Rehrl, dessen Schicksal zu diesem Zeitpunkt noch ungewiss war. Schemel hatte am 7. Mai in Unkenntnis der Vorgänge in Wien die Salzburger Landesgruppe der Christlichsozialen Partei wiederbegründet.[9] Auch Schemel war froh, von der Existenz einer Österreichischen Volkspartei in Wien zu hören, und bereits am 31. Mai 1945 fiel die Entscheidung, die Partei in Salzburg in Österreichische Volkspartei umzubenennen.[10]

Damit war auch in Salzburg ein erster Kontakt zustande gekommen. Am spektakulärsten war allerdings, was Braunsteiner nach seiner Rückkehr dem ÖVP-Parteivorstand aus Tirol zu berichten wusste. Mit Mühe in Innsbruck angekommen, führte ihn sein Weg über Bischof Rusch zu Karl Gruber. Der starke Mann in Tirol war ein dem ÖVP-Parteivorstand in Wien noch unbekannter Politiker. Er kam aus dem Widerstand, hatte in Innsbruck am 3. Mai 1945 die unter seiner Führung einen Tag zuvor von den Nazis befreite Landeshauptstadt den Amerikanern übergeben und die sogenannte Staatspartei gegründet. Gruber verhielt sich Braunsteiner gegenüber freundlich und zeigte sich an den Vorgängen in Wien interessiert. Braunsteiner gewann den Eindruck, einem dynamischen Mann begegnet zu sein, der, auch im Hinblick auf seine eigene politische Zukunft, ein Interesse an den Vorgängen in Wien hatte. Von Innsbruck ging es weiter nach Kärnten und Südtirol. Insbesondere Klagenfurt erwies sich allerdings als Fehlschlag. Mit US-amerikanischer Unterstützung trat er die Rückreise an.

Die Zahl der erfolgreichen politischen Kontaktaufnahmen, von denen Braunsteiner dem Parteivorstand berichten konnte, war beachtlich. Darüber hinaus hatte er Gelegenheit, in Linz und Salzburg auch mit Vertretern der US-Besatzungstruppen zusammenzutreffen und damit die Amerikaner über die in Wien neu gegründete Partei zu informieren. Basierend auf den mit Herbert Braunsteiner geführten Gesprächen, langte am 4. Juni 1945 ein erster Bericht über „the new Austrian Party the Österreichische Volks Party" im State Department, dem US-Außenministerium, ein.[11]

Für die ÖVP-Führung in Wien und auch für Leopold Figl war Braunsteiners Bericht eine große Erleichterung und ein Hoffnungsschimmer. Erstmals war es gelungen, über einen Emissär Kontakte über die Demarkationslinie hinweg zu knüpfen und zumindest indirekt eine Verbindung zu den Westalliierten herzustellen. Die ursprüngliche Erwartung, diese würden unmittelbar nach Kriegsende in Wien eintreffen, hatte sich ja als unzutreffend herausgestellt. Vorderhand blieb der Aktionsradius weiterhin auf den Osten beschränkt. Hier konnte man den Aufbau der verwaltungsmäßigen und politischen Strukturen weiter vorantreiben.

Noch am Abend vor dem Parteivorstand, dem 4. Juni 1945, hatte die erste große öffentliche Versammlung des Wirtschaftsbundes in Wien stattgefunden.[12]

Unterwegs in Niederösterreich

Als Landeshauptmann war Figl im Frühsommer 1945 unermüdlich in Niederösterreich unterwegs. Am 4. Juni 1945 bei einer Bürgermeistertagung in Scheibbs, einige Tage später, am 9. Juni 1945, in Krems. Dabei handelte es sich um eine Versammlung von besonderer Symbolkraft, war doch Krems schon vor 1938 und erst recht danach eine der nationalsozialistischen Hochburgen in Niederösterreich gewesen. Vor allen 114 Bürgermeistern des Bezirks nannte Figl die Dinge gleich beim Namen: Aus der ehemaligen „Gauhauptstadt" sei nun wieder „Krems in Niederösterreich" geworden. Man wolle mit dem Nationalsozialismus abrechnen, die drei demokratischen Parteien würden das Land auf der Basis sozialer Gerechtigkeit aufbauen.[13]

Kurz darauf hatte Figl wiederum als Staatssekretär der Regierung

Leopold Figl bei der Inbetriebnahme des Stromnetzes für das nördliche Niederösterreich im Umspannwerk Stockerau am 19. Juni 1945

Renner einen großen Auftritt. Mit den Klängen des Donauwalzers hatte der neue Wiener Kurzwellensender, quasi die Verbindung Österreichs in die Welt, seinen Betrieb aufgenommen. Nach Staatskanzler Renner hielten die drei Staatssekretäre in der Staatskanzlei, Schärf, Figl und Koplenig, erste Ansprachen über den Äther. Die drei Reden der Parteienvertreter waren signifikant. Sprachen Schärf und Koplenig explizit als Vertreter ihrer Parteien, so hielt Figl eine patriotische Ansprache, bei der er, wie so oft, das Schicksal des Landes eng mit seinem eigenen verwob. Er dankte den Alliierten, allen voran den Sowjets, und erklärte mit dem ihm eigenen Pathos: „Viele Tausende bester österreichischer Männer und Frauen haben für ihr Bekenntnis zu Österreich in den Konzentrationslagern und Kerkern Unsägliches gelitten und sind mit dem Worte ‚Österreich' auf den Lippen in den Tod gegangen. [...] Als uns endlich die Freiheit wiedergewonnen war, durften wir nicht lange den Geist auf die bösen Erinnerungen der Vergangenheit richten; es galt sofort zuzupacken, sofort die Hände anzulegen, [...]. Über alle Verschiedenheiten der Meinungen und Auffassungen, die nun einmal in der Bevölkerung jedes Staatswesens vorhanden sind, steht die einigende Parole: ‚Zuerst alles für Österreich'. Nicht das, was die Menschen trennt, sondern das, was sie verbindet, hat in diesen für die Zukunft unseres Vaterlandes entscheidenden Zeiten voranzustehen. Mit diesem Gedanken, der der Wesensart des österreichischen Bauerntums, dem ich selbst entstamme, entspricht, sind wir in die Provisorische Staatsregierung Österreichs eingetreten, mit keinem anderen Ziel, als mit dem, möglichst bald an alle dringenden Vorarbeiten heranzugehen, die sofort getan werden müssen, wenn das große Wiederaufbauwerk fortschreiten und gelingen soll." Und dann, und das ist bemerkenswert, ließ Figl bereits zu diesem frühen Zeitpunkt den Wunsch anklingen, eine Legitimation durch die Bevölkerung in Form von Wahlen zu erfahren, wenn er ausführte: „Wir hoffen, dass recht bald der Tag kommen möge, da das freie Volk des unabhängigen demokratischen Österreich unsere Arbeit gutheißen und bestätigen wird.“[14]

Wenn etwas den Optimismus veranschaulichen konnte, mit dem die jüngeren Kräfte in der Volkspartei gewillt waren, sich den Herausforderungen des Jahres 1945 zu stellen, so war es ihre Überzeugung, möglichst rasch freie Wahlen herbeizuführen. In dieser Frage tat sich auch die erste Kluft zu den älteren Repräsentanten innerhalb der Partei, wie Kunschak, Pernter oder Handelsminister Heinl, auf. Diese standen raschen Wahlen ablehnend gegenüber. Sie fürchteten die Dominanz der von den Sowjets unterstützten Kommunisten. Figl, Weinberger und Raab kalkulierten genau umgekehrt. Sie spürten bereits, dass die Kommunisten keinen Rückhalt in der Bevölkerung fanden. Daher seien freie Wahlen die beste Möglichkeit, die Kommunisten auf das ihnen zukommende Maß zurückzudrängen. Und was die Chancen der eigenen Partei betraf, sprühten sie vor Optimismus. Das neue Konzept der ÖVP fand offensichtlich Anklang; fast überall hatte man Zulauf. Am 17. Juni fand in Wien im traditionellen Versammlungslokal „Wimberger“ am Gürtel die erste Großkundgebung der ÖVP statt, bei der der Andrang so groß war, dass er bei weitem das Fassungsvermögen der Räumlichkeiten überstieg.[15] Und auch beim Aufbau der Parteistrukturen machte man rasch Fortschritte. Warum sollte es also nicht möglich sein, bei Wahlen vielleicht sogar die Nase gegenüber den Sozialisten vorne zu haben?

Die vordringlichste, wenn auch zeitraubendste Aufgabe bestand für Figl im Frühsommer 1945 noch immer im Aufbau der Strukturen der Landesverwaltung in Niederösterreich. Unermüdlich war er – den Zerstörungen, die den Verkehr und das Fortkommen schwer beeinträchtigten, zum Trotz[16] – mit Helmer und Mödlagl in den einzelnen Landesteilen unterwegs. Nach dem Bezirk Krems kam noch als einer der entlegensten Teile des Landes das nördliche Waldviertel dran, wo die drei Politiker in der zweiten Junihälfte 1945 in allen vier politischen Bezirken ihre Bürgermeistertagungen abhielten. Der Zulauf war wiederum überall groß. Zwettl, Horn, Gmünd und Waidhofen an der Thaya standen auf dem Programm. Überall waren die Probleme riesengroß. Im Bezirk Zwettl befand sich der weitläufige, von den Nationalsozialisten angelegte Truppenübungsplatz, dem große Teile des Döllersheimer Ländchens mit seiner zwangsweise ausgesiedelten Bevölkerung zum Opfer gefallen waren. Die an die Tschechoslowakei angrenzenden Gebiete wiederum waren überfüllt mit Flüchtlingen, in erster Linie mit der aus Mähren vertriebenen deutschsprachigen Bevölkerung, aber auch Zwangsarbeitern und ehemaligen Kriegsgefangenen. Dessen ungeachtet, appellierte Figl überall an den wiedererwachten Patriotismus der Bevölkerung. Sein den Überlebenswillen verkörpernder Optimismus schien sich allerorts auf die lokalen Funktionäre zu übertragen. Wenn ein Mann, der fast sechs Jahre lang in den KZs der Nationalsozialisten durch die Hölle gegangen war, überzeugt war, dass die Situation gemeistert werden könne, dann musste das auf viele der lokalen Funktionsträger ansteckend wirken. Immer wieder betonte Figl, dass der Umstand, dass er gemeinsam mit seinen Stellvertretern als Repräsentant der drei anerkannten politischen Parteien das Land bereise, Symbol und Programm sei. Das neue demokratische Österreich solle im Geiste der ehrlichen Zusammenarbeit aller antinationalsozialistischen Kräfte wieder aufgebaut werden. Mehr als zwei Monate nachdem sich Figl und Helmer angeschickt hatten, das Schicksal des Landes in die Hand zu nehmen, erhielt die niederösterreichische Landesverwaltung mehr und mehr die Form einer flächendeckend und hierarchisch strukturierten Organisation, ausgehend vom Land über die politischen Bezirke bis in die Gemeindestuben. Durchgängig wurden die Dienststellen von nationalsozialistischen Amtsträgern gesäubert.[17] Die geleistete Aufbauarbeit war in ihrer Intensität und ihrem Tempo einmalig. Parallel dazu begann man, die Infrastruktur des Landes wiederherzustellen. Erste Brücken wurden notdürftig instand gesetzt, wichtige Straßenverbindungen wieder benutzbar gemacht. Auch die Elektrizitätsversorgung begann wieder zu funktionieren. Als ersten Schritt dazu konnte Figl am 19. Juni 1945 in Stockerau im Rahmen einer improvisierten, schlichten Feier im dortigen Umspannwerk zumindest das Stromnetz für den nördlichen Teil Niederösterreichs wieder in Betrieb nehmen.[18] Anfang Juli hielt er gemeinsam mit Helmer und Mödlagl nach dem bewährten Muster in Wiener Neustadt eine große Bürgermeisterkonferenz ab,[19] einige Tage später fuhren sie in das niederösterreichische Industriegebiet nach Neunkirchen. Dort, in einer der sozialistischen Hochburgen Niederösterreichs, betonte Figl mehr noch als sonst die gemeinsamen Erfahrungen im KZ als nunmehrigen Ausgangspunkt für die Zusammenarbeit aller „antifaschistischen“ Parteien: „In der Lagerstraße in Dachau kannte man uns als die ‚österreichische Clique‘, die in unbedingter Treue zusammenhielt. Da hat auch niemand etwas daran gefunden, dass der Eifler, der Schutzbundkommandant, und der Figl, der Bauernbündler, Arm in Arm mit heißem Herzen von der Heimkehr in ein wiedergewonnenes Österreich träumten. Damals waren wir Kameraden und sind es bis heute geblieben [...]". Er forderte seine Zuhörer, unter ihnen zahlreiche Bürgermeister und Funktionäre der SPÖ, auf, im Sinne des im Jänner 1945 im KZ Dachau umgekommenen militärischen Führers des Schutzbundes nun den Neuaufbau des Landes anzugehen, und beschwor, wie so oft in diesen Tagen, emphatisch den „österreichischen Menschen" als Garanten für die Zukunft des Landes.[20]

Was Figl in diesen Wochen belastete, war die nach wie vor bestehende Ungewissheit über das Schicksal seines großen Mentors, ja seiner politischen Vaterfigur, Josef Reither. Sosehr er sich mit Verve an den Wiederaufbau der Landesverwaltung in Niederösterreich und des Bauernbundes gemacht hatte, sah er sich in beiden Funktionen doch nur als Platzhalter für Reither, dessen baldige Rückkehr er sehnlichst erhoffte. „Gott schütze unseren Reither!", hatte er am 8. Mai, dem Tag des Kriegsendes, als Wunsch in sein Gästebuch geschrieben.[21] Doch gab es noch kein Lebenszeichen von ihm. Figl befiel immer wieder die Sorge, ob Reither wohl noch am Leben war.[22]

Am 23. Juni 1945 kehrte Karl Seitz, der von den Nazis ebenfalls außerhalb der österreichischen Grenzen gefangen gehalten worden war, nach Wien zurück. Man bereitete ihm einen triumphalen Empfang. Zur selben Zeit hielt der Bauernbund seine erste Präsidiumssitzung unter dem Vorsitz Figls ab. Die Organisation war so weit vorangeschritten, dass zumindest Vertreter aus den von den Sowjets kontrollierten Gebieten, also aus Wien, Niederösterreich, der Steiermark und dem nördlichen Burgenland anwesend sein konnten.[23] Figl hatte den Vorsitz inne. Er sprach über den Aufbau und die Neuorganisation des Bauernbundes, doch stand auch hier die große Frage nach dem Schicksal Reithers drückend im Raum. Endlich, am 2. Juli 1945 langte die für Figl erlösende Nachricht in Wien ein: Josef Reither hatte die NS-Gefangenschaft überlebt. Er befand sich gemeinsam mit dem ehemaligen Salzburger Landeshauptmann Franz Rehrl zur Pflege in einem Berliner Krankenhaus. Als die Nachricht Figl erreichte, ließ er sofort alles liegen und stehen, um gemeinsam mit seinen engsten Mitarbeitern Ferdinand Graf und Edmund Weber in die Heimat Reithers, in das niederösterreichische Langenrohr zu eilen. Er wollte es sich nicht nehmen lassen, der Frau und der Familie Reithers persönlich die für alle so freudige Nachricht zu überbringen.[24] Die Neuigkeit, dass der populäre Bauernführer am Leben war, verbreitete sich in Windeseile, in zahlreichen Gegenden Niederösterreichs kam es zu spontanen Freudenkundgebungen. Figl rief gleich nach seiner Rückkehr nach Wien das Präsidium des Bauernbundes zu einer Sondersitzung zusammen, wo er in bewegten Worten der Freude über die gute Nachricht, dass Reither am Leben war, Ausdruck verlieh. Auch seine Regierungskollegen in Niederösterreich und den dortigen Landesparteivorstand der ÖVP informierte er umgehend über „die für uns alle so erfreuliche Nachricht".[25]

Am 20. Juli 1945 kehrte Reither nach Wien zurück. Seine Rückkehr wurde vom Bauernbund groß in Szene gesetzt, wobei Figl nichts dem Zufall überließ.[26] Geschickt hatte er dafür gesorgt, stets und exklusiv an der Seite Reithers zu erscheinen. Damit wurde klar signalisiert: Figl ist nicht nur Platzhalter des Bauernführers gewesen, sondern er hatte als die unbestrittene Nummer zwei und designierter Nachfolger sowohl auf Bundes- als auch auf Landesebene zu gelten. Gemeinsam fuhren sie vor der Zentrale des Bauernbundes in der Schenkenstraße vor, wo Reither von seinen ehemaligen Mitarbeitern begrüßt wurde. In den Präsidialräumen des Bauernbundes kam es dann zum Zusammentreffen Reithers mit den anderen in Wien anwesenden Bauernführern Buchinger, Schumy, Kraus sowie den Spitzen der Volkspartei Kunschak, Pernter, Hurdes und Raab. Anschließend fuhr Figl mit Reither in dessen Heimat Langenrohr im Tullnerfeld. Die Fahrt wurde zu einem kleinen Triumphzug, musste doch der Wagen mit den beiden Politikern im Tullnerfeld in allen Gemeinden, durch die sie kamen, anhalten. Reither empfing die Ovationen der Bevölkerung und der örtlichen Honoratioren, ehe er in Langenrohr nach einem weiteren Festakt und einer Ansprache Figls endlich auf seinem Hof im Kreis seiner Familie die Rückkehr feiern konnte.

Die Inszenierung verfehlte ihren Zweck nicht: Sie stärkte die Bekanntheit und das Ansehen Figls ein weiteres Mal. Insgesamt hatte sich Leopold Figl, den im April über die politische Nomenklatura und die Bauernschaft hinaus kaum jemand gekannt hatte, zumindest bei allen politisch Interessierten im Osten des Landes längst den Ruf erworben, einer der kommenden Männer in der ÖVP zu sein. So notierte Josef Schöner anlässlich der Rückkehr Reithers in seinem Tagebuch, es sei zu erwarten, dass Reither wieder Präsident des Bauernbundes und Landeshauptmann von Niederösterreich werden würde, aber „der tüchtige Figl" die Zügel organisationsmäßig weiter in der Hand behalten würde. Au-

Leopold Figl und Josef Reither bei dessen Rückkehr am 20. Juli 1945

ßerdem, so prophezeite er schon damals, werde Figl „nach dem Einzug der westlichen Alliierten bald noch ganz andere Posten" bekleiden.[27] Nur nebenbei sei erwähnt, dass Josef Schöner zehn Jahre später als Politischer Direktor des Außenamts einer der engsten Berater des nunmehrigen Außenministers und sein Begleiter bei den Staatsvertragsverhandlungen in Moskau sein sollte.

Freilich gab es bei der Rückkehr Reithers auch einen Wermutstropfen. Denn an der mächtigen Erscheinung des charismatischen Bauernführers hatten die Jahre der Verfolgung und Haft, zuletzt im KZ Ravensbrück und im Gefängnis Berlin Moabit, nur allzu sichtbare Spuren hinterlassen. Die sozialistische Widerstandskämpferin Rosa Jochmann hatte einen Transport zur Rückführung ehemaliger Insassen aus dem KZ Ravensbrück organisiert. In Berlin begegnete ihr, wie sie später schilderte, „ein Mann, der von Leid gekennzeichnet gewesen ist, der sehr schwach ausgesehen hat, aber er kam mir irgendwie bekannt vor. Als ich ihm sagte, wir dürfen nur Verfolgte oder KZler mitnehmen, zeigte er mir seinen russischen Ausweis, den Propusk, auf dem stand: Josef Reither. Als ich den Namen las, sagte ich sofort: Sie sind der Herr Landeshauptmann Josef Reither? – Ich hätte ihn nicht mehr erkannt. Er war es. Wir haben diesem Herrn Landeshauptmann Reither den besten Platz im Autobus angewiesen."[28] Aus dem mittlerweile 65-jährigen, vor 1938 kraftstrotzenden Politiker war bei seiner Rückkehr ein gebrechlich wirkender, hagerer und alter Mann geworden.

Zumindest formal übernahm Reither unmittelbar nach seiner Rückkehr wieder das Amt des Präsidenten des Bauernbundes. Figl wurde allerdings geschäftsführender Präsident und sicherte seine politische Hausmacht ab.

Von der Vereinigung der Partei zu einem geeinten Land

Nur drei Tage nach der Rückkehr Reithers kam es für Figl zu einer anderen, von ihm schon lange ersehnten Begegnung. Als einer der ersten österreichischen Politiker im sowjetisch kontrollierten Osten traf er mit Vertretern der amerikanischen Besatzer zusammen. Wie bei vielen Ereignissen im Wien des Frühjahrs und Sommers 1945 kam auch dieses Treffen durch eine Mischung von Zufall und Improvisation zustande. Manches daran mutet kurios an, sodass man versucht sein könnte, die näheren Umstände dieser Begegnung in das Reich der zahlreichen „Figl-Legenden" zu verweisen, wäre sie nicht sehr genau dokumentiert.

Schon im Juni und dann nochmals Mitte Juli waren erstmals Delegationen der Westalliierten nach Wien gekommen, um sich persönlich ein Bild von den Zuständen in der Bundeshauptstadt und ihrer Umgebung zu machen. Am 22. Juli 1945 traf neuerlich eine kleine Vorausabteilung der Amerikaner, aus Verona kommend, wo sich noch das Hauptquartier der US-Besatzungstruppen für Österreich befand, in Wien ein. Ihre Hauptaufgabe bestand darin, geeignete Quartier- und Unterbringungsmöglichkeiten für die Besatzungstruppen vor Ort in Erfahrung zu bringen. Daneben sollte sie sich aus erster Hand ein Bild von den Lebensumständen im sowjetisch besetzten Wien machen und sich auch über die politischen Verhältnisse informieren.[1] Was sie in Wien zu sehen bekamen, rief bei den Amerikanern Betroffenheit hervor: das Ausmaß der Zerstörungen, die dramatische Situation der Lebensmittelversorgung und die von ihnen so wahrgenommene teils deprimierte, teils resignative Stimmung auf den Straßen der Stadt angesichts der Übergriffe der Roten Armee.[2]

Auf Basis ihrer wohlvorbereiteten Pläne und Karten besichtigten sie am 23. Juli 1945, einem schwülen Sommertag, die für sie in Frage kommenden Gebäude und Liegenschaften. Nachdem die drei Offiziere von der Früh an herumgefahren waren, wollten sie den Tag bei einem kühlen Bier ausklingen lassen. Dies erwies sich als ein Vorhaben, dessen Verwirklichung sich in der devastierten Wiener Innenstadt alles andere als leicht herausstellen sollte.[3] Immerhin hatte einer der drei Offiziere,

Martin F. Herz, seine Jugend im Wien der 1920er und frühen 1930er Jahre verbracht und war mit den örtlichen Verhältnissen gut vertraut. Doch in welches Lokal er seine Kollegen auch führen wollte, überall standen sie vor verschlossenen Toren oder verwüsteten Liegenschaften, wie etwa bei dem bekannten Lokal „Linde" in der Rotenturmstraße. Die Straßen der Wiener Innenstadt waren nahezu menschenleer. Schließlich fand sich ein Passant, der den drei amerikanischen Offizieren auf deren Frage, wohin sie auf ein Bier gehen könnten, den Tipp gab, sie sollten es beim „Bauernbund" in der Schenkenstraße versuchen. Die Amerikaner dachten, es handle sich dabei um ein Lokal, und fuhren über den Ring zu der hinter dem Burgtheater gelegenen Straße. Als sie dort ankamen, fielen ihnen vorweg einige in der engen Gasse geparkte Autos auf. Sie vermuteten zuerst, an einem Umschlagplatz für den Schwarzmarkt gelandet zu sein. Ein Mann, bekleidet mit einer die Amerikaner seltsam anmutenden Lederhose, sah sie misstrauisch an. Als sie ihn fragten, ob man hier ein Bier bekäme, reagierte er sichtlich erschrocken und verschwand im Bauernbundgebäude. Plötzlich öffneten sich die Fenster im Haus des Bauernbundes und Männer sahen ungläubig nach den Offizieren mit ihren amerikanischen Uniformen. Gleichzeitig kam der Mann mit der Lederhose zurück und erklärte ihnen: „Es gibt hier zwar kein Bier, meine Herren, aber der Herr Staatssekretär Figl würde sich freuen, Ihnen einen Wein anbieten zu dürfen."[4] Erst als die Amerikaner im Stiegenhaus an den Wänden alte Wahl- und Veranstaltungsplakate des Bauernbundes hängen sahen, dämmerte es ihnen, dass sie im Hauptquartier einer politischen Organisation gelandet waren. Im Sitzungszimmer warteten schon die anwesenden Bauernbundfunktionäre, unter ihnen Ferdinand Graf und Edmund Weber und in ihrer Mitte Figl, ein, wie ihn Herz beschrieb, „kleiner, drahtiger Mann mit einem witzigen Schnurrbart und einem heiteren Lächeln im Gesicht. Umgehend hob er ein Weinglas und begann auf die Ankunft der Amerikaner einen Trinkspruch auszugeben."[5] Figl nützte geistesgegenwärtig die unerwartete Situation und tat so, als handelte es sich bei den US-Offizieren um eine von General Mark Clark persönlich zu ihm gesandte offizielle Delegation. Die Amerikaner erwiderten höflich den Toast Figls, blieben noch eine Weile und tranken auch noch ein weiteres Glas Wein, ehe sie sich freundlich verabschiedeten. Doch betrachteten auch sie das zufällig zustande gekommene Zusammentreffen mit dem stellvertretenden Regierungschef als Glücksfall. Denn Martin F. Herz war als Major bei der politischen Abteilung des

Oberkommandos für Österreich auch an politischen Kontakten interessiert. Gerne nahm er Figls Einladung an, ihn am nächsten Tag mit einem Kollegen zu einem längeren Gespräch zu besuchen.

Figl war entschlossen, seinen Startvorteil bei den Amerikanern zu nützen, auch wenn er sich bei seinem ersten Gespräch mit den Repräsentanten der US-Besatzungsmacht noch nicht ganz so geschickt anstellte.[6] Er erweckte bei seinem Treffen am nächsten Tag den als etwas aufdringlich empfundenen Eindruck, dass er es kaum erwarten konnte, enge Beziehungen mit den Amerikanern herzustellen. Wohl um ihnen zu gefallen, äußerte er sich mehrfach abschätzig über die Sowjets, was seine Gesprächspartner allerdings tunlichst zu überhören trachteten.

Wie schon am Vortag so machte Figl auch bei diesem Treffen auf die US-Offiziere den Eindruck eines energischen, zugleich aber humorvoll-schlagfertigen Politikers. Er betonte ihnen gegenüber, dass die Beziehungen zu anderen Parteien freundschaftlich seien, trotz großer inhaltlicher Unterschiede zu den Kommunisten. Um das zu unterstreichen, bot er an, zwischen seinen Gesprächspartnern und Adolf Schärf eine erste Zusammenkunft zu vermitteln. Im Hinblick auf die kommenden Wahlen gab er der ÖVP in Wien zwischen 30 und 35 Prozent der Stimmen und war überzeugt davon, dass sie überall sonst die Mehrheit erringen würde. Umgekehrt gab er den Kommunisten in Wien weniger als 20 und in Gesamtösterreich weniger als 10 Prozent. Das war eine aus damaliger Sicht sehr optimistische Einschätzung. Sie lag aber gar nicht so weit entfernt von den tatsächlichen Ergebnissen der Wahl im November. Befremden löste Figl bei seinen Gesprächspartnern aus, als sie ihn zu seiner Einschätzung der Dollfuß/Schuschnigg-Jahre befragten. Er stellte sich voll hinter Dollfuß und beharrte darauf, dass das von diesem konzipierte ständestaatliche System demokratisch gewesen sei, auch wenn er einräumen musste, dass in der Realität, von den bäuerlichen Vertretungen abgesehen, nirgends Wahlen stattgefunden hatten. Die Amerikaner reagierten irritiert. Denn im Gegensatz zu den Diplomaten, die vor 1938 an der US-Gesandtschaft in Wien tätig waren, allen voran dem langjährigen Gesandten, George S. Messersmith, nahm die jüngere Generation an politischen Beratern und Diplomaten eine durchaus kritische Haltung gegenüber den autoritären Regierungen Dollfuß/Schuschnigg ein.[7] Man hegte Sympathien für die Sozialdemokratie als die *underdogs* des Jahres 1934 und blieb misstrauisch, inwieweit die Funktionäre des einstigen Ständestaates, die jetzt in der ÖVP tätig waren, wirklich vorbehaltlos zur Demokratie standen.[8] Die diesbezügliche Sichtweise der Amerikaner sollte im weiteren Verlauf des Jahres und insbesondere während des Nationalratswahlkampfes noch für Irritationen sorgen.

Figl hatte übrigens später seine eigene Version über das Zustandekommen seines ersten Zusammentreffens mit den Amerikanern. Wann immer er Martin F. Herz, der ein Jahr später amerikanischer Diplomat wurde und als solcher abermals nach Wien zurückkehrte, traf, sprach er ihn ironisch auf die Episode „mit dem Glas Bier“ an. Bei der Verabschiedung von Herz 1948 erklärte er ihm dann mit einem listigen Augenzwinkern, der wahre Grund für das Erscheinen der Amerikaner Ende Juli in der Schenkenstraße sei ein ganz anderer gewesen: „Ein Glas Bier, was?“, und Figl setzte feierlich fort: „Nicht eine Sekunde hatte ich geglaubt, dass Sie auf der Suche nach einem Bier waren. Aber der Vorwand mit dem Bier war gut gewählt, Respekt. Und Ihr Geheimdienst arbeitete ganz sicher professionell. Denn wer hätte zu so einem frühen Zeitpunkt gedacht, dass das Department of State bereits herausgefunden hatte, dass ich dazu bestimmt war, Kanzler von Österreich zu werden?“[9]

Im Gegensatz zu anderen Spitzenrepräsentanten seiner Partei war Figl ein gegenüber den westlichen Alliierten von Anfang an nicht nur auskunftsfreudiger Gesprächspartner, sondern es war ihm sehr daran gelegen, regelmäßige Kontakte aufzubauen. Schon bei seinem zweiten Zusammentreffen mit den Amerikanern schlug er vor, sich einmal pro Woche im kleinen Kreis zu treffen.[10] Tatsächlich fand dann eine der nächsten Begegnungen in einer kleineren Runde gemeinsam mit Graf und Weber beim Heurigen in Heiligenstadt statt, „mit großen Mengen von Wein und Sturm“, wie die Amerikaner nicht vergaßen in ihrem Bericht über das Treffen festzuhalten.[11]

Eine andere Episode eines Gesprächs mit Figl berichtet die französische Journalistin Dominique Auclères in ihren Erinnerungen. Sie hatte vor 1938 nach Wien geheiratet und kehrte 1945 für kurze Zeit als Presseoffizierin der französischen Besatzungsmacht nach Wien zurück. Über Anregung des Politischen Beraters des französischen Oberkommandierenden, General Émile Béthouart, traf sie im Laufe des Herbstes 1945 mit Figl zusammen. Dieser war wie immer bei seinen Kontakten mit den westlichen Alliierten bestrebt, Österreich aus der Perspektive eines gedemütigten und ungerecht behandelten Landes erscheinen zu lassen. Das Treffen prägte sich Auclères, wie sie selbst schreibt, ein: „Figl war erstaunt, seine Sprache von einem französischen Offizier, und von einer

Frau, in der Landesart gesprochen zu hören und bot mir in seinem Büro ein Glas erstklassigen Weinbrand mit jenem Lächeln an, das Österreicher aufsetzen, wenn sie unglücklich sind und meinen, man verstehe sie falsch: ‚In Dachau waren wir für die Deutschen Feinde und sie folterten uns mit Absicht; befreit sind wir nun den Alliierten lästig. Niemand hört mehr auf Österreich, seit es keine Großmacht mehr ist. Erklären Sie das doch Ihren Franzosen, wenn Sie können!'"[12]

Bei aller Anpassungsfähigkeit den Westmächten gegenüber, eines war für Figl undenkbar, ja wäre aus seiner Sicht wohl einem persönlichen Verrat gleichgekommen: eine offene Distanzierung von Engelbert Dollfuß. Figl wollte die Kontroversen um die 1930er am liebsten aus der Politik heraushalten; sich aber von dem aus dem niederösterreichischen Bauernbund kommenden Bundeskanzler offen zu distanzieren war für ihn undenkbar, im Gegenteil. Am 25. Juli 1945, also am 11. Jahrestag der Todesschüsse auf den Kanzler, abgegeben von nationalsozialistischen Putschisten, lud er ehemalige enge Wegbegleiter von Dollfuß zu sich nach Hause ein. Seinen ehemaligen Minister Vinzenz Schumy und alte Freunde aus dem Bauernbund wie Josef Buchinger, Josef Kraus, Ferdinand Graf und natürlich Edmund Weber, der ja schon für Dollfuß ein unentbehrlicher Pressemitarbeiter gewesen war. Wie sehr Leopold Figl in seinem persönlichen Empfinden seiner Vergangenheit verhaftet blieb, davon zeugt seine kurze Eintragung im Gästebuch: „Wir bleiben treu".[13]

Besatzungsalltag im Sommer 1945

Am 30. Juli 1945 um halb sechs Uhr abends erhielt Leopold Figl eine telefonische Mitteilung, die ihn selbst angesichts des tristen Besatzungsalltags im Sommer 1945 erschütterte.[14] An der östlichsten Grenze zur Tschechoslowakei, bei Berg und Wolfsthal nächst Bratislava, hatten die tschechoslowakischen Behörden ohne jede Vorankündigung damit begonnen, schwerstverwundete deutsche Kriegsgefangene ohne medizinische Versorgung unmittelbar entlang der Staatsgrenze auf österreichischem Staatsgebiet auszusetzen. Von Lastwagen abgeladen, wurden die Verwundeten sich selbst überlassen. Figl alarmierte den Staatssekretär für Inneres Honner und den sowjetischen Stadtkommandanten von Hainburg. Anschließend ließ er alles liegen und stehen und fuhr sofort an die Grenze. Das Bild, das sich ihm bot, war mehr als deprimierend. In Wolfsthal hatte der dortige Schlossherr Anton Graf

Walterskirchen die rund 30 Schwerverletzten, darunter frisch Amputierte mit nur notdürftigsten Verbänden, in sein Schloss bringen lassen, wo sie erstbehandelt wurden. Dazu kam die dramatische Versorgungssituation, waren doch in Wolfsthal zu den 800 Einwohnern erst kurz davor ohnedies nochmals 800 Flüchtlinge gekommen. Bei Berg wiederum befanden sich 20 Personen, darunter ein Mann mit einem offenen Bauchschuss, der unversorgt war. Die schwer verletzten Männer waren, auf der Straße liegend, vorgefunden worden. Figl veranlasste, dass die Schwerstverwundeten in das Krankenhaus von Hainburg, die anderen in die Chirurgische Klinik ins Allgemeine Krankenhaus gebracht wurden. Noch am nächsten Tag, als Figl über den Vorfall in der Regierungssitzung berichtete, war er sichtbar von den Ereignissen mitgenommen: „[...] man muss wirklich starke Nerven haben, um das zu ertragen."

Auf Grund der an die Grenze beorderten Einheiten des Innenministeriums und auch der Roten Armee sowie mehrerer Interventionen bei den sowjetischen Besatzungsbehörden konnte dafür Sorge getragen werden, dass die ursprünglichen Befürchtungen, wonach noch tausende Schwerkriegsverletzte auf österreichischem Staatsgebiet ausgesetzt würden, nicht Realität wurden.[15] Im Auftrag Figls konnte sein Landesamtsdirektor Hans Vanura, begleitet von einem hohen sowjetischen Besatzungsoffizier, die lokalen Behörden in Bratislava zum Einlenken veranlassen.[16]

Diese tragische Episode an der österreichischen Grenze zur Tschechoslowakei illustriert ein Problem, das im Frühsommer 1945 Figl in seiner Funktion als niederösterreichischer Landeshauptmann schwer zu schaffen machte: Seit Mitte Mai 1945 hatte die Tschechoslowakei im großen Stil mit der Vertreibung ihrer deutschsprachigen Bevölkerung begonnen. Tausende strömten über die niederösterreichische Grenze. Angesichts der katastrophalen Lebensmittelsituation und des Umstands, dass auf österreichischem Staatsgebiet 1945 rund zwei bis drei Millionen Nichtösterreicher gestrandet waren beziehungsweise sich auf unfreiwilliger Durchreise befanden, darunter Kriegsflüchtlinge, ehemalige Zwangsarbeiter und Kriegsgefangene, versuchte Figl, weitere Flüchtlingsströme aus der Tschechoslowakei so weit das möglich war einzudämmen. Ging es nach ihm, sollte man sich darauf beschränken, nur Österreicher aus der Tschechoslowakei aufzunehmen, während „reichsdeutsche" Flüchtlinge auf deutschem Territorium Zuflucht suchen sollten. Es sei, so erklärte er immer wieder, einfach nicht mehr möglich, hunderttausende zusätzlich nach Niederösterreich strömende Flüchtlinge zu ernähren.[17]

Die Flüchtlingsfrage war nur eines von mehreren brennenden Problemen im Alltag des Sommers 1945. Nach wie vor wurden Figl laufend Zwischenfälle wie die Entwendung von Vieh oder andere Eigentumsdelikte wie Plünderungen von Lebensmitteln, Futtermitteln oder Getreide gemeldet. Übergriffe auf Leib und Leben sorgten nach wie vor für große Unsicherheit. Die Sicherheitslage war in weiten Teilen Niederösterreichs unverändert prekär, nur langsam gelang es, die – wie bereits geschildert – im Aufbau befindliche heimische Gendarmerie überhaupt zu bewaffnen, um einigermaßen zu einer Beruhigung der Lage beizutragen. Probleme gab es im ganzen Land, aber vor allem im Westen Niederösterreichs, wo entlang der zuletzt verlaufenden Frontlinie noch immer eine vergleichsweise große Zahl sowjetischer Truppen stationiert war. Dort massierten sich die Zwischenfälle mit der Roten Armee. Darüber wurde in den an Figl gesandten Berichten immer wieder Beschwerde geführt. Einer davon sei im Folgenden als Beispiel herausgegriffen. Er stammte von dem zwischen St. Pölten und Melk gelegenen Gendarmerieposten Prinzersdorf und fasste die Übergriffe zwischen 16. und 20. August 1945 zusammen:

„In der Nacht vom 16. zum 17. wurde bei dem Bauern Franz Rammler, Diestelberg eingebrochen und die zwei besten Kühe und 15 Hühner geraubt. Dem Bauern Josef Bandion, Distelburg wurde gleichzeitig ein Schwein mit ca. 70 Kg gestohlen. In der gleichen Nacht wurde der Hof des Gutspächters Franz Wegscheider, Pielachhaag um 12 Uhr nachts umstellt, einigemale geschossen, die Tore und Türen aufgebrochen und die letzte Wäsche und Kleider vom Gutspächter und seinen Landarbeitern gestohlen sowie ein Mädchen mit 17 Jahren vergewaltigt. Ferner wurde bei dem Bauern Wammerl, Pielachhaag, ebenfalls in der Nacht vom 16. auf 17. durch das Fenster hineingeschossen, weil er nicht sofort aufmachte. Vom 17. auf 18. wurde Herr Michael Mader aus Völlerndorf bewusstlos geschlagen und in der gleichen Nacht wurde der Bauer Josef Eichinger, Uttendorf bei Prinzersdorf ausgeplündert und sämtliche Wäsche und Kleider gestohlen und außerdem wurde ihm nachgeschossen. Denselben Bauern wurde in der Nacht von 18. auf 19. ein Ochse gestohlen. In der gleichen Nacht wurde dem Bauern Kajetan Liebscher, Ober-Graben, Gemeinde Hafnerbach 4 Pferde und ein Schwein gestohlen. [...] Von 19. auf 20. wurde bei dem Bauern Ludwig Neubauer in Prinzersdorf gewaltsam Quartier gemacht, Tore und Türen aufgebrochen."[18] Die Bauern, so hieß es in dieser von der lokalen Molkerei-Genossenschaft übersandten Zusammenfassung, seien der unsicheren Lage infolge der Übergriffe schon so überdrüssig, dass nicht einmal die Feldarbeiten ordnungsgemäß durchgeführt würden.

Johann Steinböck, einer der engsten Vertrauten Figls in Niederösterreich und als Mitglied des Provisorischen Landesausschusses für Ernährung und Landwirtschaft zuständig, fasste die angespannte Situation im Sommer 1945 zusammen, als er in der unter dem Vorsitz Figls abgehaltenen niederösterreichischen Regierungssitzung vom 26. Juni 1945 klagte, „[...] dass es bei den derzeitigen absolut schlechten Sicherheitsverhältnissen unmöglich ist, die Versorgung des Landes zu gewährleisten. Die Bauern weigern sich, die Ernte hereinzubringen, da während ihrer Abwesenheit auf dem Felde ihre Häuser geplündert und die Frauen geschändet werden."[19] Einige Zahlen können die damalige Situation recht gut veranschaulichen: Im Monat Juli wurden in Niederösterreich als Delikte von Soldaten der Roten Armee 112 Morde, davon 17 an Sicherheitsorganen, 61 schwere und 14 leichte Fälle von Körperverletzungen sowie 1051 Fälle von Notzucht und Schändungen an Personen im Alter von 12 bis 85 Jahren gemeldet.[20]

Unter den getöteten Zivilisten waren auch niederösterreichische Politiker, die Opfer der sowjetischen Gewaltanwendung wurden: Im Bezirk Hollabrunn kamen bei Schießereien im Juni und Juli 1945 zwei Bürgermeister ums Leben.[21] Im Spätsommer und mit Beginn des Herbstes 1945 begann sich die Sicherheitslage langsam zu beruhigen, auch wenn es nach wie vor zu Übergriffen auf dem Lande, vor allem bei abseits gelegenen Gehöften, kam.[22] Prekär blieb allerdings die Versorgungslage in Teilen Niederösterreichs, vor allem in den Industriegebieten. Eine Resolution des Provisorischen Landesausschusses, gezeichnet von Figl, Helmer und Mödlagl, an die Staatsregierung vom 5. September 1945 hielt fest: „Der Viehstand ist auf ein Minimum herabgesunken, der Bestand an Pferden beängstigend klein. Während um diese Jahreszeit der Herbstanbau schon in vollem Gange sein sollte, liegen noch weiteste Gebiete unbearbeitet, weil die notwendigen Zugtiere, Traktore[n] und Treibstoffe fehlen. Die Ablieferungsforderungen der Roten Armee nehmen ein Ausmaß an, das weit über die Grenzen des Möglichen geht. [...] In einigen Gebieten Niederösterreichs besteht ausgesprochene Hungersnot."[23]

Figl versuchte immer wieder, soweit er konnte und es in seiner durch die Sowjets begrenzten Macht stand, zu helfen. Immerhin hatte zu diesem Zeitpunkt keiner der österreichischen Politiker zu den sowjetischen Besatzern auf den verschiedensten Hierarchieebenen schon einen so guten Draht gefunden wie er. Er leitete die Eingaben und Beschwerden über Übergriffe an die sowjetischen Behörden weiter oder sprach persönlich vor. Wenn möglich, fuhr Figl gemeinsam mit Offizieren der sowjetischen Kontrollkommission in die Ortschaften, um sich gemeinsam ein Bild zu machen.[24] Zugleich versuchte er, die Leute aufzurichten. Er bagatellisierte die Probleme nicht, bemühte sich jedoch stets, Zuversicht und Optimismus zu versprühen: „So viel und Schweres haben wir hinter uns gebracht und so bin ich auch überzeugt, dass wir auch diese Prüfung überdauern werden und dass wir unser geliebtes Österreich wieder zu dem machen werden, wie wir es gerne wollen."[25] Doch selbst einem Figl fiel das angesichts der sich auftürmenden Probleme im Sommer 1945 manchmal schwer, wie folgende Zeilen anschaulich machen: „Wir bemühen uns wirklich Tag und Nacht, um all die Verhältnisse, die so schwer auf unserem Volke lasten[,] zu erleichtern, und sind manchmal schon recht missmutig, dass wir unseren braven Österreichern ihre großen Sorgen nicht wesentlich erleichtern können. Aber die Hoffnung dürfen wir nicht sinken lassen. Das österreichische Volk hat schon so viele schwere und schwerste Tage hinter sich gebracht, dass es mit etwas Ausdauer und Zähigkeit gelingen wird, auch diese harte Zeit zu meistern. Kleine Fortschritte erzielen wir ja doch immer wieder."[26]

Spannungen innerhalb der ÖVP-Führung

Am 19. August 1945 fand in Wien ein von den Sowjets groß in Szene gesetztes Ereignis, die Enthüllung des binnen weniger Monate errichteten Heldendenkmals auf dem Schwarzenbergplatz, statt. Abordnungen der anderen Alliierten waren genauso erschienen wie sämtliche Vertreter des österreichischen öffentlichen Lebens.[27] Die Alliierten waren mit Kamerateams vertreten, die österreichischen Zeitungen berichteten in großer Aufmachung. Auf Wunsch der Sowjets sollten bei dieser Gelegenheit nicht nur Staatskanzler Karl Renner, sondern auch die anderen Parteienvertreter im Politischen Kabinettsrat Ansprachen halten.[28] Die Angelegenheit war angesichts des Rufs, den die russischen Besatzer mittlerweile in der österreichischen Öffentlichkeit hatten, durchaus heikel. Bei dieser Gelegenheit sollte sich der untrügliche po-

Staatskanzler Karl Renner und Leopold Figl bei der Enthüllung des sowjetischen Denkmals am Schwarzenbergplatz am 19. August 1945. Links hinter Figl der Staatssekretär für Justiz, Josef Gerö.

litische Instinkt Figls bewähren. Vor ihm sprach Karl Renner. Seine Ansprache geriet, wie öfters den Sowjets gegenüber, zu einer schwülstigen Eloge, in der er von „den kühnen Heldentaten der Sowjetarmee“ sprach und die „heilige Opferbereitschaft der Sowjetsoldaten und die meisterhafte Führung ihres Generalissimus Stalin“ nicht genug loben konnte.[29] Figl, der gleich nach ihm ans Rednerpult trat, verschob den Akzent seiner Ausführungen in eine andere Richtung. Er wandte sich weit weniger an die in großer Zahl erschienenen sowjetischen Generäle als an die tausenden Wienerinnen und Wiener, die zur Zeremonie auf den Schwarzenbergplatz gekommen waren. Er sprach vom Glauben an Österreich, der in den Jahren des „Hitlerbarbarismus“ in der Bevölkerung lebendig geworden sei. Ausdrücklich nannte er nicht nur die Rote Armee, sondern die Soldaten aller alliierten Armeen, denen die Österreicher ihre wiedergewonnene Freiheit zu verdanken hätten. Zugleich betonte er aber auch den Widerstandswillen derer, die wie er selbst in den Konzentrationslagern schmachten mussten, sowie den Beitrag jener Österreicher, die mit der Waffe in der Hand am Kampf gegen den Nationalsozialismus einen Anteil hatten. So interpretierte er das Denkmal nicht nur als Ausdruck des Zeichens des „Dankes gegenüber unseren Befreiern“, sondern auch als „Rufer und Mahner zur Einheit Österreichs“. Es war eine ausgewogene und patriotische Ansprache, die Figl hielt. In ihrer Tonalität hatte sie sich deutlich von jener Renners abgehoben. Und er hatte die Stimmungslage innerhalb der Bevölkerung, die zu diesem Zeitpunkt den Sowjets gegenüber bereits einen Tiefpunkt erreicht hatte, weit besser getroffen, ohne dabei der Besatzungsmacht gegenüber einen Affront zu begehen.[30] Das Ereignis hatte einmal mehr dafür gesorgt, dass sich der Name Figl mehr und mehr herumzusprechen begann.

Noch etwas war an der Ansprache Figls bemerkenswert. Erstmals in einer großen Rede erklärte er mehrfach, namens der Österreichischen Volkspartei zu sprechen. Daran wurde ein anderes Problem sichtbar, nämlich die immer drängender werdende Frage der Parteiführung. Denn Figl war zwar Spitzenrepräsentant der ÖVP in der Staatsregierung, die Führung der Volkspartei lag allerdings in anderen Händen. Kunschak fungierte nominell weiterhin als Spitzenrepräsentant der neuen Partei. Er hatte im Gegensatz zu den Jüngeren durch seine bereits in die Zeit Luegers zurückreichende mehr als 50-jährige Tätigkeit als Politiker über einen großen Bekanntheitsgrad bei breiten Kreisen der Bevölkerung verfügt. Kunschak, der in seiner Lebensführung bescheiden und nie in Skandale verwickelt war, erfreute sich großen Ansehens in weiten Kreisen. Er war auch für die Sozialdemokratie akzeptabel, hatte er sich doch während der Regierung Dollfuß als Kopf der christlichen Arbeiterbewegung bis zuletzt für eine Verständigung eingesetzt und noch kurz vor dem Ausbruch der Februarkämpfe des Jahres 1934 in einer Rede im Wiener Gemeinderat zur Versöhnung aufgerufen. Innerhalb des Regierungslagers war er der eindeutigste Antipode der Heimwehr und er setzte sich auch nach dem Februar 1934 immer wieder für eine Öffnung nach links ein. Insgesamt war es ihm von 1934 bis 1938 gelungen, gegenüber dem Regierungskurs in einer gewissen, wenngleich loyalen Distanz zu verharren. Das hatte ihn im April 1945 für die Sozialdemokraten zu einem idealen Ansprechpartner gemacht. Über seinen Antisemitismus in der Zwischenkriegszeit war man nur allzu gerne bereit hinwegzusehen, hatten antisemitische Äußerungen doch auch zum rhetorischen Repertoire zahlreicher Sozialdemokraten gezählt.

Doch Kunschak hatte von Anbeginn an keinen Zweifel daran gelassen, nicht mehr an vorderster Stelle in die Politik zurückkehren zu wollen. Er selbst hatte sich bloß als die „Fahne" der neuen Partei bezeichnet.[31] Darunter verstand er, dass sich rund um diese allen bekannte „Fahne" seiner Person ihre Anhänger scharen sollten. Kunschak selbst hatte es – wie bereits dargelegt – abgelehnt, in die Provisorische Regierung einzutreten, und sich mit einer Funktion in der Wiener Landesregierung als Vizebürgermeister begnügt. Er hatte schon in der Zwischenkriegszeit in der Rathauspolitik mitgemischt.

Erklärbar wird das Verhalten Kunschaks, wenn man seine Konstitution berücksichtigt. Er wurde in der zweiten Jahreshälfte 1945 75 Jahre, war also gleich alt wie Renner. Doch während Renner vor Vitalität sprühte, war Kunschak in seiner ganzen Erscheinung ein alter, schon etwas gebrechlich wirkender Mann geworden.[32] Schon deshalb war wohl an eine Rückkehr ins volle politische Tagesgeschäft ganz an der Spitze nicht mehr denkbar.

Neben Kunschak war Hans Pernter im April 1945 zum geschäftsführenden Obmann der Partei gewählt worden. Pernter war nie christlichsozialer Mandatar gewesen. Er hatte vielmehr eine Beamtenlaufbahn im Unterrichtsministerium hinter sich, war dort Sektionschef, ehe er 1934 von Schuschnigg zum Staatssekretär und 1936 zum Unterrichtsminister berufen wurde. Von Mai 1938 bis Oktober 1940 war er in KZ-Haft,[33] danach hatte er Kontakte mit Figl, Hurdes und Weinberger im Zusammenhang mit der Neugründung der späteren Volkspartei. Mit Figl kam er im Oktober 1944 ins KZ Mauthausen. Am 6. April 1945 wurden sie gemeinsam aus dem Landesgericht entlassen, wo auch Pernter seinem Prozess vor dem Volksgerichtshof und damit seiner Verurteilung zum Tod entgegengezittert hatte. Wie Kunschak war Pernter, im Gegensatz zu Figl, Hurdes oder Weinberger, eine Person, die auf Grund ihrer früheren Ministerfunktion zumindest bei politisch Interessierten bekannt war. Durch die Nationalsozialisten schwerst verfolgt, war er herzeigbar und zugleich für Bürgerliche ein Signal, dass sich die neu gegründete Partei zwar ganz anders definierte, aber nicht in einem politischen Gegensatz oder gar als Abrechnung mit dem Dollfuß/Schuschnigg-Regime zu sehen war. Dies war schon aus folgendem Grund wichtig: Zumeist ohne Wissen um die Vorgänge in Wien hatten in vielen Gemeinden, Bezirken und auch auf der Ebene der Länder ehemalige Politiker aus den Jahren 1934–38 wieder begonnen, sich zu engagieren.

Pernter war allerdings von der KZ-Haft gesundheitlich mitgenommen. Und er war letztlich kein in einer Demokratie erprobter Politiker. Es fehlte ihm an Außenwirkung. Der scharfe Beobachter Josef Schöner hielt schon Anfang Mai 1945 in seinem Tagebuch fest: „[...] der zum Parteiführer gemachte Pernter ist ein müder, kranker Mann, Bürokrat ohne Widerhall im Volk und Energie, nur durch den Märtyrerruhm gestützt."[34] Pernter und die anderen älteren Männer, zu denen auch Heindl und Buchinger zu zählen waren, verkörperten nicht den Aufbruch und Neubeginn der ÖVP. An der Spitze der Partei drohte ein Machtvakuum zu entstehen. Das Fehlen einer führenden Persönlichkeit begann sich auch in den Augen politischer Beobachter ungünstig für die Partei auszuwirken.[35]

Figl und Raab war dieses Manko wohl bewusst. Auch wenn Pernter und Figl die letzten, dramatischen Monate Zellengenossen im Landesgericht waren und sie alle drei, Figl, Pernter und Raab, der Norica, also derselben CV-Korporation angehörten, war Figl sich darüber im Klaren, dass Pernter à la longue nicht an der Parteispitze bleiben konnte.

Daneben bestand aber ein weiteres Problem, das angegangen werden musste und noch mehr unter den Nägeln brannte: die Vereinigung mit den sich bildenden Parteigruppierungen in den westlichen Bundesländern. Denn Kontakte bestanden anfangs nach wie vor nur über Wien und Niederösterreich hinausgehend in das Burgenland sowie in die bis zum Sommer 1945 russisch besetzte Steiermark. Was sich in den Zonen der Westmächte tat, wusste man nur bruchstückhaft. Eine erste Kontaktaufnahme war durch die Mission Braunsteiners geglückt. Im Laufe des Sommers gelang es Figl endlich, erstmals in die Westzone zu gelangen. Wann genau, ist fraglich. Manche Autoren sprechen vom 23. Juni 1945, was aber aus verschiedenen Gründen als nicht ganz schlüssig erscheint.[36]

Jedenfalls ging es darum, das Konzept der neu gegründeten Volkspartei den Landesparteien vorzustellen und sie unter dem Dach der in Wien gegründeten Gesamtpartei zu vereinen. Dabei stießen die Wiener auf eine gewisse Zurückhaltung insoweit, als Figl, Raab und Weinberger eben auch Angehörige der Provisorischen Staatsregierung Renner waren. Und dieser gegenüber herrschte in den westlichen Bundesländern nach wie vor eine gehörige Portion Skepsis nicht nur bei den sich formierenden Landesparteien, sondern auch bei ihren amerikanischen, britischen und französischen Besatzern. Die westlichen Ländervertreter kamen bei einem Treffen am 29. Juli 1945 in Salzburg überein, untereinander weiter im Gespräch zu bleiben und in Salzburg ein sogenanntes „Generalsekretariat West“ zu etablieren, das vorderhand gewisse Koordinationsaufgaben für die ÖVP-Landesorganisationen in den von den Westmächten besetzten Bundesländern übernehmen sollte.[37] Ein nächstes Treffen in Salzburg wurde für 19. August 1945 einberufen. Es sollte sich für diese Zusammenkünfte die Bezeichnung „ÖVP-Länderkonferenzen“ einbürgern.

Dass es inhaltlich keine allzu großen Differenzen gab, was die Ausrichtung der neuen Partei betraf, zeigt ein Memorandum Karl Grubers vom 25. Juli 1945. Darin spricht er bereits von der Österreichischen

Volkspartei, „die wahrscheinlich die Gesamtorganisation aller jener Österreicher sein wird, die die Anerkennung der traditionellen Lebens- und Wirtschaftsformen mit dem Gedanken einer gesunden, fortschrittlichen Entwicklung verbinden wollen [...]", und setzte fort: „Noch sind die Diskussionen voll im Gange und Programm und Führung nicht entschieden, aber es kann heute schon gesagt werden, dass die Kräfte rege sind, die für eine Erneuerung der österreichischen Politik maßgeblich sein werden."[38] In seinem Exposé hatte Gruber die programmatischen Grundsätze, die Figl, Raab, Hurdes und Weinberger entwickelt hatten, bereits über weite Strecken vertreten, etwa wenn er sich zur christlichen Grundausrichtung der Partei bekannte, zugleich aber deren überkonfessionellen Charakter befürwortete. Dies fiel ihm deshalb nicht schwer, als sich die in den „Programmatischen Leitsätzen der ÖVP" festgelegte neue Programmatik der Partei über weite Strecken mit Grubers Vorstellungen deckte. Ganz unabhängig von den Wienern hatte er seine Überlegungen schon im Jahr 1940 in einem Manuskript mit dem programmatischen Titel „Politik der Mitte" zusammengefasst. Sie waren dann über weite Strecken in Grubers „Staatspartei" eingeflossen. Es war eine Absage an politische Radikalismen jeder Art mit einer pointiert antikommunistischen Schlagseite, aber auch eine klare Distanzierung vom politischen Katholizismus der Zwischenkriegszeit. Gruber wandte sich an alle, „die wahrhaft demokratisch denken und handeln, jede Diktatur ablehnen, den Klassenkampf aufgeben und das religiöse Bekenntnis außerhalb des politischen Kampfs stellen".[39] In vielleicht etwas anderen Worten, aber mit gleichem Inhalt hätte diese Formulierung auch aus einer Rede Figls im Sommer 1945 stammen können.

Es lief also schon Ende Juni alles in Richtung jenes Konzepts, das die Parteiführung in Wien formuliert hatte. Was zu tun blieb, war, die Vorbehalte gegenüber der Provisorischen Staatsregierung auszuräumen. Spätestens Anfang Juli war sich Figl mit Staatskanzler Renner darüber einig, dass eine Länderkonferenz nach Wien einberufen werden sollte. Auch der Staatskanzler war sich darüber im Klaren, dabei eine „Rekonstruktion des Kabinetts vorzunehmen, dass auch die Länder zufrieden sind".[40] Renner, der noch keine Gelegenheit gehabt hatte, sich von der politischen Lage in den von den Westmächten besetzten Bundesländern persönlich ein Bild zu machen, war auf Berichte von Vertrauenspersonen angewiesen. Auf Grund der ihm zugegangenen Nachrichten hegte er insbesondere gegenüber den Vorgängen in Tirol und der Person

Karl Grubers Vorbehalte. Schon der Umstand, dass in Tirol ein aus seiner Sicht vergleichsweise blutjunger Mann, noch dazu aus dem Widerstand, an der Spitze der Landesregierung stand, passte nicht in sein Schema, bevorzugte er es doch, mit aus seiner Sicht berechenbaren Politikern, die bereits auf Erfahrung in der Ersten Republik zurückblicken konnten, zusammenzuarbeiten. Der Umstand, dass man von Gruber wusste, dass er in seiner Jugend bei den „Roten Falken" war, machte die Sache in den Augen Renners wohl noch suspekter, ließ sie Gruber doch als einen Renegaten erscheinen.[41] Insofern stand Renner Gruber nicht nur mehr als kritisch gegenüber, sondern schien auch für Meldungen empfänglich zu sein, die davon sprachen, dass sich in Salzburg oder Innsbruck eine Gegenregierung bilden würde, wobei stets Gruber als treibende Kraft genannt wurde.[42]

Gruber selbst hatte längst nicht so weitreichende Ambitionen. Ihm ging es im Kern von Anfang an darum, die Zusammensetzung der Regierung sowohl im Hinblick auf die ihr angehörenden Persönlichkeiten als auch auf das Stärkeverhältnis der Parteien untereinander zu verändern. Konkret strebte er eine prozentuelle Zusammensetzung an, die dem Verhältnis 50 zu 50 zwischen linksgerichteten und bürgerlichen Kräften entsprechen sollte. Mit der Person Renners als Staatskanzler konnte Gruber hingegen leben. Er vermied es aber bewusst, dies Renner gegenüber zu kommunizieren.[43] Zur Vorbereitung der ersten ÖVP-Länderkonferenz in Salzburg vom 29. Juli 1945 traf er sich am 8. Juli 1945 mit dem Salzburger Landeshauptmann Schemel. Interessant in diesem Zusammenhang ist, dass Gruber damals noch nicht einmal Mitglied der Volkspartei in Tirol war, sondern nominell noch immer der von ihm gegründeten Staatspartei angehörte.[44] Dennoch gelang es ihm, bei diesem Treffen die Rolle eines „Sprechers der westlichen Bundesländer" einzunehmen und damit die ersten Voraussetzungen für seinen Sprung in die Regierung zu schaffen.[45] Gruber führte dann auch das große Wort bei der ÖVP-Länderkonferenz am 29. Juli. Figl war zwar als Vertreter Niederösterreichs eingeladen, aber nicht gekommen. Es erwies sich auch nicht als notwendig.[46]

„Reichsparteiobmann" der ÖVP

Es war der Parteiführung um Pernter und Hurdes nicht entgangen, dass Raab und Figl mit beträchtlichem Erfolg dabei waren, in ihrem Wirkungsbereich die Partei entlang der bündischen Strukturen aufzubauen.[47] Insbesondere Pernter wollte nicht akzeptieren, dass seine Stellung als Parteichef von Raab und Figl mehr und mehr ausgehöhlt wurde.[48] Die beiden ließen sich davon nicht beirren, wobei vor allem Figl der Umstand zugutekam, dass er durch seine Exekutivfunktionen als Landeshauptmann und Staatssekretär über ganz andere Möglichkeiten verfügte als Pernter, der kein Regierungsamt bekleidete. Figl hatte über den Sommer in der Öffentlichkeit, zumindest in der russischen Zone, deutlich an Statur gewonnen. Vor allem die Art und Weise, in der er sein Amt als Landeshauptmann von Niederösterreich ausübte, machte Eindruck. Seine geschickte Art, die anderen Parteien stets einzubinden und gemeinsam mit seinen beiden Stellvertretern in der Öffentlichkeit aufzutreten, blieb nicht unbemerkt; „[...] er ist klug genug, sie gerade zu den unangenehmsten Entscheidungen heranzuziehen und bei peinlichen Sachen vorzuschicken, ohne daß sie sich gegen diese ‚Abnützung' wehren könnten, wenn sie ihnen überhaupt bewusst wird", notierte Josef Schöner in seinem Tagebuch.[49] Was Wunder also, dass der Name Figl immer öfter als künftiger Bundeskanzler genannt wurde, für den Fall, dass die ÖVP aus den ersten Wahlen als Sieger hervorgehen würde.

Während, wie gesagt, Raab und Figl in ihrem Einflussbereich im Osten des Landes die Partei bereits streng nach bündischen Strukturen organisiert hatten, war diese Frage in den westlichen Bundesländern noch offen. Zwar hatten sich vor allem die Bauern in fast allen Bundesländern schon eigenständig organisiert, doch war dort die Organisation der Partei selbst noch offen. Die Existenz der Bünde an sich war fast überall ein Faktum, zu klären war allerdings noch, in welchem Verhältnis sie zur Gesamtpartei stehen sollten. Dies sollte auch bei den beiden ersten parteiinternen Länderkonferenzen in Salzburg deutlich werden.[50] Es ging um die Frage der Eigenständigkeit der Bünde gegenüber der Partei. Sollte der Gesamtpartei eine eindeutige Priorität gegenüber den Bünden zukommen oder sollte diese eher nur eine Dachorganisation sein, wo es auf oberster Ebene zu einem Interessenausgleich kommt, während die organisatorische und inhaltliche Arbeit von den Bünden getragen wird? Bei den beiden Salzburger Treffen, weder Figl noch Raab nahmen an diesen teil, waren Stimmen laut geworden, die die Bünde zurückdrängen wollten.[51] Auch in der Wiener Landesorganisation der ÖVP gab es diesbezügliche Strömungen.[52] Figl und Raab blieb dies nicht verborgen.

Vor der dritten parteiinternen Länderkonferenz musste daher inner-

Sitzung des ÖVP-Parteivorstandes nach der Übernahme der Obmannschaft durch Leopold Figl im Herbst 1945 im Sitzungssaal der Niederösterreichischen Landesregierung: Edmund Weber, Hans Pernter, Felix Hurdes, Lois Weinberger, Leopold Figl, Raoul Bumballa, Julius Raab, Ferdinand Graf und Franz Latzka (v. l.)

halb der Parteiführung im Osten Klarheit geschaffen werden. Dies betraf sowohl die Frage, nach welchem Modell der weitere organisatorische Aufbau der Partei erfolgen sollte, als auch die personelle Zusammensetzung der Parteiführung. Am 7. September 1945 war es so weit: Pernter musste als Parteichef gehen, an seiner Stelle wurde Figl zum „Reichsparteiobmann“, wie es anfangs noch hieß, gewählt. Das Revirement an der Parteispitze verlief „nicht ganz schmerzfrei“, wie Lois Weinberger retrospektiv einräumte.[53] Zugleich setzten sich Figl und Raab mit ihrem bündischen Konzept auf ganzer Linie durch. Die Parteistruktur war völlig auf die Dominanz der Bünde abgestimmt. Nunmehr hieß es: „Die OeVP gliedert sich in die großen organisatorisch, wirtschaftlich und finanziell selbständigen Bünde, sämtliche mit eigener Rechtspersönlichkeit und eigenem Vereinsstatut [...].“[54] Parteimitglied wurde man im Wege der drei Bünde. Das Parteipräsidium als höchstes Organ bestand aus den drei Bündeobmännern, dem Generalsekretär sowie zwei weiteren vom Parteivorstand gewählten Mitgliedern, auch in den Präsidien der Landesparteien war das bündische Prinzip verankert.[55] Um das bündische Prinzip als Konstituante der Partei auch nach außen zu demonstrieren, wurden neben dem Bauernbündler Figl als Parteiobmann für den ÖAAB Weinberger und für den Wirtschaftsbund Raab zu Stellvertretern des

Obmannes, genauso wie Raoul Bumballa als Vertreter des Widerstandes. Kunschak wurde zum „Präsidenten" der Partei gewählt. Dabei handelte es sich um eine Ehrenfunktion, verbunden lediglich mit Sitz und Stimme in den Spitzengremien, aber ohne exekutive Kompetenzen. Hurdes blieb Generalsekretär. In den Parteiapparat zogen aber die beiden engsten Figl-Vertrauten Ferdinand Graf als „Hauptreferent für Organisation" und Edmund Weber als „Hauptreferent für Presse" ein. Beide nahmen sofort das Heft fest in die Hand. Als sie drei Tage später abends in der Wohnung Figls zusammensaßen und auf den neuen Parteiobmann anstießen, notierte Edmund Weber – er sprach von Figl, Graf und sich als „Terzett" – im Gästebuch: „Was auch noch in Zukunft unser Ziel sein mag, wie auch in Hinkunft der Weg dorthin uns führen mag, eines bleibt sich gleich, unsere Parole ‚Österreich'".[56] Die „Parole Österreich", das sollte dann eines der Schlagwörter des von den dreien konzipierten Wahlkampfes werden. Sie hieß nichts anderes, als dass man in der patriotisch geführten Wahlkampagne die ÖVP zum Synonym für das wiedererstandene und nach vorne blickende Land machte.

Nach außen hin wurde der Wechsel an der Parteispitze so dargestellt, dass nun, nach Abschluss des organisatorischen Aufbaus der ÖVP, der Zeitpunkt gekommen sei, das bisherige Provisorium der Parteileitung zu beenden. Deshalb habe man die Neuwahl des Präsidiums abgehalten.[57] Bei den Anhängern und Sympathisanten der ÖVP kam der Wechsel wohl ganz gut an.[58] Es schien naheliegend zu sein, jenen Mann, der das Sprachrohr der Partei in der Regierung war, zum Obmann zu machen. Dies war mittlerweile auch bei SPÖ und KPÖ so.

Für die Amerikaner war das Revirement an der Parteispitze ein Signal in zweierlei Hinsicht. Sie bewerteten den Umstand, dass mit Figl nun nicht mehr ein ehemaliges Regierungsmitglied unter Schuschnigg Parteichef war und der als bürgerlich-liberal geltende Bumballa stellvertretender Parteiobmann wurde, als eine weitere Abgrenzung der Partei zu ihren Vorgängern in der autoritären Periode. Das war ein aus ihrer Sicht beruhigendes Signal, wenn auch letzte Zweifel bezüglich der demokratischen Kohärenz der Partei noch immer bestanden. Darüber hinaus bedeutete aus ihrer Sicht aber das Avancement des knapp 43-jährigen Figl gegenüber dem fast auf den Tag genau fünfzehn Jahre älteren Pernter eine weitere Verjüngung der Partei.[59] Auch die Franzosen bewerteten die Ereignisse positiv und sprachen von einer wichtigen Neugestaltung. Es seien nun der demokratische Charakter der Partei in den Vordergrund getreten und die Voraussetzungen geschaffen, dass die ÖVP eine Partei der kleinen Leute werden könne. Aufmerksam registrierten die Franzosen, dass es sich bei so gut wie allen Personen an der Parteispitze um ehemalige, von den Nationalsozialisten verfolgte KZ-Häftlinge handelte.[60]

Kehren wir noch einen Moment zum anfänglichen offiziellen Titel Figls als Parteichef, der etwas antiquiert „Reichsparteiobmann" lautete, zurück: Der Begriff war noch ganz der politischen Terminologie der Zwischenkriegszeit verhaftet. Dort war das „Reich", anknüpfend an das alte Österreich der Habsburgermonarchie, noch ständig präsent gewesen, von der „Reichspost" bis zum „Reichsbauernbund" und vielen anderen Bezeichnungen und Titeln. Vielleicht war man wohl einfach aus alter Gewohnheit dabei geblieben, obwohl es Stimmen gab, die darauf hinwiesen, dass dies nunmehr, nach dem nationalsozialistischen „Dritten Reich", unangebracht sei.[61] Auf die Besatzungsmächte musste die Verwendung des Begriffs daher auch befremdlich wirken. Und so ist es nicht verwunderlich, dass gerade die in diesen Dingen besonders empfindlichen Franzosen noch im September eine etwas indignierte Anfrage an die Staatskanzlei, Auswärtige Angelegenheiten richteten, wieso es denn bei der ÖVP noch immer „Reichsorgane" geben könne. Als man im Außenamt darauf hinwies, dass diese Bezeichnungen wohl aus der Ersten Republik übernommen worden seien, machten die Franzosen unmissverständlich deutlich, dass nach dem nationalsozialistischen Schrecken dieser Begriff einen anderen, für sie sehr unangenehmen Klang bekommen habe. Figl reagierte sofort. Er ließ das „Reich" aus seinem Obmanntitel blitzartig verschwinden und firmierte ab sofort als „Bundesparteiobmann".[62]

Basierend auf den personellen wie organisatorischen Weichenstellungen der ÖVP-Führung vom 7. September 1945 galt es nun, als letzten Schritt zur Neuaufstellung der Partei die westlichen Bundesländer zu integrieren. Die statutarischen Vorkehrungen zum Einbau der Ländervertreter in der Parteileitung waren bereits getroffen. In einem Leitartikel im „Kleinen Volksblatt" vom 9. September 1945 schrieb Figls publizistisches Sprachrohr Edmund Weber bereits, dass mit der Berücksichtigung der Landesparteiobmänner aller Bundesländer im Parteivorstand schon die föderative Gliederung der Partei vorweggenommen worden sei. Deren faktischer Einbau in die Partei werde „in allernächster Zeit" im Rahmen einer Länderkonferenz bevorstehen.[63] Tatsächlich ergingen nur einen Tag später die Einladungen für die „3. Bundesländerkonferenz der Österreichischen Volkspartei", zu der noch das „Generalsekretariat West" einlud.[64] Diese war für 23. September 1945 in Salzburg angesetzt.

Um die Sitzung glatt über die Bühne zu bringen, war Figl gemeinsam mit den anderen Vertretern des Wiener Führungsteams in den Tagen zuvor in die Bundesländer ausgeschwärmt, um nochmals Stimmung für die Einheit der Partei und ihre Mitwirkung im Rahmen der Regierung Renner zu machen. Gebetsmühlenartig betonten sie, dass die westlichen Bundesländer mit einer Anerkennung der Staatsregierung nicht die sprichwörtliche kommunistische Katze im Sack kaufen würden. Allerdings würde es nur mit einer geeinten ÖVP gelingen, den linken Parteien in der Staatsregierung eine machtvolle nichtsozialistische Alternative gegenüberzustellen. Umso mehr als die westlichen Alliierten die Zulassung weiterer bürgerlicher Parteien nicht ausgeschlossen hatten, unternahmen Figl und seine Kollegen alles, um genau das zu verhindern.[65] Noch kurz vor dem Treffen tat sich ein weiteres, unerwartetes Problem auf. Die Amerikaner versuchten, die Zusammenkunft am 23. September 1945 zu untersagen. Figl setzte sich über das Verbot einfach hinweg.[66] Die Konferenz fand wie geplant im Salzburger Chiemseehof, dem Sitz des Landeshauptmannes Schemel, statt. Dabei wurde Figl als Bundesparteiobmann genauso bestätigt wie die organisatorische Struktur der Partei.

Die erste Länderkonferenz

Die Salzburger Konferenz vom 23. September 1945 war zur ersten Bewährungsprobe Figls als neu gewählter Parteiobmann geworden. Die Einigung war daher auch sein erster großer politischer Erfolg in dieser Funktion – und noch mehr. Denn mit der Einigung der bürgerlichen Gruppen in den Bundesländern auf eine Partei war auch eine wichtige Voraussetzung für das Gelingen der gesamtösterreichischen Länderkonferenz und damit für die Einheit des Landes geschaffen worden. In der Resolution der Konferenz wurde unter anderem die Erweiterung der Regierung um Mitglieder aus den noch nicht vertretenen Bundesländern verlangt, eheste Neuwahlen und die Wiederherstellung der Verfassung 1929.[67]

Dem Treffen in Salzburg vorausgegangen war ein Besuch Karl Grubers mit einer Tiroler Delegation in Wien. Gruber und seine Mitstreiter trafen am 11. September in der Bundeshauptstadt ein. Ihre Anwesenheit stieß anfangs bei den Sowjets auf Widerstände, weshalb sie von den Franzosen in ihrem Hotel festgesetzt werden mussten.[68] Gruber alarmierte sofort den ihm ja bereits bekannten Figl. Mit der ihm eigenen Gabe zur Improvisation konnte dieser die Sowjets beruhigen.[69] Bei seinem Wien-Besuch kam Gruber erstmals auch mit Karl Renner zusammen und es gelang ihm, auch beim Alliierten Rat vorzusprechen.[70]

In Gesprächen mit Figl ging es sowohl um die Bildung einer einheitlichen Partei als auch um die große, gesamtösterreichische Länderkonferenz. Figl vermochte es sichtlich, Gruber für sich einzunehmen. Dieser verließ Wien mit dem Eindruck, dass „fähige Kräfte die Führung [der Partei] in Wien innehaben und mit Schwung an die Sache herangehen"[71]. Später schilderte Gruber Figl so: „Figl [...] hatte eine Eigenschaft, die sehr wertvoll war: Er hatte eine sehr gute ‚Nase'! [...] Figl hat die Hand am Puls des Wählers gehabt, was für uns sehr wichtig war."[72]

Bei diesem Zusammentreffen dürften sich Figl und Gruber auch persönlich erstmals nähergekommen sein. Immerhin hatten sie einiges gemeinsam: Beide gehörten der jungen Generation an, auch wenn der Ältere von beiden, nämlich Figl, schon über eine längere politische Erfahrung verfügte. Beide verkörperten einen Politikertypus voll von Leidenschaft und Energie. Beide besaßen ein dynamisches Auftreten und waren erfüllt von optimistischer Zuversicht. Beide hatten eine Biographie als erklärte Gegner des NS-Regimes vorzuweisen, der eine als aktiver Widerstandskämpfer, der andere als langjähriger KZ-Häftling. Letztlich verfügten beide, wenn auch in unterschiedlicher Form, über eine persönliche Aura und Ausstrahlung auf andere, die sie an sich zu binden wussten. Sicherlich war der groß gewachsene Gruber der nach außen hin schneidigere Typ, er verfügte auch über die optisch eindrucksvollere Erscheinung.[73] Figl wiederum vermochte dies durch sein impulsives Auftreten auszugleichen, sodass jeder der beiden auf seine Art eine charismatische Ausstrahlung hatte. Dazu kamen der weitgehende Gleichklang in wichtigen politischen Fragen und eine über weite Strecken gemeinsame Sicht, was die inhaltliche Ausrichtung einer modernen Volkspartei betraf. Schon bald lud Gruber Figl nach Tirol ein und unterstrich, großen Wert darauf zu legen, mit ihm in Kontakt zu bleiben.[74] Tatsächlich sollte es dann eher umgekehrt kommen. Gruber absolvierte eine größere Anzahl von Wahlveranstaltungen in der sowjetischen Zone. Sein Verhältnis zu Figl war zu diesem Zeitpunkt ein relativ enges. Jedenfalls, und das ist ein sicheres Indiz, zählte er zum Kreis jener, die Figl zu sich nach Hause einlud: „Gemeinsamer Kampf und gemeinsame Freude mit dem Bundesparteiobmann“, schrieb Gruber ins Gästebuch.[75]

Im Gegensatz zu dem manchmal entstandenen Eindruck war auch für die politischen Eliten im Westen Österreichs die Wiedergewinnung der Einheit des Landes ein vorrangiges Ziel. Was rückblickend manchem Historiker als Separatismus oder gar Abspaltungstendenzen erschien, war eher die anfängliche Skepsis gegenüber der in Wien ohne Zustimmung der Westmächte gebildeten Staatsregierung, die dem Außenstehenden ohne genaue Kenntnisse ihrer Genesis als Marionette erscheinen musste. Was den Eindruck von Abspaltungstendenzen weiter verstärkte, war, dass gewisse Entwicklungen in den westlichen Bundesländern wie etwa die ÖVP-internen Vorkonferenzen oder die für einige Wochen erfolgte Etablierung eines „Generalsekretariats West“ der ÖVP von Renner und Schärf überbewertet und bereits als Beginn der Loslösung von Wien gesehen wurden.[76] In Wirklichkeit waren das erste Schritte im Hinblick auf das Zueinanderfinden bzw. die Koordination der westlichen Bundesländer. Man suchte die Einheit und wollte durch die Hereinnahme von bürgerlichen Politikern aus den westlichen Bundesländern den überproportional starken kommunistischen Einfluss innerhalb der Provisorischen Staatsregierung eindämmen. Zur Erreichung dieses Ziels arbeiteten die westlichen Bundesländer auf eine gesamtösterreichische Konferenz hin, die die Voraussetzung für die Abhaltung allgemeiner Wahlen bilden sollte.[77] Dass Gruber Ende August in einem als Schuss vor den Bug gedachten Artikel in der Zürcher „Weltwoche“ die Wiener Regierung als durch ein „Fait accompli“ entstanden bezeichnete und davon sprach, dass diese keineswegs das ganze Land repräsentiere, weshalb sie die Bundesländer auch nicht anerkennen würden, war allerdings Wasser auf die Mühlen seiner Kritiker rund um Renner.[78] De facto handelte es sich mehr um Taktik, die auch tatsächlich dazu beitrug, den Verhandlungsspielraum der westlichen Bundesländer der Staatsregierung gegenüber zu erweitern. Denn Gruber konnte, wie gesagt, mit Renner als Regierungschef gut leben, ihm ging es aber um eine Verteilung der Regierungssitze in einem Verhältnis, das einen Gleichstand zwischen den Vertretern der Linksparteien und der ÖVP gewährleisten sollte.

Seit Mitte September stand der genaue Termin für die gesamtösterreichische und überparteiliche Länderkonferenz fest. Sie sollte am 24. September 1945 in Wien beginnen.[79] Vom Zeitablauf her war es für Figl günstig, dass die alles entscheidende parteiinterne Vorkonferenz nur einen Tag vor Beginn der eigentlichen Länderkonferenz stattfand.[80] Einmal mehr erwies er sich dabei als gewiefter Taktiker, schuf er doch so die Grundlage für das geeinte Auftreten der Volkspartei bei der Länderkonferenz. Denn noch mehr als von der Frage der Zukunft der Partei waren die Parteikonferenzen und informellen Treffen von ÖVP-Vertretern aus der russischen und den westlichen Besatzungszonen von der Frage nach der Zukunft des Landes geprägt. Beeinflusst von der Haltung der westlichen Alliierten war es nicht einfach, die Vorbehalte der westlichen Bundesländer gegen die Staatsregierung in Wien auszuräumen. Die Tatsache, dass es seit dem Sommer für die führenden Politiker der ÖVP möglich war, über die Demarkationslinien hinweg direkte Gespräche und Verhandlungen zu führen, bildete eine wesentliche Voraussetzung für die schlussendliche Einigung.

Als Ort der Länderkonferenz war der Sitzungssaal des Niederösterreichischen Landhauses festgelegt worden, also jener Platz, an dem auch die erste Länderkonferenz des Jahres 1918 stattgefunden hatte. Damit fungierte Figl als „Gastgeber“. Den Ablauf bereitete Staatskanzler Renner penibel und professionell vor. Er war sich darüber im Klaren, dass der Konsens innerhalb der Regierung eine unabdingbare Voraussetzung für das Gelingen des Treffens bildete. Denn wenn die Vertreter der Bundesländer den Eindruck gewännen, die Regierungsfraktion der ÖVP würde durch die beiden Linksparteien majorisiert, war ein Scheitern unausweichlich. Insoweit war aus Renners Sicht das Einvernehmen mit Figl einer der Schlüssel zum Erfolg. Im Politischen Kabinettsrat hatte er mit Figl, Schärf und Koplenig den Ablauf und die Szenarien in zwei Sitzungen im kleinen Kreis durchbesprochen.[81] Am 19. September 1945 wurde in der Sitzung der Staatsregierung die Konferenz genau durchgegangen. Die Verhandlungen sollten nach einer Eröffnungssitzung in drei Kommissionen, der politischen, der juridischen und der ökonomischen Kommission, stattfinden. Von Anfang an war klar, dass in der politischen Kommission die eigentlich brisanten Themen, wie die Erweiterung der Staatsregierung oder die Abhaltung von Wahlen, verhandelt werden würden. Was die politische Linie anlangte, so gab Renner, wohl mit Figl abgesprochen, eine selbstbewusste Richtung vor. Vor allem sollte die Regierung zu keinem Zeitpunkt die Kontrolle über den Konferenzverlauf verlieren. Die Befürchtung ging dahin, dass eine Eigendynamik der Beratungen dazu führen könnte, dass die Konferenz begänne, sich die Rolle einer Konstituante anzueignen und die Staatsregierung insgesamt in

Frage zu stellen. Um das zu vermeiden, verstand es Renner geschickt, ihr den Charakter einer Enquete und nicht eines Parlaments zu geben.[82] Die Regierung sei durch die drei Parteien ausreichend legitimiert und nicht durch eine auswärtige Regierung eingesetzt worden, schärfte der Staatskanzler seinen Regierungsmitgliedern nochmals ein. Es ist interessant, dass auch Renner an diesem Punkt seiner Ausführungen mehrfach in die Terminologie des alten Österreich zurückfiel. Er sprach so, als wollte er die Legitimität der Parteien von ihrer historischen Kontinuität ableiten, von „Reichsparteien", deren Vorsitzende das Recht hätten, „für die ganze Partei des Reiches zu handeln"[83]. Da es sich als unmöglich erwiesen hätte, das alte Parlament einzuberufen oder sofortige Wahlen abzuhalten, würden sich die drei vorhandenen Parteien zu Recht als die legitimen Vertreter des Volkes betrachten. Renner verwies weiters darauf, dass seine Regierung eine beachtliche Leistungsbilanz vorlegen könne. Schließlich wollte er sich auf die Unabhängigkeit des Kabinetts als „Einvernehmensregime" berufen. Aus seinen Darlegungen wurde deutlich, dass er nicht bereit war, der Länderkonferenz die Rolle eines Parlaments einzuräumen, dem wohl auch die Entscheidung über eine allfällige Abberufung der Regierung zugekommen wäre. In seinem Verständnis hätten nur die drei Parteien das Recht gehabt, die Regierung abzuberufen.[84]

Die Befürchtungen Renners werden vor dem Hintergrund plausibler, dass Gruber schon Ende Juni in einem Memorandum an den Innsbrucker Militärgouverneur eine Konferenz der Länder zur Neukonstituierung der bestehenden Regierung vorgeschlagen hatte und dadurch bei den Amerikanern der Eindruck entstanden war, dass Gruber eine Art Gegenregierung zum Renner-Kabinett einrichten wollte. Da dies auch den Sozialisten zu Ohren kam, nahm für sie die „Gefahr aus Innsbruck" den Charakter einer unkalkulierbaren Bedrohung an.[85]

Dass auch im Herbst 1945 noch viel von Improvisation abhing, sollte sich zu Beginn der Länderkonferenz zeigen. Die Delegierten aus den westlichen Bundesländern schafften es nicht, rechtzeitig nach Wien zu kommen. Ein Flugzeug der Amerikaner, das sie von Salzburg nach Wien bringen sollte, musste wegen eines Unwetters umkehren.[86] Erst am Abend waren die meisten Delegierten im Landhaus versammelt und Staatskanzler Renner konnte die Konferenz nicht wie geplant um drei Uhr nachmittags, sondern erst kurz vor halb sieben Uhr am Abend eröffnen.[87] Nach ihm formulierte Figl in seiner Begrüßung als „Hausherr" einen leidenschaftlichen Appell zur Einheit: „[...] wenn dieses Österreich wieder erstehen soll [...] dann gibt es nur eines: Zusammenhalten, Zusammenstehen und Zusammenarbeiten."[88] Er beschwor den Erfolg der Konferenz und agierte die folgenden drei Tage in diesem Sinne. Man müsste eigentlich sagen, die folgenden drei Tage und drei Nächte. Denn es waren wieder einmal Tage, in denen Figl kaum Schlaf fand. Dauerten schon die politischen Verhandlungen bis spät in den Abend, so unternahmen Figl und Raab dann noch in informellen Gesprächsrunden alles, um ihre Parteifreunde zum Einlenken zu bewegen. Es war dann meist vier Uhr früh, bis man auseinanderging.[89] Für Figl war die Konferenz in mehrerlei Hinsicht ein Wechselbad der Gefühle. Sie brachte genauso ein herzliches Wiedersehen mit manch altem Bekannten aus den Jahren vor dem Anschluss, wie sie zu einem zähen Ringen um die teils diametral entgegengesetzten Standpunkte wurde. Figl stand genau in der Mitte. Auf der einen Seite war er einer der führenden Köpfe der Staatsregierung, auf der anderen Seite musste er als Parteiobmann danach trachten, dass die Forderungen der westlichen Bundesländer, deren führende Männer ja durchwegs der ÖVP angehörten, Berücksichtigung fanden.

Genau zwischen diesen beiden Polen schwankte der Verlauf der Länderkonferenz aus ÖVP-Sicht. Auf der einen Seite war man sich über den Grundsatz, an der politischen Einheit des Landes unter allen Umständen festhalten zu wollen, in allen Vorkonferenzen einig gewesen. Auf der anderen Seite war es vor allem der geschickt taktierende Karl Gruber, der den Verhandlungsspielraum auf das Äußerste ausreizte und in seiner draufgängerischen Art offen drohte, die Konferenz platzen zu lassen. In diesem Punkt war es auch für Figl schwierig bis unmöglich, Gruber zu kontrollieren. Es war jedenfalls mehr als ein geschickt abgekartetes Doppelspiel zwischen den ÖVP-Vertretern aus den sowjetisch kontrollierten östlichen Bundesländern und jenen des Westens. Umgekehrt war es Figl natürlich nicht unrecht, wenn die Vertreter der westlichen Bundesländer massiv Druck in Richtung einer Regierungsumbildung zugunsten der ÖVP machten. Insofern hatte er, wie es der damalige Mitarbeiter Grubers Fritz Molden in einer bildhaften Sprache formulierte, „ein bisschen unter dem Rock des Westens Schutz gesucht"[90].

Renner regte zwei neue Staatsämter an, eines für Verkehr und eines für Vermögenssicherung.[91] Figl und Gruber als Wortführer der ÖVP lehnten dies ab, da die Zuständigkeiten für die beiden Ressorts aus den der ÖVP zugehörigen Ressorts, vor allem aus dem Handelsministerium gekommen wären. Im Gegenzug beanspruchten sie für die ÖVP ein zu schaffendes Staatsamt für Äußeres sowie das Staatsamt für Inneres, wo der kommunistische Staatssekretär Honner ausgewechselt werden sollte.[92] Außerdem sollte eine aus allen Parteien zusammengesetzte Wahlkommission unter dem Vorsitz eines ÖVP-Unterstaatssekretärs gebildet werden. Die Frage der Besetzung des Innenministeriums hatte sich ab einem bestimmten Zeitpunkt zum Knackpunkt der gesamten Konferenz entwickelt. Die Vertreter aus den westlichen Bundesländern, denen hierbei die Westmächte massiv den Rücken gestärkt hatten, wollten ausdrücklich keinen Kommunisten mehr mit diesem gerade im Hinblick auf die Abhaltung der anstehenden Wahlen zentralen Ressort betraut wissen.[93] Auf der anderen Seite reagierten die Vertreter der KPÖ empört auf das Verlangen, ihnen das Innenressort wegnehmen zu wollen. Sie wurden von der SPÖ unterstützt. Unumwunden drohten die kommunistischen Delegierten, die Sowjets würden eine so weitgehende Verschiebung des politischen Koordinatensystems nicht akzeptieren. Am Abend des 25. September 1945 waren die Beratungen an einem toten Punkt angelangt.[94] Eine Abreise der westlichen Vertreter ohne eine Einigung stand jedenfalls drohend im Raum. Schließlich waren es in erster Linie die Oberösterreicher, vor allem der Linzer Bürgermeister und konsensorientierte Sozialist Ernst Koref, die entscheidend dazu beitrugen, zwischen den Polen Renner und Gruber einen tragfähigen Kompromiss zustande zu bringen. Die starre Haltung Grubers hatte aber immerhin dazu geführt, dass Sozialisten und Kommunisten weitergehende Zugeständnisse machen mussten als vorgehabt. Die Regierung wurde um Schumy als Staatssekretär (der wiederum je einen sozialistischen und kommunistischen Unterstaatssekretär erhielt) sowie die von der ÖVP gestellten Unterstaatssekretäre Ernst Winsauer, Josef Sommer und Karl Gruber erweitert. Alle Genannten waren Vertreter der westlichen Länder. Weniger Auseinandersetzungen hatte es um andere zentrale Forderungen, die von der ÖVP gestellt wurden, gegeben: Der bundesstaatliche Aufbau des Landes entsprechend der Verfassung in der novellierten Form des Jahres 1929 wurde bestätigt und als Wahltag der 25. November 1945 fixiert.

Der Kompromiss in der Frage des Innenministeriums bestand schließlich darin, dass Honner zwar Staatssekretär für Inneres bleiben durfte, die Abhaltung der Wahlen aber einem eigenen Unterstaatssekretär übertragen wurde. Dies wurde ein ÖVP-Mann, nämlich der routinierte oberösterreichische Verwaltungsbeamte Josef Sommer. Er sollte als Garant fungieren, dass die Wahlen frei und ohne Beeinflussung von sowjetischer Seite vor sich gehen konnten.

Am Ende der Länderkonferenz konnten sich beide, Figl und Renner, als Sieger fühlen. Selbst für die Kommunisten war die Konferenz gesichtswahrend ausgegangen, wenn sie auch Teile ihrer Machtposition im Innenressort abgeben mussten.[95] Die Regierung wurde nunmehr von allen Bundesländern vorbehaltlos anerkannt. Dafür hatte die ÖVP mit Ausnahme zweier Unterstaatssekretäre alle neuen Regierungsposten erhalten, womit sich auch die Länder der westlichen Zone in der Regierung entsprechend vertreten fühlten. In der für Renner so prestigeträchtigen Frage der Außenpolitik hatte man ebenfalls einen Kompromiss gefunden. Die Außenpolitik wurde nicht einem eigenen Staatssekretär überantwortet, sondern blieb formal bei Renner. Diesem wurde ein Unterstaatssekretär zugeordnet. Umgekehrt musste Renner den von ihm ungeliebten Karl Gruber als Unterstaatssekretär akzeptieren, mit dem es von Anfang an zu Reibereien kam.[96] Gruber wiederum hatte den sprichwörtlichen Fuß in der Tür, war ein Wechsel nach Wien für ihn doch schon seit längerem eine durchaus attraktive Option gewesen.[97]

Insgesamt ist die Bedeutung der Länderkonferenz vom 24. bis 26. September für das weitere Schicksal Österreichs nicht hoch genug einzuschätzen. Sie vereinte die Vertreter aller neun Bundesländer in ihrem gemeinsamen Bekenntnis zur wiedergefundenen Republik Österreich gemäß der Verfassung des Jahres 1929 und sie ebnete den Weg für die Anerkennung der Provisorischen Staatsregierung durch die Alliierten. Sie stellte, wie es Gerald Stourzh formulierte, „eine erneuerte und erweiterte Konstituierung der Zweiten Republik, jene vom 27. April 1945 bekräftigend, dar".[98]

Der Wahlsieg vom 25. November 1945

Ende August 1945 waren die Besatzungstruppen der Westmächte endlich auch in Wien angekommen. Am 23. August 1945 hielten die Einheiten aller vier Mächte in Anwesenheit ihrer Kommandanten für Österreich am Wiener Schwarzenbergplatz eine große Parade ab, in den Tagen darauf begann der Besatzungsalltag im nunmehr vierfach besetzten Wien. Mit 1. September 1945 übernahmen die Alliierten offiziell die Besatzungszonen. Dass nun die Souveränität in der Stadt eine mehrfach geteilte war, machte nichts anschaulicher als der Umstand, dass der Verkehr auf der Straße von Uniformierten ganz unterschiedlicher Art geregelt wurde. Wiener Polizisten genauso wie Soldaten der Besatzungsmächte sorgten dafür, dass alles in den rechten Bahnen blieb.[1] Es war ein erster Farbtupfer im sonst noch immer trostlosen Stadtbild der grauen und zerbombten Bundeshauptstadt.

Am 11. September 1945 hielt der Alliierte Rat seine erste Sitzung ab. Er war ab nun das höchste Organ für alle das gesamte Land betreffenden Fragen und setzte sich aus den vier Oberbefehlshabern der Besatzungstruppen in Österreich zusammen. Es waren also vier Generäle und ihre Stäbe, die nun in Österreich das Sagen hatten.

Nach dem erfolgreichen Ende der Länderkonferenz wurde von österreichischer Seite die baldige Anerkennung der Regierung durch die Alliierten erhofft. Unmittelbar nach der erfolgten Erweiterung der Staatsregierung[2] übermittelte Renner am 28. September 1945 dem Alliierten Rat ein Memorandum mit den Resolutionen der Länderkonferenz, darunter den Beschluss zur Abhaltung von Wahlen und den Appell an den Alliierten Rat, die durch Ländervertreter erweiterte Regierung anzuerkennen. Fast täglich wurde dies nun von den österreichischen Regierungsverantwortlichen erwartet. Dass es noch eine Zeitlang dauern sollte, lag neben dem anfänglichen britischen Zögern auch an den Prozeduren im Alliierten Rat. Doch konnten schließlich alle drei Westalliierten mit dem auf der Länderkonferenz gefundenen Kompromiss leben, auch wenn sie gerne die Entfernung Honners aus dem Innenressort gesehen hätten. Doch die Tatsache, dass mehrere neue Regierungsmitglieder aus der von ihnen kontrollierten Zone in die Regierung kamen und die Abhaltung der Wahlen in die Hände eines eigenen Unterstaatssekretärs gelegt worden war, erschien ihnen schlussendlich ausreichend. In einer ersten Reaktion hatte das amerikanische Department of State in einem vertraulichen Telegramm die Ergebnisse der Länderkonferenz so bewertet, dass sie das Äußerste darstellten, was unter den gegebenen Umständen erreicht werden konnte.[3] Fünf Tage nach Ende der Konferenz beschloss daher der Alliierte Rat, den Regierungen die Anerkennung der Regierung Renner als Provisorische Staatsregierung für ganz Österreich zu empfehlen. Am 20. Oktober 1945 war es dann endlich so weit. General Richard McCreery, der für die Briten ab Mitte Oktober den Vorsitz im Alliierten Rat führte, empfing Staatskanzler Renner und überreichte ihm ein Memorandum, in dem die Alliierten die Anerkennung der Zuständigkeit der Provisorischen Staatsregierung für ganz Österreich aussprachen.[4] Es war das eine De-facto-Anerkennung, zu einer formellen Anerkennung der Regierung hatten sich die Westmächte noch immer nicht durchringen können. Aber immerhin hatte das Land damit wieder eine Regierung, deren Kompetenz für das gesamte Staatsgebiet gegeben war. Die Ausdehnung der Zuständigkeit durfte freilich über eines nicht hinwegtäuschen. Der Regierung kam nach wie vor nicht die oberste Regierungsgewalt im Lande zu.[5] Diese, so stand im Memorandum vom 20. Oktober 1945 zu lesen, verblieb nach wie vor beim Alliierten Rat. Das hieß nichts anderes, als dass sämtliche Gesetze den Alliierten zur Zustimmung vorzulegen waren, bevor sie in Kraft treten konnten. Waren die ersten Monate der Besatzung für die Provisorische Staatsregierung eine Periode relativer Freiheit, was ihre Tätigkeit betraf, so begann mit dem 20. Oktober 1945 die Periode der „totalen Kontrolle", die bis zum Inkrafttreten des Zweiten Kontrollabkommens Mitte 1946 andauern sollte.[6] Der von Überwachung und Zensur geprägte Kontrollapparat der Alliierten begann nun voll anzulaufen.

Dennoch, ein wichtiger Schritt auf dem Weg zur staatlichen Einheit war mit dem 20. Oktober 1945 getan. Ein Vergleich mit der Entwicklung in den Besatzungszonen Deutschlands macht dies mehr als anschaulich. Denn in Deutschland waren in den von den Alliierten entsprechend den Besatzungszonen gebildeten Ländern Militärregierungen eingerichtet worden. Die Sowjets, aber auch anfangs die Franzosen hatten die Zonen streng gegeneinander abgegrenzt. Just am selben Tag, dem 20. Oktober 1945, als in Österreich die Regierungsgewalt der Staatsregierung auf das ganze Land ausgedehnt wurde, bildete sich in Stuttgart ein Rat der Ministerpräsidenten der drei unter amerikanischer Kontrolle stehenden Staatsregierungen. Dieses Gremium war in seinem Aktionsradius auf eine einzige Besatzungszone reduziert. Eine zumindest die Zonen der Westalliierten erfassende Kooperation, die spätere „Bizone" und „Trizone", die den Nukleus für die Bildung der westdeutschen Bundesrepublik darstellten, war noch in weiter Ferne. Auch das Parteiensystem entwickelte sich in eine andere Richtung als in Österreich. Während in Österreich im Herbst 1945 die Parteien ihren Wirkungs- und Organisationsradius auf das ganze Bundesgebiet auszudehnen im Begriff waren, begann sich das deutsche Parteiensystem im Herbst 1945 aufzuspalten: Im Osten gingen die Kommunisten daran, die Vereinigung mit der SPD zu betreiben, die in der Zwangsfusion zur SED enden sollte, während sich die Parteien in den westlichen Zonen in Richtung des demokratischen Wettbewerbs konstituiert hatten. An irgendeine Form einer Regierung oder Administration, die sich über alle Zonen erstreckte, war also in Deutschland im Herbst 1945 anders als in Österreich nicht im Entferntesten zu denken.

Auch abseits der Politik gab es in Österreich im Herbst 1945 erste, symbolische Schritte für ein langsames Wiederzusammenwachsen des Landes. Notdürftig waren wichtige Verkehrswege wieder instand gesetzt worden. Am 30. September 1945 wurde die mit sowjetischer Hilfe reparierte Donaubrücke bei Krems feierlich eröffnet. Damit gab es neben der Reichsbrücke einen zweiten für den Autoverkehr passierbaren Übergang über die Donau.[7] Einen Tag später, am 1. Oktober 1945, konnte erstmals seit Kriegsende wieder ein durchgehender Zugsverkehr von Wien nach Salzburg, Graz und Villach aufgenommen werden. Dreimal in der Woche verkehrte ein Schnellzug von Wien nach Graz bzw. weiter nach Villach, die Fahrzeit nach Villach betrug neun Stunden. Bereits täglich fuhr ein Zug von Wien nach Salzburg, die Fahrzeit war um eine Stunde kürzer.[8] Bis der Arlberg-Express wieder den Betrieb aufnehmen konnte, sollte es noch etwas dauern.

Schon vor der Länderkonferenz hatte Renner im Kabinettsrat ein Szenario für Wahlen entworfen. In der zweiten Novemberhälfte oder spätestens Anfang Dezember sollten gleichzeitig Nationalrats- und Gemeinderatswahlen durchgeführt werden. Darüber bestand mit Figl Einvernehmen. Noch nicht einig war man sich über die Wahl des Bundespräsidenten. Die Frage war, ob diese mittels einer in der Verfassung vorgesehenen Volkswahl oder durch die Bundesversammlung erfolgen sollte. Figl wollte das der Länderkonferenz überlassen, Renner tendierte dazu, dies im Rahmen von Parteienbesprechungen zu klären.[9] Jedoch war das im Moment nicht vordringlich. Wichtig war für Figl, dass nun rasch die Wahlen stattfanden und man damit, wie Renner es richtig einschätzte, bis „zu Weihnachten eine fertige definitive Regierung" besäße.[10]

Figl war bei der Länderkonferenz selbst den Beratungen zur Abhaltung der Wahlen vorgesessen.[11] Denn sein ganzes Drängen auf Neuwahlen hätte sich als ein katastrophaler Fehler herausgestellt, würde es nicht gelingen, diese wirklich frei und unbeeinflusst von sowjetischer bzw. kommunistischer Seite stattfinden zu lassen. Daher war er auch nach der Länderkonferenz penibel darauf bedacht, dass der dort gefundene Kompromiss im Hinblick auf die politische Verantwortung für die Durchführung der Wahlen eingehalten und der neue Unterstaatssekretär Josef Sommer nicht von dem ihm formal übergeordneten kommunistischen Staatssekretär Honner übertrumpft würde. In der Sitzung des Kabinettsrates vom 29. September betonte er nochmals ausdrücklich, dass alle Wahlangelegenheiten in die Zuständigkeit des neuen Unterstaatssekretärs fielen, der diese mit einem aus fünf Personen bestehenden Komitee zu behandeln hatte.[12] Je zwei Vertreter wurden von ÖVP und SPÖ gestellt, einer von der KPÖ. Dieses Gremium war nicht nur für die Abwicklung der Wahlen verantwortlich, sondern es hatte auch die Zuständigkeit für alle Fragen der öffentlichen Sicherheit, also für die Rahmenbedingungen, unter denen die Wahlen bzw. der Wahlkampf stattfanden. Nur wenn es um Fragen der öffentlichen Sicherheit ging, führte Staatssekretär Honner den Vorsitz. In allen Fällen, und das war der springende Punkt, hatte das Komitee einstimmig zu entscheiden.[13] Sollte kein einstimmiger Beschluss zustande kommen, war der Politische Kabinettsrat zu befassen, was so viel hieß wie dass die Dinge, über die man sich nicht einvernehmlich einigte, bei der Regierungsspitze und nicht allein beim kommunistischen Staatssekretär landeten. Der so gefundene Mechanismus sollte garantieren, dass die Wahlen unbeeinflusst und objektiv über die Bühne gingen. Er war das Verhandlungsergebnis politischer Profis, wie es Renner, Schärf und Figl eben waren.

Mitte Oktober war dann auch das Wahlgesetz fertig ausgearbeitet. Die Staatsregierung ermächtigte am 18. Oktober 1945 den Politischen Kabinettsrat, dieses zu beschließen, was nach einer abschließenden gemeinsamen Sitzung mit dem unter dem Vorsitz des Unterstaatssekretärs Sommer tagenden Fünfer-Komitee einen Tag später auch geschah.[14] Damit war der Weg zu Wahlen auch formal frei. Bei dieser Kabinettssitzung am 18. Oktober appellierte Figl an die anderen Parteien, den Wahlkampf fair und ohne Schaden für das Land zu führen. Dabei, so führte er aus, dürfe es nur einen Grundsatz geben: „Wir stehen im Jahre 1945 und haben vorwärts zu schauen. Wir stehen im neuen Österreich und haben Vorsorge zu treffen, dass dieser Staat erhalten bleibt. Damit wäre eine loyale, wirklich demokratische Wahl gesichert."[15] Als Praktiker der Politik entwarf er auch gleich einen Wahlaufruf der Regierung für den kommenden Urnengang. Einleitend solle man festhalten, dass nunmehr nach sechs Monaten der Provisorischen Regierung das Volk zur Entscheidung aufgerufen sei. Die Bevölkerung solle sich darüber im Klaren sein, welches Recht damit in ihre Hände gelegt war, und davon möglichst umfassend Gebrauch machen. „Bekenntnis zu Österreich, Bekenntnis zur Demokratie, starke Wahlbeteiligung".[16] So skizzierte er die Schlagworte des gemeinsamen Wahlaufrufes, neben dem ja auch die Parteien ihre Aufrufe erlassen würden. Ausdrücklich warnte er – mit Blickrichtung auf die sowjetische Zone – vor jeder Art der „Bevormundung" und „Beeinflussung von irgendeiner Seite. Wenn wir eine Beeinflussung von einer Seite zulassen, wenn wir eine Art Kontrolle in jeder Ortswahlbehörde hätten, dann müssten wir auch die anderen Alliierten Mächte zur Kontrolle zulassen und es könnte zu argen Störungen kommen. Das österreichische Volk ist von den Alliierten befreit worden, aber dieses befreite Volk wählt sich nun selbst eine Vertretung."[17] Figl räumte ein, dass es bisher im anlaufenden Wahlkampf Probleme in der britischen Zone mit den Besatzungsbehörden gegeben habe. Vor allem in Kärnten war es unmöglich, größere Parteiveranstaltungen abzuhalten oder Plakate zu affichieren. Er habe aber mit den Briten in Kärnten Kontakt aufgenommen und ihm sei eine freie Betätigung für die Parteien zugesagt worden. Hier hakte sofort Staatssekretär Honner ein, der wohl verstanden hatte, dass Figl mit seinem Appell vor allem auf die sowjetische Zone gezielt hatte. Er kritisierte die Briten scharf, verlangte die unverzügliche Herstellung der „Versammlungs- und Pressefreiheit in allen Zonen", wo doch seiner Partei in der gesamten britischen Zone, auch in der Steiermark, jede Betätigung untersagt worden sei.[18] Der Unwille der Briten war wohl eine Folge ihrer lange Zeit den Wahlen gegenüber ablehnenden Haltung gewesen.

Wahlvorbereitungen und die Frage des Wahlrechts für „Minderbelastete"

Für den im Oktober 1945 beginnenden Intensivwahlkampf war die ÖVP trotz aller Behinderungen auf Grund der Aufteilung des Landes in vier Besatzungszonen gut vorbereitet. Ohne das politische Tagesgeschäft zu vernachlässigen, hatte Figl bereits mit Beginn seiner Parteiobmannschaft im September den Fokus seiner politischen Arbeit und der gesamten organisatorischen Tätigkeit der Partei auf die Nationalratswahl gerichtet. Deren möglichst frühe Abhaltung hatte niemand in der Partei so sehr befürwortet wie er. Das war angesichts der äußeren Umstände von Zerstörung, Besatzung und Zonentrennung sicher bis zu einem gewissen Grad ein Wagnis. Wie erwähnt, standen die Briten einem Wahltermin vor 1946 lange Zeit ablehnend gegenüber,[19] Franzosen und Amerikaner nahmen eine bei weitem positivere Haltung ein und befürworteten im September 1945 die möglichst rasche Durchführung gesamtösterreichischer Wahlen.[20] Auch in der ÖVP hatte es maßgebliche Stimmen gegeben, gerade unter den älteren Kräften in der Partei, die einen frühen Wahltermin im Herbst für völlig unmöglich hielten. Zu ihnen zählten etwa Kunschak oder auch Heindl. Noch Ende August hielt Kunschak die Abhaltung von Wahlen in naher Zukunft für „unklug und praktisch unmöglich"[21]. Heindl hielt Wahlen im Jahr 1945 überhaupt für undurchführbar.[22] Mit Figl eines Sinnes hingegen war, wie nicht anders zu erwarten, Julius Raab, der sich ebenfalls für Wahlen noch im November starkmachte. Figl und er waren davon überzeugt, dass es gelingen würde, den kommunistischen Einfluss in der Regierung massiv zurückzudrängen.[23] Die Stimmung war gegen die Sowjets eingestellt, was sich wohl negativ für die KPÖ auswirken musste. Umgekehrt war der Zustrom zur ÖVP überall beträchtlich. Warum also mit Wahlen zuwarten? Als in einigen Betrieben Wiens die ÖVP bei Betriebsratswahlen überraschend gut abschnitt, während die Kommunisten auf der ganzen Linie untergingen, fühlte sich Figl in seiner Haltung zusätzlich bestätigt.[24] Wahrscheinlich war der Umstand, dass in der Wahlfrage die Meinungen in der Partei diametral auseinandergingen, mit ein Grund dafür, dass Figl und Raab auf eine Klärung der Frage der Parteiführung gedrängt hatten. Man konnte wohl nicht gut in Wahlen gehen, wenn die eigene Parteispitze oder Teile davon dagegen waren.

Jedenfalls begann die neue Führungsgarnitur der ÖVP rund um Figl sofort nach ihrem Amtsantritt in großer Zahl Versammlungen abzuhalten, vor allem auf dem Land, wo man die alte Anhängerschaft wieder mobilisierte. Bewusst zog man diese Kundgebungen bereits als Vorwahlveranstaltungen auf. Allein die bei diesen Gelegenheiten stets erhobene Forderung nach der raschen Abhaltung von Wahlen kam gut an, genauso wie die Forderung nach Säuberung der unter dem kommunistischen Staatssekretär Honner aufgestellten Polizei.[25] Die SPÖ war hier vergleichsweise viel zurückhaltender. Am meisten nützten der ÖVP allerdings die Berichte über die Plünderungen und Beschlagnahmungen seitens der Sowjets. Die Volkspartei wurde als „Antirussenpartei" wahrgenommen und war damit richtig positioniert. Überhaupt war es Figl von Anfang an sehr geschickt gelungen, in der Öffentlichkeit gegenüber den russischen Besatzern den richtigen Ton zu finden. Im Gegensatz zu Renner, der dazu neigte, bei seinen Ansprachen in Lobeshymnen gegenüber den Sowjets zu verfallen, blieb Figl stets nüchtern und sachlich. Pflichtgemäß und korrekt dankte er bei offiziellen Anlässen in seinen Reden den Befreiern, führte aber immer den österreichischen Anteil bzw. die von Österreich erbrachten Opfer an.

Schon in der Vorwahlzeit verstand es Figl immer wieder, positive Botschaften zu platzieren, so als er etwa Anfang September die Rückkehr der meisten österreichischen Kriegsgefangenen aus den westlichen Besatzungszonen ankündigen konnte. Dabei verstand er es stets, mit seiner auf Emotion abzielenden anschaulichen Sprache Zuversicht und Optimismus zu wecken: „Es besteht daher die Hoffnung, dass bis spätestens gegen Weihnachten der größte Teil der Gefangenen heimgekehrt ist. Viel Leid wird dadurch in Freude verwandelt und die Heimkehrer bringen eifrige Hände mit, die sich in den Dienst des Wiederaufbaus stellen werden. Nicht minder wird die Landwirtschaft ihre Väter und Söhne zurückwünschen, um die Wirtschaft wieder emporzubringen."[26]

Sobald der Wahltermin feststand, begann die ÖVP, populäre Themen für sich zu vereinnahmen. Den Anfang machte man mit Südtirol. Karl Gruber hatte die Forderung nach der Rückgabe Südtirols von Anfang an auf seine Fahnen geschrieben. Sie war für ihn eine Frage der „Gerechtigkeit", eine „bloße Autonomie" keine Lösung.[27] Am 4. September 1945 schon hatte es in Innsbruck und anderen Städten Tirols von der Landesregierung organisierte Großkundgebungen gegeben, bei denen zehntausende Menschen die Rückkehr Südtirols zu Österreich gefordert hatten. Einen Tag später schloss sich die Provisorische Staatsregierung in Wien dem Wunsch nach der Wiedervereinigung Tirols unter österreichischer

Wahlplakat der ÖVP für die Nationalratswahl 1945

Souveränität an und verlangte eine freie Volksabstimmung in beiden Landesteilen.[28] Die ÖVP forderte in der Resolution der parteiinternen Länderkonferenz vom 23. September 1945 die Rückgabe Südtirols.[29] Man war entschlossen, der Südtirolfrage Priorität vor den Territorialwünschen anderer Bundesländer, wie etwa dem Salzburger Wunsch nach einer Angliederung des sogenannten „Berchtesgadener Landes", einzuräumen. Auch auf der gesamtstaatlichen Länderkonferenz wurde der Forderung nach Südtirol breiter Raum gegeben, sodass die Südtirolfrage zu einem gesamtstaatlichen Anliegen wurde, das die Bevölkerung weit über Südtirol hinaus bewegte.

Anfang Oktober begann Figl sich aktiv in die Südtirolfrage einzuschalten. Die Tatsache, Gruber zum Unterstaatssekretär für Äußeres gemacht zu haben, bot dafür eine gute Ausgangsposition. Denn die Ernennung des Tirolers Gruber wurde als Signal dafür gesehen, dass ab nun die Rückgabe Südtirols in Wien oberste Priorität genießen würde. Um das zu unterstreichen, fand am 3. Oktober 1945 eine Großkundgebung der gesamten Regierung im Wiener Konzerthaus statt. Dabei erklärte Figl in einer für ihn typischen pathetisch-patriotischen Rede Südtirol zu einer „Herzensangelegenheit" seiner Partei und setzte fort: „Südtirol ist untrennbarer und unteilbarer Bestandteil dieses unseres heiligen Landes Tirol. Südtirol ist nicht wegzudenken und wegzuwischen aus dem Begriff Österreich und aus unseren Herzen."[30] Der Appell an die Alliierten, Südtirol wieder an Österreich anzugliedern, war in den Augen Figls auch Ausdruck des Wunsches nach Anerkennung des österreichischen Beitrags zur Befreiung Europas vom Naziterror. Auf einem Wahlplakat mit dem Slogan „Freiheit, Demokratie, Unabhängigkeit“ fand sich eine österreichische Landkarte mit offener Grenze zu Südtirol und der rot-weiß-roten Fahne.[31] Wie keiner der anderen Parteien war es der ÖVP gelungen, das Thema Südtirol für sich zu besetzen. Im Herbst 1945 schienen die Chancen auf eine Rückgabe aus österreichischer Sicht auch noch intakt zu sein.

Um sich voll auf den Wahlkampf konzentrieren zu können, war für Figl noch etwas anderes wesentlich, nämlich die Entlastung von einer seiner Aufgaben. Es ist heute kaum vorstellbar, wie Figl es geschafft hatte, unter den erschwerten Bedingungen des Jahres 1945 die Funktionen des niederösterreichischen Landeshauptmannes, des stellvertretenden Regierungschefs, des geschäftsführenden Bauernbundpräsidenten und des ÖVP-Parteiobmannes unter einen Hut zu bringen. Eine Voraussetzung, um diese Vierfachbelastung bewältigen zu können, war jedenfalls offenkundig: Jener Mann, der nach seiner Entlassung aus den nationalsozialistischen Lagern und Gefängnissen nahtlos wieder in die Politik eingestiegen war, musste rastlos Tag und Nacht unterwegs sein, um sein Arbeitspensum irgendwie bewältigen zu können. Jetzt im Oktober, mit Beginn der heißen Phase des Wahlkampfes, konnte Figl wenigstens sein Amt als Landeshauptmann abgeben.[32] Josef Reither, der im Sommer aus der Haft gesundheitlich angeschlagen zurückgekehrt war, hatte sich so weit erholt, dass er die Funktion des Landeshauptmannes von Niederösterreich wieder übernehmen konnte. Von Anfang an hatte sich Figl nur als sein Platzhalter betrachtet, ja auch daraus seinen Anspruch auf den Sessel des Landeshauptmannes gegenüber Helmer abgeleitet. Am 12. Oktober war es nun so weit. In der Sitzung der Staatsregierung wurde Reither wieder zum Landeshauptmann ernannt.[33] Anschließend übergab Figl im Rahmen des Landesausschusses, der mit der am selben Tag beschlossenen Verfassungsnovelle wieder Landesregierung hieß, die Geschäfte an seinen Mentor.[34] Er konnte mit dem in knapp sieben Monaten Erreichten zufrieden sein: Figl hatte die Grundlagen einer positiven Zusammenarbeit zwischen allen drei politischen Parteien gelegt und die Beziehung zu den sowjetischen Besatzungskräften in Niederösterreich auf eine tragfähige Ebene gestellt. Das Land besaß wieder eine funktionsfähige und durchorganisierte Verwaltung, die Grenzfragen waren im Sinne der historisch gewachsenen Identität der Länder so gut wie geklärt und hatten nicht den Besatzungszonen der Alliierten angepasst werden müssen: Das Mühlviertel gehörte wieder zu Oberösterreich, das Burgenland hatte sich als eigenes Bundesland wieder begründet und was die Grenzen zu Wien betraf, hatte man sich geeinigt, zum Status quo von vor 1938 zurückzukehren. Dass es dazu dann lange nicht kam, lag an den Alliierten. Aber zumindest für das Wahlgesetz hatte die Grenzziehung zu Wien Gültigkeit. Zuletzt war mit 23. September 1945 noch eine landeseinheitliche Lebensmittelkarte eingeführt worden. Man hoffte, mit ihr eine einigermaßen gleichmäßige und gerechte Verteilung der Lebensmittel erreichen zu können.[35] Es war also ein gemessen an den Umständen des Jahres 1945 wohlbestelltes Haus, das Leopold Figl am 12. Oktober seinem politischen Ziehvater Josef Reither übergeben konnte.

Über die meisten Details in der Abwicklung der Wahlen einigten sich die Parteien in einer zu diesem Zweck abgehaltenen Sitzung des Politischen Kabinettsrates in einer erweiterten Zusammensetzung am 4. Oktober 1945. Der Wahltermin war fix, genauso die Abhaltung der Nationalratswahl gemeinsam mit den Wahlen zu den Landtagen. Die alte Wahlkreisordnung wurde beibehalten und weitere technische Details der Wahlabwicklung außer Streit gestellt. Figl appellierte ausdrücklich, den „Burgfrieden" zwischen den Parteien einzuhalten.[36] Sein Landsmann Helmer sagte dies seitens der SPÖ auch zu, solange sich der Wahlkampf der ÖVP in einem gewissen Rahmen bewege. Nur eine Frage, die eine wesentliche Voraussetzung für die Abhaltung der Wahlen bildete, blieb offen, nämlich jene, ob und inwieweit frühere Nationalsozialisten zur Wahl zugelassen werden sollten. Schon bei der gesamtösterreichischen Länderkonferenz vom 24. bis 26. September 1945 war die Problematik zur Debatte gestanden. Es gab kein Ergebnis, sondern den Beschluss, diese Frage bei einer zweiten Länderkonferenz einer Klärung zuzuführen. Diese fand dann am 9. und 10. Oktober 1945 statt. Es war eine Conditio sine qua non der Alliierten, ehemalige Nationalsozialisten aus dem öffentlichen Leben rigoros auszuschalten. Hierzu hatte auch Figl eine unmissverständliche Meinung, mit der er ungeachtet jeder Opportunität nicht hinter dem Berg gehalten hatte. Nun stellte sich aber die Frage der Zulassung ehemaliger Nationalsozialisten zu den ersten Wahlen. Und hier verhielt es sich mit den Meinungen und Einschätzungen etwas anders, vor allem was die nicht weiter in den NS-Machtapparat involvierten „einfachen" Parteimitglieder beziehungsweise Parteianwärter betraf.

Für die KPÖ gab es keinen Zweifel, alle ehemaligen Nationalsozialisten von den Wahlen auszuschließen.[37] Auch die SPÖ vertrat diesen

Standpunkt, wenngleich es bei ihr in einigen Bundesländern abweichende Meinungen gab. Beide Parteien rechneten damit, dass der Ausschluss der ehemaligen Nationalsozialisten eine politische Entscheidung zugunsten der Linken herbeiführen müsse. Die ÖVP hingegen wollte nicht so weit gehen wie SPÖ und KPÖ. Nur wirklich belastete ehemalige Nationalsozialisten waren in ihrer Sichtweise von der Wahl auszuschließen, nicht aber einfache Parteimitglieder, in der ÖVP-Diktion des Jahres 1945 „Mitläufer". Interessanterweise war auch die Einschätzung der Besatzungsmächte in dieser Frage uneinheitlich. Denn im Gegensatz zu den anderen drei standen die Briten der Aberkennung des Wahlrechts für ehemalige Nationalsozialisten ablehnend gegenüber, sahen sie darin doch die Gefahr, dass man, „ob richtig oder falsch", eine große Zahl von Personen, die antikommunistisch eingestellt wären, von der Wahl fernhielte.[38]

Schließlich musste die ÖVP nachgeben, schon um die Abhaltung der Wahlen an sich nicht zu gefährden. Damit war entschieden, „ehemaligen Nationalsozialisten (Mitgliedern der Partei oder eines ihrer Wehrverbände und Parteianwärtern)", wie es in der letztlich einmütig beschlossenen Resolution der zweiten Länderkonferenz hieß, das Wahlrecht zu entziehen.[39]

Die ÖVP hatte also einen Rückzieher machen müssen. Sie reagierte darauf mit einem raffinierten Schachzug: Gruber trug nach der Beschlussfassung der Resolution in der Länderkonferenz eine eigene Deklaration der Volkspartei vor, eine Art Minderheitsvotum. Sie war nicht ohne rhetorische Raffinesse abgefasst. Es wurde darin zwischen „den aktiv tätigen und damit schuldigen Nationalsozialisten" und jenen, „die unter Zwang und Terror der NSDAP als Mitglieder oder Anwärter beigetreten sind, ohne sich jemals nationalsozialistisches Ideengut angeeignet zu haben", unterschieden. Letzteren müsse die „Hand zur gemeinsamen Arbeit geboten werden. An Stelle von Hass muss wieder das Wissen um die Zusammengehörigkeit und die Bereitschaft zur Zusammenarbeit treten."[40] Figl, dessen Ablehnung jeglichen nationalsozialistischen Gedankenguts weiter ging als die Distanzierung so manch anderer seiner Parteifreunde und der beim Aufbau der niederösterreichischen Landesverwaltung, aber auch bei anderen Gelegenheiten keinen Pardon mit ehemaligen Nazis gekannt hatte, hielt sich in der Wahlrechtsfrage auffallend zurück. Er überließ es Gruber, bei der zweiten gesamtösterreichischen Länderkonferenz als Speerspitze der Partei in der Öffentlichkeit zu fungieren.[41] In Versammlungen äußerte Figl sich vergleichsweise schaumgebremst und betonte lediglich, dass es nicht anginge, die wirklichen Nationalsozialisten ungeschoren davonkommen zu lassen, während man den kleinen Mitläufern den Weg zu Mitarbeit und Wiederaufbau versperre.[42]

Die damalige Haltung der ÖVP heute zu beurteilen fällt schwer. War es ein erster Versuch, ehemalige Nationalsozialisten politisch zu vereinnahmen und so der österreichischen Lebenslüge des Verdrängens und Vergessens Vorschub zu leisten? Oder stand hinter der Intention, die minderbelasteten Nationalsozialisten frühzeitig zu integrieren, wirklich der Versuch, durch Nichtausgrenzung einer Gruppe den Kreislauf wechselseitiger Diskriminierung und Verfolgung zu durchbrechen? Man könnte weiterfragen: Wie würde Österreich heute beurteilt, hätten minderbelastete Nationalsozialisten schon bei der ersten Wahl wieder ihr Stimmrecht erhalten? Oder hätte sich in diesem Fall vielleicht gar keine vierte Partei als Sammelpunkt der „Ehemaligen" gebildet? Es sind hypothetische Fragen. Ausgehen kann man jedenfalls davon, dass anno 1945 ein, wenn auch eingeschränktes, Wahlrecht für Nationalsozialisten noch zu erheblichen Problemen mit den Alliierten geführt hätte.

„Die Kathrein stellt 'n Tanz ein"

In der unmittelbaren Situation des Wahlkampfes sollte sich das Ergebnis der zweiten Länderkonferenz für die Volkspartei noch in zweierlei Hinsicht als nützlich erweisen. Zum einen hatte man ein griffiges Beispiel dafür, dass SPÖ und KPÖ eine Front gegen die ÖVP als einzige nichtsozialistische Partei bilden würden. Es wurde in der Agitation der Partei umgehend und weidlich ausgenützt.[43] Zum anderen gab es kaum eine Familie, die nicht ein NSDAP-Mitglied in ihren Reihen hatte. Gerade bei Frauen, deren Ehemänner nun vom Wahlrecht ausgeschlossen waren, rief der Standpunkt der ÖVP Sympathien hervor. Der Effekt für die ÖVP wurde noch zusätzlich durch ein ungeschicktes, schon im Sommer affichiertes Plakat der SPÖ verschärft. Dort stand zu lesen: „Alle Nazi sind schuld; alle im Land befindlichen Parteigenossen und Anwärter der NSDAP nach Sibirien im Austausch gegen Kriegsgefangene!"[44] Das Plakat, dessen Urheber der später zu den Kommunisten gewechselte Zentralsekretär der SPÖ Erwin Scharf war, bekam unter dem Aspekt des Ausschlusses der ehemaligen Nationalsozialisten vom Stimmrecht zu-

Wahlveranstaltung der ÖVP: am Pult Leopold Figl, sitzend Dritter von links Lois Weinberger

sätzliche Brisanz und schadete der SPÖ enorm. Überhaupt unterschieden sich die Kampagnen von SPÖ und KPÖ von der der ÖVP in einem Punkt diametral: War die Wahlpropaganda der beiden linken Parteien stark vergangenheitsbezogen,[45] so richtete die Wahlwerbung der ÖVP ungleich mehr den Blick auf die Zukunft des Landes, sie war am deutlichsten von allen Parteien österreichbetont und positiv gestimmt.[46] Diese Betonung des Österreichischen fand ihre Entsprechung in den Auftritten des Parteiobmanns Figl. Unermüdlich tourte er in den Wochen vor der Wahl von Parteiveranstaltung zu Parteiveranstaltung. Wenngleich die Wahlwerbung von den Plakaten her nicht auf seine Person zugeschnitten war, erfreute sich Figl überall, wo er hinkam, großen Zuspruchs. Seine Wahlreisen führten Figl erstmals auch in die westlichen und südlichen Bundesländer zu großen Wahlveranstaltungen. Mitunter wurden diese mit der Abhaltung eines Landesparteitags verbunden.[47] Am jeweiligen Abend trat er bei Großveranstaltungen gemeinsam mit mehreren ÖVP-Regierungsmitgliedern auf, immer war jedoch sein Auftritt der umjubelte Höhepunkt der Veranstaltung.[48] Man darf in diesem Zusammenhang nicht vergessen, dass anno 1945 Wahlversammlungen eine ungleich größere Rolle spielten als heute. Neben Flugblättern und Plakaten bzw. den Parteizeitungen waren sie das zentrale Element des Wahlkampfes. Sie boten die einzige Möglichkeit, die Politiker und die Standpunkte der Parteien unmittelbar kennenzulernen. Dementsprechend gut besucht waren die Veranstaltungen, die an den Nachmittagen und Abenden der Wochen vor der Wahl in großer Dichte stattfanden. Für Figl war es jeden Tag eine Hetzjagd von Termin zu Termin. Oft traf er erst ein, nachdem die Versammlung schon begonnen hatte. In diesem Fall mussten die Vorredner so lange sprechen, bis Figl als Hauptredner endlich am Versammlungsort angekommen war.

Bei seinen Auftritten verstand es Figl, seine Zuhörerinnen und Zuhörer mitzureißen, auch wenn er im Schwung seines Redeflusses auf Satzstellung und Grammatik nur selten Rücksicht nahm. Die meisten, die ihn außerhalb Wiens und Niederösterreichs hörten, hatten ihn wohl vorher noch nicht erlebt und waren überrascht, wenn der eher klein gewachsene und im Gesicht noch immer hagere Figl mit kräftiger Stimme zu sprechen begann. Binnen kurzem gelang es ihm, in den Versammlungen durch seine authentische Art, mit der er vom Leid der vergangenen Monate, den Schwierigkeiten mit den Besatzern, aber auch vom Neubeginn und vom Wiederaufbau sprach, die Menschen zu begeistern. Er flößte den Leuten wieder Lebensmut und den Glauben an das „Österreich von morgen, ein neues, revolutionäres Österreich" ein. Es waren oft einfache, aus seinem bäuerlichen Milieu stammende Wendungen und anschauliche Bilder, die er gebrauchte. Legendär wurde seine einen Monat vor der Wahl bei einer großen Wiener Parteikonferenz in den Sophiensälen geprägte Anspielung auf den Wahltag am 25. November 1945, den bei den Bauern sogenannten Kathrein-Tag. Dazu muss man wissen: Der Gedenktag der Heiligen Katharina von Alexandria am 25. November war im bäuerlichen Kalender der letzte Festtag vor dem Beginn der adventlichen Fastenzeit. Dementsprechend erfreute sich der Kathreintanz als letzte Tanzveranstaltung vor dem Advent, während dem keine öffentlichen Vergnügungen stattfinden sollten, im bäuerlichen Festkalender großer Beliebtheit. Daran anknüpfend erklärte Figl: „Die ÖVP kennt nur eine entschlossene und gerade Linie, kein Rechts-Tanzen und kein Links-Tanzen, sondern nur einen geraden Weg und dieser Weg ist Österreich. In gemeinsamer Arbeit und gemeinsamen Opfern haben alle das Bewusstsein: Am 25. November geht es um die Entscheidung für Österreich und eine alte Bauernregel sagt von diesem Tage: ‚Die Kathrein stellt 'n Tanz ein.' Ja, am Kathrini-Tag wollen wir den Tanz einstellen und aus besinnlicher Arbeit und ernster Pflichterfüllung soll ein neues Österreich geboren werden, auf dass wir bald feiern können – die Auferstehung des österreichischen Volkes."[49] Stürmischer Beifall, wie bei keinem seiner Vorredner, war die unmittelbare Folge. Denn allen Anwesenden war klar, welcher Tanz hier eingestellt werden sollte, nämlich die überproportionale Machtstellung der Kommunisten in der Staatsregierung.[50]

Im Straßenbild war die ÖVP im Herbst 1945 weit weniger präsent als die anderen Parteien. In Wien hingen etwa deutlich weniger Plakate, als die KPÖ und schon mit einem beträchtlichen Abstand zu den Kommunisten die SPÖ affichierten.[51] Der Grund dafür war, dass die ÖVP gegenüber den beiden anderen Parteien in der Papierzuteilung von den Sowjets schlechter behandelt wurde. Doch sie führte den findigeren Wahlkampf. Ein Plakattext lautete etwa: „Die einen haben mehr Papier und mehr Plakate, die anderen aber ein besseres Programm und mehr Stimmen. Darum wählt am 25. November Österreichische Volkspartei."[52] Als sich Generalsekretär Hurdes bei General Aleksej Blagodatov, dem russischen Stadtkommandanten von Wien, über die offensichtliche Benachteiligung bei der Papierzuteilung beschwerte, überließ ihm dieser gönnerhaft die sogenannten „Abschnitzel", also die beim Schneiden der Papierbögen übrig gebliebenen Streifen. Als sich die Frage stellte, was man mit den schmalen Streifen tun sollte, hatte Julius Raab die Idee, einfach zu schreiben: „Mein und Dein sind Rechtsbegriffe. Die Österreichische Volkspartei."[53] Das wirkte. Denn jeder, der das las, wusste angesichts der sowjetischen Übergriffe, Plünderungen und Beschlagnahmungen, was mit dem Slogan gemeint war. Im Laufe des Wahlkampfes sollte die ÖVP ihre verbalen Attacken auf die Kommunisten verstärken. Sie tat dies, indem sie vor allem die unter dem KP-Staatssekretär Honner kommunistisch eingefärbte Wiener Polizei frontal angriff. Speerspitze war hier Figls Intimus, der bullige Ferdinand Graf. Für die Amerikaner war er der „Mann fürs Grobe" („hatchet-man") im ÖVP-Wahlkampf.[54] Mitte November ging er so weit, die Staatspolizei „brauner Gestapomethoden" zu beschuldigen. Damit sorgte er für große Aufregung.[55] Bei den sowjetischen Besatzern war er spätestens ab diesem Zeitpunkt „aufgeschrieben". Die Kommunisten blieben umgekehrt der ÖVP nichts schuldig. Eines ihrer Bildplakate trug den Titel „Frisch gestrichen". Es zeigte, wie eine Tafel, auf der „Christlichsoziale Partei, Heimwehr, Reaktion" geschrieben stand, von einer Putzfrau mit den Buchstaben ÖVP übermalt wurde.[56] Immer wieder wurde die ÖVP beschuldigt, ehemaligen Nationalsozialisten Unterschlupf geboten zu haben.

Auch die SPÖ widmete einen Gutteil ihrer Wahlpropaganda rückwärtsgewandten Aspekten. Ihr Wahlaufruf, er erschien am 30. Oktober in der „Arbeiter-Zeitung", enthielt eine lange Rechtfertigung der bisherigen Politik der österreichischen Sozialdemokratie und eine Warnung vor der Wiederkehr der Zustände der 1930er Jahre: „Welche Partei hat seit ihrem Bestand, seit dem Jahr 1889, ohne Unterlass das Volk gewarnt vor den Gefahren des Militarismus? Welche Partei hat nach dem furchtbaren ersten Weltkrieg von 1918 bis 1938 die Parole durch alle Länder Europas, ja der ganzen Welt, getragen: ‚Nie wieder Krieg'. Ihr müsst bekennen. Wir waren es, die Sozialisten! Viele sind diesem Ruf gefolgt – aber eine Mehrheit des Volkes hat anderen Parteien vertraut, Unverstand und Leichtsinn haben uns verspottet! Und doch haben wir Recht behalten!"[57]

Als letzte der drei Parteien veröffentlichte die ÖVP am 4. November 1945 ihren Wahlaufruf unter dem Titel „Für Freiheit, Gleichheit, Menschenwürde".[58] Im Gegensatz zum Wahlaufruf der SPÖ war der ÖVP-Aufruf ganz auf die Zukunft ausgerichtet. Sie sei „eine junge Partei", sie vertrete „die Demokratie der Jungen im Staate, der Jungen in Europa und in der Welt", hieß es darin. Nochmals wurde betont, dass es die Führer der ÖVP waren, die wie Figl während der NS-Zeit den Glauben an Österreich stets hochhielten: „Wo diese Männer auch waren, kämpften, litten und starben, immer war es zuerst Österreich, das sie vor Augen hatten, dann der österreichische Bruder und zuletzt erst die Partei." Unter Anspielung auf die seit jeher in der Sozialistischen Internationale fest verankerte österreichische Sozialdemokratie und die von Moskau aus gesteuerte KPÖ hieß es weiter, die ÖVP sei „keine Sektion irgendwelcher internationaler Parteien für Österreich. Ihr Bekenntnis zu Österreich steht voran im Namen und voran im Programm. Sie verkörpert gerade deshalb europäisches Gedankengut [...] Sie verwahrt sich gegen Rassenhass wie gegen Klassenhass, gegen konfessionelle Kämpfe wie gegen jede wirtschaftliche Vorherrschaft."

Wie weit sich die Wahlwerbung der ÖVP von den Wahlkämpfen der Christlichsozialen in den 1930er Jahren und ihrer Kulturkampfdiktion entfernt hatte, wird an einem Wahlaufruf an die Frauen deutlich. Da war von der „Gleichberechtigung der Frau im Berufsleben" als einer der ersten Forderungen die Rede. Die ÖVP verlangte gleiche Löhne für gleiche Leistung sowie die Berücksichtigung der Frauen in der Sozialgesetzgebung.[59]

Kleinere Irritationen im Laufe des Wahlkampfes konnten Figl und seine Partei ganz gut bewältigen. Zu einem Problem kam es kurzfristig in Salzburg, als die lokalen amerikanischen Besatzungsbehörden in einer weitgehenden Auslegung der US-Entnazifizierungsbestimmungen begannen, in einzelnen Fällen Österreicher, die Funktionäre in den bewaffneten Wehrverbänden der Heimwehr und der Ostmärkischen Sturmscharen gewesen waren, aus ihren öffentlichen Stellungen zu entfernen.[60] In einer voreiligen Kurzschlusshandlung erklärte daraufhin die Salzburger ÖVP, die Kandidatur ihrer Partei im Bundesland zurückzuziehen. Noch bevor die Affäre größere Wellen schlug, hatte man seitens der Parteileitung in Wien eingegriffen. Nur einen Tag später dementierte die Salzburger ÖVP wieder alle Meldungen über einen Wahlboykott.[61] Die Angelegenheit hatte kurzfristig auch in Wien großes Aufsehen erregt. Denn nichts konnte die ÖVP so kurz vor den Wahlen weniger gebrauchen als eine öffentliche Diskussion mit den US-Besatzungsbehörden über die Verwicklung ihrer führenden Funktionäre in die Zeit zwischen 1933/34 und 1938. Die latente Agitation seitens der Linksparteien, insbesondere der „Arbeiter-Zeitung", war aus ihrer Sicht schon ärgerlich genug. Doch gelang es erstaunlich rasch, nach dem konsequenten Dementi aus Salzburg und intensiven Kontakten mit den amerikanischen Besatzungsbehörden das Thema wieder vom Tisch zu bekommen.

Eine zweite Irritation bedeutete das Ausscheiden von Raoul Bumballa aus der Parteiführung. Bumballa, dessen Absichten nie ganz durchschaubar waren, war als Vertreter der Widerstandsbewegung 05 in die ÖVP eingetreten und sollte dort das bürgerlich-liberale Element repräsentieren. Er blieb aber von Anfang an ein Fremdkörper.[62] In der Provisorischen Staatsregierung wurde er Unterstaatssekretär im Innenressort. Um ihn von der Gründung einer eigenen bürgerlich-liberalen Partei abzuhalten, nahm ihn Figl im September als einen seiner Stellvertreter in die engere Parteiführung, ohne dass er in dieser Funktion in der Folge in Erscheinung trat.[63] Am 2. November erklärte er seinen Rücktritt sowohl als stellvertretender Parteiobmann der ÖVP als auch als Unterstaatssekretär. Den Rücktritt als Unterstaatssekretär widerrief er allerdings wieder.[64] Für die Gründung einer eigenen Partei war es im Hinblick auf die Wahlen zu spät. Dennoch sorgte sein Ausscheiden in der ÖVP für Irritationen, gab es doch Spekulationen über eine mögliche Parteispaltung nach der Wahl Auftrieb. Doch blieb auch diese Affäre erstaunlich folgenlos für die ÖVP. An Bumballas Stelle als stellvertretender Parteichef rückte Nadine Paunovic nach, die Präsidentin des „Österreichischen Frauenbundes", der Frauenorganisation der ÖVP. Eine letzte Irritation für den Wahlkampf der ÖVP löste schließlich die überraschende Einreise des ältesten Sohnes von Kaiser Karl, Otto, in Tirol aus. Man musste fürchten, dass sich die beiden Linksparteien auf die Sache stürzen würden. Doch auch hier glätteten sich die Wogen mit der durch die Alliierten herbeigeführten Ausreise rasch wieder, und Figl verhinderte, dass Renner aus

Einladungsplakat der Salzburger ÖVP zur Großveranstaltung am 18. November 1945: Der Name des Spitzenkandidaten ist selbst in Salzburger Parteikreisen noch nicht sehr geläufig.

der Sache innerhalb der Staatsregierung ein Politikum machte.[65]

Während Figl schon seit Oktober in den von den Westalliierten besetzten Bundesländern unterwegs war, unternahm Renner, der – auf Grund seiner höheren Bekanntheit – in der Werbung der SPÖ ungleich stärker als Spitzenkandidat hervorgestrichen wurde, erst in den letzten beiden Wochen vor der Wahl je eine Reise in die westlichen und südlichen Bundesländer. Dabei verstand er es geschickt, seinen Amtsbonus als Staatskanzler einzusetzen, indem er in den Ländern teils in offizieller Funktion, teils als Wahlkämpfer auftrat.

Insgesamt verlief der Wahlkampf 1945 vergleichsweise kultiviert und moderat. Alle Parteien waren sich der besonderen Situation, in der diese Wahlen stattfanden, bewusst. In der Natur einer Wahlauseinandersetzung lag es, dass sich gegen Ende des Wahlkampfes der Ton zwischen den Parteien etwas verschärfte. Während die SPÖ und die KPÖ fortgesetzt die „faschistische" Vergangenheit der ÖVP-Kandidaten thematisierten, revanchierte sich die ÖVP, indem man an die Wahlempfehlung Karl Renners, bei der Volksabstimmung über den Anschluss vom 10. April 1938 mit „Ja" zu stimmen, erinnerte. Auch Figl griff nun mitunter zu drastischeren Formulierungen. Bei einer Großversammlung im Salzburger Kongresshaus eine Woche vor der Wahl nahm er für die ÖVP in Anspruch, in ihren Reihen weit mehr Spitzenvertreter zu haben, die in den Gefängnissen der Nazis gelitten hatten, als dies bei den anderen Parteien der Fall gewesen sei, und setzte fort: „In einem allerdings, da sind sie vielleicht stärker: in der Emigration. Ja, Freunde, es war angenehmer, in den Klubsesseln draußen zu sitzen und abzuwarten in Schutz und Fürsorge, als hier in Österreich zu leiden für Österreich."[66] Der polemische Seitenhieb Figls dürfte sich vor allem gegen den langjährigen Chefredakteur der „Arbeiter-Zeitung" Oscar Pollak gerichtet haben. Dieser hatte, aus dem Londoner Exil kommend, im Frühherbst 1945 wieder die Chefredaktion der „Arbeiter-Zeitung" übernommen und vehement die Verantwortung der ÖVP für die Jahre 1934 bis 1938 eingefordert.[67] Bei diesem Punkt reagierte Figl, der diese Angriffe auch persönlich nahm, bekanntlich sehr empfindlich.

Während Figl mittlerweile in Wien und Niederösterreich eine anerkannte politische Größe war, hielt sich seine Bekanntheit in den westlichen Bundesländern auch kurz vor der Wahl noch in Grenzen. Am Beispiel der erwähnten Großveranstaltung in Salzburg lässt sich das an einem Detail verdeutlichen. Auf den von der Salzburger Partei gedruckten Einladungen zu der Kundgebung am 18. November 1945 war sein Name falsch, nämlich als „Fiegl" geschrieben. So wenig bekannt war den lokalen Funktionären der Bundesparteiobmann und Staatssekretär aus Wien selbst kurz vor der Wahl noch gewesen ...[68]

Eine absolute Mehrheit, mit der keiner rechnete

„Wir rufen Österreich!" Mit diesen Worten begann der abschließende Appell Leopold Figls einen Tag vor den Wahlen.[69] Es war ein zutiefst patriotischer Aufruf, wie der ganze Wahlkampf der ÖVP von einem dezidierten Österreich-Bekenntnis geprägt war. Nochmals parierte Figl die Agitation von SPÖ und KPÖ gegen die ÖVP und die Verbindung ihrer Vertreter zur Dollfuß/Schuschnigg-Diktatur. Geschickt, durchaus polemisch und selbstbewusst zugleich bilanzierte er die Wahlbewegung, ohne selbst die Debatte um die 1930er Jahre zu führen: „Die beiden Linksparteien haben versucht, mit den kleinlichsten Mätzchen parteipolitischer Demagogie in dieser Richtung Unfrieden zu stiften. Wir haben es nicht notwendig, auf diesem Gebiete Bekenntnisse abzulegen. Wir haben unser Bekenntnis zu Österreich in den Konzentrationslagern abgelegt, zu einer Zeit, als die Überdemokraten [sic!] von heute noch behäbig in der Emigration oder unter dem Schutz der Gestapo in Österreich saßen." Dem ließ er nochmals sein ganz als Antithese zum Nationalsozialismus formuliertes, zutiefst österreichisches Bekenntnis folgen: „Die Österreichische Volkspartei ist nicht nur eine wahrhaft demokratische Partei, sie ist vor allem eine wahrhaft österreichische Partei. Wir scheuen uns nicht, offen auszusprechen, dass es einen wahrhaft österreichischen Menschen gibt [...].“ Und schließlich fasste er nochmals sein Programm, das letztlich das einer modernen *catch all party* war, zusammen: „Wir wollen eine neue Demokratie. Das ist kein Schlagwort, sondern das ist Programm: ein Programm des ehrlichen Willens zur Zusammenarbeit aller Klassen und Schichten für eine bessere Zukunft unseres Österreich. Soziale Zusammenarbeit, friedliches Zusammenwirken sind für uns keine Phrasen, sondern wesentliche Programmpunkte unserer Partei.“

Mit Anspannung wurde dem Wahltag entgegengesehen. Figl, der in den letzten Tagen des Wahlkampfes noch so viele Versammlungen absolvierte, dass er am Ende völlig seine Stimme verlor,[70] war, wie so oft in seiner politischen Laufbahn, am optimistischsten von allen in der ÖVP-Spitze gewesen und glaubte fest daran, dass die ÖVP als stärkste Partei aus den Wahlen hervorgehen werde. Allgemein wurde mit einem Kopf-an-Kopf-Rennen zwischen SPÖ und ÖVP gerechnet, wobei allerdings die meisten politischen Beobachter einen geringfügigen prozentuellen Vorsprung der SPÖ erwarteten.[71] Es war aber Figl nicht der Einzige, der die ÖVP vorne sah; es gab neben ihm auch andere Stimmen, die einen möglichen Sieg der ÖVP miteinkalkulierten.[72] In Wahrheit waren Voraussagen schwer bis unmöglich. Immerhin waren es die ersten bundesweiten Wahlen seit 15 Jahren. Für viele der Wahlberechtigten war es überhaupt die erste demokratische Wahl in ihrem Leben. So verwundert es nicht, wenn die „Salzburger Nachrichten“ in den Tagen vor der Wahl eine Serie von Artikeln brachten, die darüber aufklärten, wie man richtig wählen geht. Am Tag vor der Wahl hieß es im Leitartikel der Zeitung: „Es gibt am Wahltag nur einen unverzeihlichen Charakterfehler und der heißt, nicht wählen!“[73]

Die Nationalratswahl fiel auf das Ende einer Woche, die für Wien wieder einmal einen Engpass in der Lebensmittelversorgung gebracht hatte. Nur ein Teil der auf den Lebensmittelkarten enthaltenen Abschnitte war überhaupt einlösbar. Zwar gab es Brot in der vorgesehenen Menge, auch die Abschnitte für Hülsenfrüchte wurden eingelöst. Aber weder die ohnedies bescheidenen Fleischrationen noch die vorgesehene Menge an Fett waren erhältlich. Die Fettration wurde durch Mehl ersetzt. Dennoch herrschte bei vielen Menschen Zuversicht. Man wollte den Blick auf die Zukunft richten. Deshalb war ungeachtet des nasskalten Novemberwetters der Ansturm auf die Wahllokale von der Früh an groß. Am Vormittag bildeten sich vor vielen Wahllokalen lange Schlangen. Stimmzettelver-

Leopold Figl und seine Frau Hilde bei der Stimmabgabe am 25. November 1945, links im Bild Figls enger Pressemitarbeiter Edmund Weber

teiler überreichten den Wartenden die Wahlzettel der jeweiligen Partei. Amtliche Stimmzettel gab es noch nicht.[74]

Wie schon der Wahlkampf, so verlief auch der Wahltag frei von größeren Zwischenfällen oder Beeinflussungen durch die Besatzungsmächte. Als die Wahllokale schlossen, gab es zwar noch keine Ergebnisse, trotzdem hatte Figl schon einen ersten Erfolg errungen. Allen zurückliegenden Befürchtungen und Warnungen zum Trotz war es sehr wohl möglich gewesen, die Wahlen ordnungsgemäß durchzuführen. Und die Wahlbeteiligung war mit 94 Prozent über Erwarten hoch.

Im Laufe des späteren Abends langten die ersten Resultate bei der Hauptwahlbehörde im Innenministerium in der Wiener Herrengasse ein. Für SPÖ und ÖVP war anfangs noch kein Trend zu erkennen, sehr wohl hingegen für die KPÖ. Sie blieb überall weit unter den Erwartungen. Erst am Montag, dem 26. November 1945 in der Früh stand fest, dass die ÖVP die Nationalratswahl gewonnen hatte. Im Laufe des Vormittags kristallisierte sich heraus, dass sie die absolute Mandatsmehrheit errungen hatte – ein Ergebnis, mit dem nicht einmal die kühnsten Optimisten innerhalb der Partei gerechnet hatten. Umgekehrt verhielt es sich bei der KPÖ. Hier stand die längste Zeit gar nicht fest, ob sie überhaupt ein Grundmandat errungen hatte. Am Ende verfügte die ÖVP im neu gewählten Nationalrat über 85 Parlamentssitze und 49,8 Prozent der Stimmen, die SPÖ über 76 Sitze und 44,6 Prozent und die KPÖ über magere 5,4 Prozent und vier Parlamentssitze, nachdem sie im südlichen Industrieviertel Niederösterreichs doch noch das Grundmandat ergattert hatte. Bei den gleichzeitig stattgefundenen Landtagswahlen dominierte in sieben Bundesländern die ÖVP klar, nur in Wien und Kärnten erzielte die SPÖ die Mehrheit. In Wien errang die SPÖ mit 57,5 Prozent eine deutliche absolute Mehrheit. Die ÖVP kam in der Bundeshauptstadt auf fast 35 Prozent und erreichte damit ebenso ein achtbares Ergebnis. In Tirol und Vorarlberg verfügte die ÖVP jeweils über eine Zweidrittelmehrheit im Landtag.

Neben der absoluten Mandatsmehrheit der ÖVP war das schlechte Abschneiden der KPÖ die große Überraschung der Wahlen. Selbst diejenigen Beobachter, die den Kommunisten ein schwaches Ergebnis vorausgesagt hatten, rechneten mit zumindest zehn Prozent. Mit ihren vier Nationalratssitzen waren sie zu einer innenpolitisch zu vernachlässigenden Größe geworden. Nur mehr durch ihr ideologisches Naheverhältnis zur sowjetischen Besatzungsmacht sollte die KPÖ noch eine gewisse Bedeutung haben.

Was waren die Gründe für den durchschlagenden Erfolg der ÖVP? Von allen drei Parteien vermochte es die ÖVP am besten, sich als eine neuartige und moderne Partei darzustellen. Nach außen hin rückte sie die Diskontinuität in den Vordergrund: Bewusst trat die ÖVP nicht als Nachfolgerin der Christlichsozialen Partei auf, sondern als eine zwar christlich geprägte, aber konfessionell nicht gebundene Volkspartei mit einem stark österreichisch-patriotischen Anstrich. Es gelang ihr damit, sich als breit aufgestellte, moderne Sammelpartei zu präsentieren und dadurch über die alten Lagerbindungen hinaus Wähler anzusprechen. Das war umso bemerkenswerter, als die meisten ihrer führenden Vertreter schon in der Zwischenkriegszeit politisch eine Rolle gespielt hatten. Dazu kam, dass die ÖVP im Jahr 1945 programmatisch einen starken sozialen und sozialreformatorischen Anspruch erhoben hatte. Die von Felix Hurdes federführend erarbeiteten „Programmatischen Leitsätze" hatten der ÖVP auch nach links einen fortschrittlichen Anstrich gegeben. Vergleiche mit der Labour Party waren zwar etwas weit hergeholt, kamen aber nicht von ungefähr.

Vor allem im Osten profitierte die ÖVP als die Partei, die am stärksten den Sowjets gegenüber ablehnend eingestellt war. „Wer die Rote Armee liebt, wählt kommunistisch". Dieser anonym aufgetauchte Slogan, dessen Urheber im Dunkeln blieben,[75] brachte das stärkste Argument gegen die KPÖ auf den Punkt. Das Ergebnis spiegelte die Stimmung der Bevölkerung wider. Ein weiteres wesentliches Element für den Wahlerfolg der ÖVP ist im Umstand zu suchen, dass eine deutliche Mehrheit der Wahlberechtigten, nämlich über 60 Prozent, weiblich war. Viele von ihnen wähl-

Ein speziell auf die Familien von Kriegsgefangenen und Heimkehrern abgestelltes Wahlplakat der ÖVP

ten gleichsam auch stellvertretend für ihre Männer, die sich noch in Kriegsgefangenschaft befanden oder als ehemalige Nationalsozialisten nicht wahlberechtigt waren. Bei ihnen hatte die ÖVP die besseren Karten, weil sie für eine moderate Politik der Mitte eintrat sowie für eine Versöhnung nach allen Richtungen, auch mit den Mitläufern und „Märzveilchen".[76] Ein eigenes „Heimkehrerplakat" hatte die Stimmung der Leute ungleich besser getroffen als der polemische SPÖ-Vorschlag, Nazis gegen Kriegsgefangene zu tauschen. Auf dem wohl auch für Frauen und Mütter von noch nicht zurückgekehrten oder gefallenen Soldaten suggestiven ÖVP-Sujet war ein müder und abgekämpfter Kriegsgefangener mit einem verloren-abgeklärten Blick zu sehen, hinter ihm eine stilisierte Landkarte Europas mit Kreuzen an den Hauptschauplätzen des Krieges. Dazu der Slogan: „Wir haben die Welt gesehen. Wir wählen ÖVP."[77] Es war, wie es ein amerikanischer Beobachter formulierte, die ÖVP, die mit ihrer Politik der Versöhnung und nationalen Einheit am ehesten dem Wunsch vieler Österreicher entsprochen hatte, die *bad dreams* der hinter ihnen liegenden sieben Jahre zu vergessen.[78] Anerkennung für den Wahlkampf der ÖVP zollten auch die Franzosen in einer internen Analyse. Die Volkspartei habe ihre Kampagne auf einem hohen Niveau geführt. Vor allem die Tatsache, dass ein patriotisches Österreich-Bekenntnis eine zentrale Rolle im Wahlkampf der ÖVP gespielt hatte, hoben die der Volkspartei wohlwollend gegenüberstehenden französischen Besatzungsorgane hervor.[79]

Für die Londoner „Times" waren der störungsfreie Verlauf und das Ergebnis der Wahlen ein eindrucksvoller Beleg dafür, dass das österreichische öffentliche Leben wieder in Gang gekommen war. Der Umstand, dass die Parteiführer im Wahlkampf frei ihre Meinung hatten äußern können, und das magere Abschneiden der Kommunisten zeigten, „dass das politische Leben in Österreich wieder auf gesunder demokratischer Grundlage beruht. In dieser Hinsicht bedeuten die Wahlen einen wesentlichen Schritt auf dem Wege zu einem geordneten demokratischen Staatsgefüge.“[80]

Auf dem Weg ins Kanzleramt

Figl war zwar wie bereits erwähnt stets davon überzeugt gewesen, dass die ÖVP die Mehrheit erringen werde. Mit einer absoluten Mandatsmehrheit hatte aber auch er nicht gerechnet. Er wusste, dass der Wahlsieg auch sein persönlicher Erfolg war. Dementsprechend waren ihm Freude, auch Stolz und ein sichtlich gesteigertes Selbstbewusstsein unmittelbar nach der Wahl ins Gesicht geschrieben.[81]

Als routinierter Politiker war sich Figl darüber im Klaren, dass man als Wahlsieger nach der Wahl keine Zeit zu verlieren hatte. Das galt für die Absicherung des eigenen Kanzleranspruchs genauso wie für die Grundlegung der Zusammenarbeit. Seine robuste Zähigkeit half ihm einmal mehr, den Wahlkampf genauso wie zuletzt die durchwachte Wahlnacht spielend wegzustecken. Sobald der Wahlsieg der ÖVP fix zu sein schien, wandte er sich bereits mit einer ersten Erklärung in einer Sondernummer des „Kleinen Volksblatts“ an die Öffentlichkeit. Darin lud er die anderen Parteien zur Zusammenarbeit ein und reichte ihnen die Hand zur Versöhnung: „Wir [...] haben am heutigen Abend alle Verärgerungen aus dem Wahlkampf weggewischt aus unserem Gedächtnis. Wir treten unseren Parteigegnern von gestern und unseren Mitarbeitern in der Konzentration aller Kräfte von morgen vorurteilslos mit dem ehrlichen Willen zur Zusammenarbeit gegenüber.“[82] Figl machte aber auch klar, dass die Kompromissbereitschaft seiner Partei Grenzen kannte. In einem solchen Fall würde er sich nicht scheuen, das Volk abermals zu den Urnen zu rufen, fügte er sicherheitshalber hinzu, wohl um sich bei Regierungsverhandlungen nicht erpressbar zu machen. Seine Erklärung war aber auch als ein innerparteiliches Signal zu verstehen: Der Parteiobmann war entschlossen, für sich die Führung der Regierung zu beanspruchen.

Noch während ihn am nächsten Tag die Parteijugend spontan feierte, hatte er schon die engste Parteiführung um sich versammelt.[83] Denn prompt waren nach der Wahl neben ihm auch andere Namen als mögliche

Kanzleranwärter der ÖVP aufgetaucht. Vor allem Gruber, der im Wahlkampf neben Figl wiederholt in den Vordergrund getreten war, und der oberösterreichische Landeshauptmann Heinrich Gleissner wurden genannt.[84] Figl und seine engste Umgebung reagierten schnell. Vom ersten Moment an zeigte Figl nun Leadership und drückte aufs Tempo. Schon am 27. November 1945 verlangte die unter seinem Vorsitz tagende Gesamtparteileitung der ÖVP die sofortige Umbildung der Staatsregierung auf Basis der durch das Wahlergebnis herbeigeführten neuen Stärkeverhältnisse zwischen den Parteien.[85] Die SPÖ reagierte im ersten Moment etwas irritiert.[86] Tatsächlich zielte der Beschluss der ÖVP-Parteigremien wohl nicht wirklich auf eine sofortige Umbildung der Provisorischen Regierung ab. Vielmehr dürfte er mehr taktischer Natur gewesen sein, um den anderen beiden Parteien zu signalisieren, dass die ÖVP nicht bereit war, die Regierungsbildung auf die lange Bank zu schieben. Schärf hatte unmittelbar nach der Wahl erklärt, vor dem für 14. Dezember 1945 anberaumten Parteitag der SPÖ keine abschließenden Entscheidungen treffen zu können.[87] Die ÖVP hatte naturgemäß ein Interesse daran, ehebaldigst eine Regierung zu installieren, die den tatsächlichen Stärkeverhältnissen entsprach und vor allem die Besetzung von Schlüsselressorts durch Kommunisten beendete. Renner konnte sich da als amtierender Staatskanzler mehr Zeit lassen. Doch führte auch diese Frage zu keinem Konflikt. Binnen eines Tages waren sich Renner, Schärf und Figl über die weitere Vorgangsweise einig. Figl rückte von der Forderung des Parteivorstandes vom Vortag ab und im Gegenzug löste die Staatsregierung in ihrer Sitzung vom 28. November jenen Prozess aus, der den Weg zu einer neuen Regierung ebnen sollte.

Der erste Schritt dazu sah folgendermaßen aus: Da die Befugnisse des Bundespräsidenten auf den Politischen Kabinettsrat übergegangen waren, bot die Provisorische Staatsregierung, einer demokratischen Usance der Zwischenkriegszeit folgend, am 28. November diesem ihren Rücktritt an, wurde aber im nächsten Schritt wieder mit der Fortführung der Geschäfte bis zum Zusammentreten des neu gewählten Nationalrats betraut.[88] Diesem gegenüber wollte Renner einen Rechenschaftsbericht ablegen, um seine Tätigkeit quasi nachträglich von einer gesetzgebenden Körperschaft sanktionieren zu lassen. Danach sollte sich, basierend auf den durch die Landtage vorgenommenen Entsendungen seiner Mitglieder, der Bundesrat konstituieren. Am Tag darauf würde die aus National- und Bundesrat gebildete Bundesversammlung die Wahl des Bundespräsidenten vornehmen. Darüber, den Bundespräsidenten dieses Mal nicht durch eine Volkswahl zu bestimmen, hatte man sich zwischenzeitlich verständigt. Der Bundespräsident konnte dann, ganz den Bestimmungen der Verfassung von 1929 entsprechend, die Ernennung der neuen Regierung vornehmen, die sich am nächsten Tag dem Parlament mit der Regierungserklärung vorzustellen hätte. Über eines waren sich Renner und Figl einig: Bis Weihnachten sollte die neue Regierung stehen.

Als weiteren Schritt, der ein rasches Fortkommen bei der Regierungsbildung ermöglichen sollte, richtete der Politische Kabinettsrat an die Österreichische Volkspartei als die aus den Wahlen hervorgegangene stärkste Partei die Aufforderung, ihm eine Person namhaft zu machen, die mit der Bildung der Regierung zu beauftragen sei. Im Umstand, dass die beiden Organe, der Politische Kabinettsrat und die Staatsregierung, personenident waren, das heißt, dass sämtliche Mitglieder des Politischen Kabinettsrates auch der Regierung Renner angehörten, wurde das verfassungsmäßige Provisorium dieses Übergangs in einer besonderen Weise anschaulich. Denn genau betrachtet beauftragten sich alle Akteure gegen- und wechselseitig. Aber, und das war allen Beteiligten auch als Lehre aus den 1930er Jahren wichtig: Es sollte alles in verfassungsmäßig formal korrekten Bahnen ablaufen.

So hatten SPÖ und ÖVP einen ersten Kompromiss erzielt, mit dem beide Seiten leben konnten. Die Provisorische Staatsregierung hatte ordnungsgemäß demissioniert, blieb aber weiter im Amt und wurde mit der vorläufigen Fortführung der Regierungsgeschäfte betraut. Umgekehrt wurde mit der Aufforderung des Politischen Kabinettsrates an die ÖVP, ihm eine Persönlichkeit zu nominieren, die mit der Regierungsbildung beauftragt würde, auch aus Sicht der ÖVP dem Wahlergebnis Rechnung getragen.[89] Schließlich beschloss die Provisorische Staatsregierung am 29. November 1945 noch jene verfassungsgesetzlichen Bestimmungen, wodurch Österreich, basierend auf der Verfassung des Jahres 1929, wieder eine Bundesregierung mit einem Bundeskanzler an der Spitze und Ministern als Ressortchefs erhalten sollte.[90]

Der von Renner am 28. November 1945 vorgeschlagene Zeitplan sollte tatsächlich zum Tragen kommen. Dies hing allerdings auch mit der in weiterer Folge von den Alliierten herbeigeführten Verzögerung bei der Regierungsbildung zusammen. Figl hatte jedenfalls noch in der Regierungssitzung vom 28. November darauf gedrängt, die für 17. Dezember 1945 von Renner in Aussicht genommene Konstituierung des neuen Nationalrats gegebenenfalls vorzuverlegen, so er die Regierungsbildung schon früher abgeschlossen hätte.[91] Wie diese aussehen sollte, darüber hatte Figl schon recht klare Vorstellungen. An den Gedanken, mit Hilfe der überraschend gewonnenen absoluten Mehrheit eine Alleinregierung zu bilden, verschwendete er keinen Augenblick. Er und Schärf hatten sich gegenseitig vor der Wahl zugesichert, die Zusammenarbeit der beiden Parteien unter allen Umständen, egal welche Partei die Nase vorne haben würde, fortsetzen zu wollen. Auch wenn er die Koalitionsverhandlungen im Prinzip nur mit der SPÖ führen wollte, hielt es Figl von Anfang an für eine Sache der politischen Klugheit, auch der KPÖ anzubieten, wieder ins Kabinett, allerdings nur in einem ihrer nunmehrigen Stärke entsprechenden Verhältnis, einzutreten.[92] Als KP-Minister wäre ihm Ernst Fischer, in dem er einen „aufrechten Patrioten“ sah, am liebsten gewesen.[93] Der SPÖ war eine Einbindung der Kommunisten offenbar weniger wichtig gewesen. Von französischer Seite mutmaßte man sogar, dass die Sozialisten die KPÖ am liebsten aus der Regierung eliminiert hätten.[94] Die Briten setzten sich ebenfalls dafür ein, eine ÖVP/SPÖ-Regierung möglichst ohne Einschluss der Kommunisten zu bilden.[95]

Ein Verbleib der Kommunisten in der Regierung lag allerdings im Interesse der Amerikaner. Deren weitere Mitarbeit würde die Beziehungen der vier Alliierten zueinander vereinfachen und den Eindruck vermeiden, der Sieg der ÖVP würde nun direkt zu einer sowjetfeindlichen Politik in Österreich führen, so das Kalkül im Department of State.[96] Um hier Klarheit zu schaffen, gab Figl sowohl gegenüber der sowjetischen Nachrichtenagentur TASS als auch dem amerikanischen Nachrichtendienst am 30. November öffentliche Erklärungen ab. Dabei deponierte er seinen festen Willen, eine Konzentrationsregierung unter Einschluss der Kommunisten zu bilden.[97]

Den Ritualen der Politik entsprechend, bekundete die Landesparteileitung von Figls Heimatland Niederösterreich, also seiner politischen Hausmacht, am Tag vor seiner Designierung zum Kanzler ihm gegenüber ihre absolute Loyalität. An der Spitze der Unterzeichner, noch vor Landeshauptmann Reither, stand Julius Raab als Landesparteiobmann.[98] Das war ein eindeutiges Signal. Denn Raab war es, der in der Bundespartei die Fäden zog. Ohne Raab ging gar nichts und Raab stand bedingungslos hinter seinem jüngeren Freund Leopold Figl. So wurde Leopold Figl am 1. Dezember 1945 vom Gesamtparteivorstand „ohne Debatte einstimmig“ und „unter großem Beifall“, wie es in der Erklärung der Partei hieß, zum Bundeskanzler designiert.[99] Ebenfalls beschlossen, allerdings nicht veröffentlicht wurde die Entscheidung, Karl Renner bei der Wahl zum Bundespräsidenten von ÖVP-Seite zu unterstützen.[100] Es war das eine wichtige Vorleistung für die Koalitionsverhandlungen mit der SPÖ.

Außerdem wurde in der Sitzung die Linie für die Koalitionsverhandlungen festgelegt. Es war ein umfassender Ansatz, mit dem die ÖVP in die Gespräche ging. Nicht nur die Ministerportefeuilles sollten verhandelt werden. Vielmehr wollte man von der Frage des Staatsoberhaupts abwärts „bis zu allen personellen und programmatischen Fragen der Staatsverwaltung, der Landesbehörden, und vor allem der Gemeinde Wien, aber auch des Gewerkschaftswesens und der Sozialinstitute", Festlegungen herbeiführen.[101] Wie schon Figl in seinem ersten Aufruf unmittelbar nach der Wahl wiederholte die ÖVP ihre Einladung an die anderen Parteien zu einer „ehrlichen und loyalen" Zusammenarbeit. Diese sollte am besten im Rahmen einer Konzentrationsregierung verwirklicht werden.

Die Befugnisse des Staatsoberhaupts waren bis zur Neuwahl des Bundespräsidenten auf den Politischen Kabinettsrat übergegangen. Daher oblag es auch diesem, den Auftrag zur Regierungsbildung zu erteilen. Es war daher mehr als ein Gebot der Höflichkeit, bevor die Entscheidung öffentlich wurde, darüber den Vorsitzenden des Politischen Kabinettsrates, also Staatskanzler Renner, in Kenntnis zu setzen. Also machten sich unmittelbar nach der Sitzung des ÖVP-Parteivorstandes die beiden stellvertretenden Parteiobmänner Julius Raab und Lois Weinberger auf den Weg in die Himmelstraße nahe Grinzing.[102] Dort hatte Staatskanzler Renner seit einiger Zeit eine mondäne Dienstvilla bezogen. Es war ein schon recht winterlicher Samstagabend, und in Grinzing, dem am Fuße des Kahlenbergs gelegenen längst eingemeindeten alten Weinhauerort, lag bereits Schnee. Raab und Weinberger informierten Renner von den gefassten Beschlüssen. Beide Entscheidungen kamen für ihn nicht unerwartet, dennoch zeigte er sich erfreut und erleichtert sowohl über seine eigene Nominierung zum Staatsoberhaupt als auch über den Vorschlag, Figl mit der Regierungsbildung zu betrauen.[103] Die beiden Emissäre hatten nicht nur angesichts des Wetters das Gefühl einer gewissen vorweihnachtlichen Stimmung bei ihrem Gespräch mit dem noch amtierenden Staatskanzler. Figl war ihm wohl unter allen in Frage kommenden Kandidaten der ÖVP der liebste Kanzler. Die beiden hatten innerhalb der

Provisorischen Staatsregierung zu einer tragfähigen Zusammenarbeit gefunden und kamen auch persönlich miteinander gut aus.[104] Figl akzeptierte stets die von Renner gerne herausgestrichene jahrzehntelange politische Erfahrung des um mehr als dreißig Jahre Älteren. Er wusste auch mit der mitunter selbstreferenziellen Art des zweimaligen Staatskanzlers gut umzugehen.[105] Umgekehrt war es die Handschlagqualität Figls, dank derer Renner als Regierungschef sich auf die Berechenbarkeit Figls und seiner Partei verlassen konnte. Renner hatte ein gewisses Faible für Politiker, denen wie bei Figl ihre Tätigkeit in Fleisch und Blut übergegangen war. Außerdem fühlte er sich auch durch seine Herkunft aus dem landwirtschaftlich geprägten Untertannowitz unmittelbar an der niederösterreichisch-mährischen Grenze dem Tullnerfelder Figl irgendwie verbunden. „Meinem treuen standhaften Mitarbeiter in der Provisorischen Regierung, dem Miterbauer des Neuen Österreich, dem ersten Kanzler des demokratisch erneuerten Österreich [...] die besten Grüße des Bauernsohnes dem Bauernsohn [...]“ sollte er einige Monate später am Ende eines privaten Abends im Hause Figl ins Gästebuch schreiben.[106]

Zwar hatten die Sozialisten natürlich gehofft, aus den Wahlen als stärkste Partei hervorzugehen. Doch ließ sich, als die erste Enttäuschung verflogen war, dem Wahlergebnis auch Positives abgewinnen: Die Sozialdemokratie hatte gegenüber den letzten freien Wahlen von 1930 Mandate dazugewonnen. Vor allem hatte sie die überwältigende Mehrheit der Arbeiterschaft wieder unter ihrem Dach einen können. Die Gefahr einer zweiten Linkspartei von mandatsmäßiger Bedeutung war gebannt, die Kommunisten würden wie in der Zwischenkriegszeit eine stimmenmäßig unbedeutende Größe bleiben, auch wenn sie im Gegensatz zur Ersten Republik nun im Nationalrat vertreten waren. Das war vor allem für die Rechten in der Partei um Renner, Schärf und Helmer ein ganz entscheidender Punkt.[107]

In die ersten Tage des Dezembers 1945 fiel ein Großereignis, das zu einem eindrucksvollen Zeichen des Wiedererstehens Österreichs auf dem Gebiet des Sports, aber auch darüber hinaus werden sollte, stellte es doch auf eine andere Art den Überlebenswillen der Bevölkerung unter Beweis. Im Wiener Praterstadion fand am 6. Dezember nach über acht Jahren wieder ein Heimspiel der österreichischen Fußballnationalmannschaft statt. Gegner war die französische Nationalmannschaft. An die 60.000 Zuschauer, die meisten davon zu Fuß, waren trotz eiskalten und windigen Winterwetters über die Notbrücken des Donaukanals ins Praterstadion gepilgert. Denn das Straßenbahnnetz war nach wie vor nur bruchstückhaft wiederhergestellt. Auch das Stadion selbst war durch Bombentreffer beschädigt. Der Stimmung tat dies keinen Abbruch. Für ein paar Stunden vergaßen die Menschen Hunger und Kälte. Auch Figl und Raab ließen sich das Ereignis nicht entgehen und befanden sich, genauso wie eine Reihe weiterer Regierungsmitglieder und der Wiener Bürgermeister Theodor Körner, unter den Besuchern. Auch zahlreiche hochrangige Offiziere der alliierten Militärregierungen waren erschienen. Vor Beginn des Spiels wurden zuerst die Marseillaise, dann die Hymnen der anderen Alliierten gespielt. An Stelle einer nicht bestehenden österreichischen Hymne wurde einfach „O du mein Österreich" intoniert. Dass das Spiel dann auch noch einen überraschenden Sieg für Österreich brachte, machte das Fußballfest vollkommen. Die Österreicher, bei denen der junge Walter Zemann im Tor und „Bimbo" Binder im Sturm spielten, siegten 4:1, wobei Karl Decker drei Tore erzielte. Im Spielbericht des „Neuen Österreich" konnte man am nächsten Tag lesen: „Es wurde gegen die Erwartungen ein Sieg Österreichs! Gegen die Erwartungen wohl nur deshalb, weil wir auch im Fußball durch den Krieg nicht nur schwächer, sondern darüber hinaus kleinmütiger geworden sind und selbst nicht mehr recht an die Fähigkeiten der Unseren glauben wollten."[108] Und das „Kleine Volksblatt" resümierte: „Es ist nur ein Fußballspiel, das gestern im Stadion von unserer Mannschaft gewonnen wurde, aber die Bedeutung dieses Sieges reicht weit über den Sport hinaus, sie stellt einen nicht zu unterschätzenden Beweis für die Lebenskraft und den Lebenswillen unseres Sports und damit unseres Landes dar. Österreich kann seinen Fußballern dankbar sein."[109] So wurde schon im Jahr 1945 der Sport zum Labsal für die von den Wechselbädern der Gefühle heimgesuchte österreichische Seele. Beim Fußball war das Bild vom kleinen David, der dem scheinbar übermächtigen Goliath Paroli bieten kann, einen Abend lang in Erfüllung gegangen. Österreich hatte sich gegenüber dem mächtigen Alliierten Frankreich nicht nur behauptet, sondern ihn – zumindest sportlich – sogar überflügelt.

An der Spitze der Regierung

Noch bevor die Koalitionsverhandlungen zwischen ÖVP und SPÖ im engeren Sinn begonnen hatten, kam es am 30. November 1945 zu einer politischen Einigung mit weitreichenden Folgen für die Geschichte der Zweiten Republik. Es handelte sich um die Währungsfrage.[1] Wenn auch der Provisorischen Staatsregierung auf währungspolitischem Gebiet nur ein begrenzter Spielraum offenstand, so war sie zumindest bemüht, das Beste daraus zu machen. Schon Anfang Juli hatte der Kabinettsrat drei für das österreichische Geldwesen bedeutsame Gesetze beschlossen: das Notenbanküberleitungsgesetz, das Schaltergesetz und das Kreditlenkungsgesetz. Die Nationalbank war wieder in ihre alte Funktion eingesetzt worden, gleichzeitig begannen die österreichischen Kreditinstitute, ihren Geschäftsverkehr zumindest in beschränktem Umfang wieder aufzunehmen. Mit dem Kreditlenkungsgesetz war eine planmäßige Steuerung öffentlicher wie privater Kredite vorgesehen, wobei die Prioritätenskala entsprechend den Nachkriegserfordernissen Aufgaben der Nahrungsmittelbeschaffung, des Wiederaufbaus und des Transportwesens vorrangig berücksichtigte. Staatliche Stellen erhielten damit die Möglichkeit, planend in das Wirtschaftsgeschehen einzugreifen.

Am 30. November 1945 wurde vom Kabinettsrat die Währungsreform beschlossen. Durch sie wurde der Schilling wieder als österreichisches Zahlungsmittel eingeführt. Insgesamt wurden 7,7 Milliarden Reichsmark und eine Milliarde sogenannter Alliierter Militärschillinge umgetauscht. Der Austausch erfolgte im Verhältnis eins zu eins, allerdings wurden lediglich 150 Schilling pro Kopf bar ausgezahlt, der Rest kam auf ein Sperrkonto. Der Bevölkerung verlangte das Schillinggesetz also große Opfer ab. Daher kam es parallel zur Beschlussfassung im Rahmen der Staatsregierung zu einer gegenseitigen Abmachung zwischen SPÖ und ÖVP, die zwar noch nicht Teil der Koalitionsverhandlungen war, diese aber auf wirtschafts- bzw. währungspolitischem Gebiet bereits vorwegnahm. Beide Parteien kamen überein, die Währungsfrage „als eine überparteiliche Angelegenheit zu betrachten, die nur einer gemeinsamen Lösung zugeführt werden kann und für welche somit beide Parteien gleichermaßen die Verantwortung zu tragen haben. Fragen der Währungspolitik dürfen nicht zum Gegenstand der parteipolitischen Propaganda gemacht werden."[2] Für die SPÖ, die dem Schillinggesetz gegenüber Bedenken hatte, war diese gemeinsame Erklärung, die für die Währungspolitik noch lange Geltung behalten sollte, Voraussetzung, um in der Regierung dem Gesetz zuzustimmen. Dadurch konnte noch die Provisorische Staatsregierung einen großen Schritt beim Wiederaufbau einer geordneten Währung machen, auch wenn die Inflation unverändert hoch blieb. Es war aber dieser gemeinsame Beschluss noch mehr: nämlich ein ganz entscheidender politischer Paradigmenwechsel gegenüber der Ersten Republik, die auch am Fehlen eines wirtschaftspolitischen Konsenses, etwa bei der Genfer Sanierung in den 1920er Jahren oder der Lausanner Anleihe 1933, zugrunde gegangen war.

Für Figl bedeutete die Einigung eine große Erleichterung, konnte die zu bildende Regierung doch auf dem nunmehr gesetzten währungspolitischen Fundament aufbauen. Es reichte den beiden Parteien übrigens, untereinander eine Einigung gefunden zu haben. Bei der Beschlussfassung des Schillinggesetzes, dann auch beim Außenhandelsgesetz und beim Warenverkehrsgesetz kam es zu keiner Zustimmung der kommunistischen Regierungsmitglieder. Die Kommunisten erklärten, diese „Mehrheitsbeschlüsse" zu akzeptieren, obwohl der Kabinettsrat eigentlich einstimmig zu beschließen hatte und Mehrheitsentscheide nicht vorgesehen waren.[3] Die relativ konziliante Vorgangsweise der KPÖ fiel übrigens mit dem Angebot Koplenigs an Figl zusammen, in eine Regierung einzutreten. Allerdings beharrten die Kommunisten darauf, ein eigenes Ministerium mit fachlichen Zuständigkeiten zu erhalten. Mit einem Minister ohne Portefeuille wollten sie sich nicht zufriedengeben.[4]

Die eigentlichen Koalitionsverhandlungen zwischen SPÖ und ÖVP fanden dann an den vier Tagen zwischen 4. und 7. Dezember 1945 statt. Als Verhandlungsführer saßen einander Adolf Schärf und Leopold Figl gegenüber. Neben ihnen verhandelten für die ÖVP Raab, Weinberger, Hurdes und Gruber, für die SPÖ Renner, die beiden Zentralsekretäre Erwin Scharf und Franz Popp und der Wiener Parteivorsitzende Paul Speiser.

Schärf und Figl waren von ihrer Persönlichkeit her ganz unterschiedliche Typen. Das Spontan-Impulsive eines Leopold Figl war Schärfs Sache nicht. Er war ein Systematiker, im Vergleich zu Figl „etwas kühler in seinem Wesen", wie der französische Oberkommandierende Émile Béthouart urteilte.[5] Ein geschickter Verhandler, mit einer gewissen bürokratischen Ader, fertigte Schärf nach Gesprächen seitenlange Aktenvermer-

Adolf Schärf, Leopold Figl und Karl Gruber (v. l.). Die Aufnahme stammt aus den Tagen rund um die Angelobung der Regierung Figl im Dezember 1945.

ke an und hatte den Zugang eines Juristen zur Politik. Während Schärf und Hurdes einander schon im Untergrund nähergekommen waren, hatte Figl Schärf erst im Rahmen der Zusammenarbeit in der Provisorischen Staatsregierung bzw. im kleineren Kreis im Politischen Kabinettsrat näher kennengelernt. Ungeachtet ihrer unterschiedlichen Charaktere fanden Schärf und Figl zueinander einen persönlichen Zugang. Selbst im Trubel des beginnenden Wahlkampfs hatten private Kontakte stattgefunden, bei denen man sich gegenseitig der Bereitschaft zur weiteren Zusammenarbeit versicherte.[6] Durch diese persönlichen Begegnungen schwanden auch die anfänglichen Vorbehalte Schärfs im Hinblick auf Figls politische Tätigkeit in der autoritären Periode 1934 bis 1938. Schärf erkannte in Figl genauso wie schon zuvor in Hurdes einen Politiker, der, „durch bittere Erfahrungen geläutert", ihm nunmehr als Garant einer demokratischen Entwicklung erschien.[7] Darauf aufbauend entwickelte sich zwischen Figl und Schärf 1945 die Basis für eine tragfähige Zusammenarbeit, hatten sie sich doch „immer wieder zusammengesetzt und ‚zusammengerauft'", wie es Karl Gruber rückblickend formulierte.[8] Die Koalitionsverhandlungen wurden auch dadurch erleichtert, dass die Sozialisten ohne einen Katalog ultimativer Forderungen in die Verhandlungen gingen. Schärf war sich bewusst, dass angesichts des Abstandes zwischen beiden Parteien und vor allem der absoluten Mandatsmehrheit der ÖVP dazu keine Veranlassung bestand.[9]

Interessenkollisionen zwischen den beiden Parteien gab es bei der Ressortaufteilung. Vor allem auf das Innen- und das Unterrichtsministerium hatten es beide Parteien abgesehen. Zusätzlich verlangte die SPÖ ein Ressort, das auch wirtschaftliche Zuständigkeiten mit sich brächte, vor allem im Bereich des öffentlichen Verkehrs. In den vier Verhandlungstagen Anfang Dezember 1945 einigten sich beide Parteien über einige sachpolitische Themen, sie steckten politische Einflusssphären ab und brachten auch einen Kompromiss bei der Ressortverteilung zustande. Auf die Abfassung eines schriftlichen Abkommens oder Vertrags, worin die Ergebnisse der Koalitionsverhandlungen festgehalten wurden, verzichtete man allerdings ebenso wie auf ein eigenes Regierungsprogramm. Dennoch erhellen einige erhalten gebliebene Aufzeichnungen, die von den Verhandlern angefertigt wurden, worum es bei den Gesprächen zwischen ÖVP und SPÖ inhaltlich ging.[10] Manches von dem, was sich die Regierung vornahm, klingt auch heute dem politisch Interessierten vertraut. Die beiden Parteien wollten ein neues, einheitliches Beamtendienstrecht entwickeln, bei dem die Anfangsgehälter angehoben werden sollten. Im Gegenzug sollte die Lohnkurve im weiteren Verlauf flacher werden. Für die Lehrer nahm man sich vor, ein einheitliches Dienst- und Besoldungsrecht zu schaffen. In der Frage der ehemaligen Nationalsozialisten verständigten sich beide Parteien, „einfache Mitläufer", also Parteianwärter oder einfache Parteimitglieder, aus der NS-Gesetzgebung herauszunehmen. Auch bei der Einsetzung öffentlicher Verwalter sollte es Lockerungen geben, ohne dass man damals wusste, dass das im Mai beschlossene Verwaltergesetz noch im Dezember von den Alliierten beeinsprucht und damit ohnedies eine gesetzliche Neuregelung notwendig werden sollte.[11] In der Verstaatlichungsfrage verständigten sich beide, nach dem Verstaatlichungsgesetz vom Sommer vorzugehen, dessen Bestimmungen, wie bereits ausgeführt, reine Absichtserklärungen enthielten.

Wesentlich erschien es, jene Fragen zu neutralisieren, die in der Zwischenkriegszeit die großen Konfliktthemen des sogenannten „Kulturkampfes" zwischen den Parteien gewesen waren. Dessen waren sich ÖVP und SPÖ bewusst, weshalb sie schon zu Beginn der diesbezüglich getroffenen Vereinbarungen einleitend erklärten, dass es der gemeinsame Wunsch sei, „[...] einen Kulturkampf zu vermeiden und diesbezügliche Zweifel auszuschließen [...]"[12]. Offene Fragen sollten gemeinsam nach einer Befassung des Ministerrates besprochen und gesetzlich geregelt werden. Vor allem der ÖVP war es wichtig zu wissen, dass die SPÖ in Fragen des Kultus bzw. der Erziehung nicht beginnen würde, hinter ihrem Rücken mit der KPÖ gemeinsame Sache zu machen. Bei der Schulgesetzgebung sagten die Sozialisten zu, die katholischen Privatschulen anzuerkennen und allfällige Reformen ausgehend vom gesetzlichen Status quo vor dem Jahr 1933 zu verhandeln. In der Frage der Eheschließung sollte der in der NS-Zeit eingeführte Zwang zur zivilen Eheschließung im Falle der kirchlichen Trauung wegfallen. Beide Punkte hatte die ÖVP in ihrem ersten Grundsatzprogramm, den „Programmatischen Leitsätzen", verlangt. Um die Frage des Weiterbestands des 1933 abgeschlossenen Konkordats mit dem Heiligen Stuhl machten die beiden Parteien einen Bogen. Hier waren die Auffassungen zu unterschiedlich, weshalb man sich nur darauf verständigen konnte, die Konkordatsproblematik zu einer „reine[n] Rechtsfrage" zu erklären, die „[...] daher keinen Gegenstand dieser politischen Vereinbarung" bilden würde.[13]

Neben den inhaltlichen Bestimmungen ging es in den Koalitionsverhandlungen auch darum, die für beide Parteien langfristig angelegte Zusammenarbeit mit einem Rahmen zu versehen. Es war die Geburtsstunde des Proporzes.[14] Der Begriff des Proporzes hat im Laufe der Geschichte der Großen Koalition einen immer schlechteren Klang bekommen und wurde zum Synonym für die Aufteilung des Landes zwischen Rot und Schwarz. Im Herbst 1945 war dies anders. Damals schien die anteilsmäßige Beteiligung von SPÖ und ÖVP an den Regierungen in Bund und Ländern und darüber hinaus an Spitzenpositionen in der Verwaltung Gewähr für eine erhöhte Stabilität in der Zusammenarbeit der beiden Parteien zu bieten. Der Proporz anno 1945 war, wenn man so will, auch eine Krücke zur Überwindung des gegenseitigen Misstrauens der ehemaligen Bürgerkriegsgegner von 1934. Daher kamen die Verhandler von SPÖ und ÖVP ausdrücklich überein, den Proporz auch bei der Bildung der Wiener Landesregierung zu beachten, was eine Berücksichtigung der ÖVP in der Stadt Wien entsprechend ihrem respektablen Wahlergebnis von knapp 35 Prozent garantierte. Vor allem der ÖVP-Seite war daran gelegen, die Beteiligung ihrer Partei an der Wiener Stadtregierung in die Koalitionseinigung mit einzubeziehen. Im Gegenzug wurde der SPÖ die Wiedererrichtung des Wiener Stadtschulrates als ihr Einflussbereich zugesagt. Auch den Wiener Polizeipräsidenten sollte die SPÖ erhalten. Im Bereich der Bundesregierung kamen beide Parteien überein, die diplomatischen Vertretungen im Ausland genauso im gegenseitigen Einvernehmen zu besetzen, wie in allen Fragen der inneren Sicherheit sowie der bisher stark kommunistisch unterwanderten Staatspolizei stets gemeinsam vorgegangen werden sollte. Bei der Ressortaufteilung wurde interessanterweise das Amt des Bundespräsidenten miteinbezogen, wobei die ÖVP ihre Bereitschaft, das Staatsoberhaupt den Sozialisten zu überlassen, ausdrücklich an die Person Renners knüpfte.[15] Darüber hinaus erhielt die SPÖ den Vizekanzler und fünf Fachminister. Die ÖVP erhielt den Bundeskanzler und sechs Fachminister sowie einen Minister ohne Portefeuille im Bundeskanzleramt. Je ein Staatssekretär kam dazu, der der ÖVP im roten Innenministerium, der der SPÖ im schwarzen Ministerium für Vermögenssicherung und Wirtschaftsplanung. Der KPÖ war man bereit ein zu schaffendes Ministerium für „Elektrifizierung und Energiewirtschaft" anzubieten.[16]

Die ÖVP erhielt wie schon in der Provisorischen Staatsregierung die meisten wirtschaftsbezogenen Ressorts, die Landwirtschaft, das Unterrichtsministerium sowie die Agenden des Außenamts. Der SPÖ überlassen musste sie das Innenministerium, das zu besetzen für die Sozialdemokratie auf Grund der Erfahrungen der 1930er Jahre von großer Bedeutung war.[17] Weiters erhielt die SPÖ neben der Position des Vizekanzlers das Sozialministerium und das Justizressort. Außerdem kam Figl dem Wunsch der SPÖ nach einem wirtschaftsbezogenen Ressort insoweit entgegen, als der Verkehr vom Handel getrennt wurde und als eigenes Ministerium der SPÖ zufiel. Dafür behielt die ÖVP das Ressort für Vermögenssicherung und Wirtschaftsplanung, auf das die SPÖ ebenfalls ein Auge geworfen hatte.[18]

Die Krise um die Ministerliste

Figl musste nun darangehen, für die der ÖVP zukommenden Ministerien geeignete Persönlichkeiten zu finden. Dabei waren einige der von der ÖVP in der Provisorischen Staatsregierung gestellten Ressortchefs Fixstarter. Der starke Mann in der Partei, zugleich Figls engster persönlicher Freund, Julius Raab, sollte das Bundesministerium für Handel und Wiederaufbau erhalten. Es war aus der Zusammenlegung des Staatsamts für öffentliche Bauten, Übergangswirtschaft und Wiederaufbau mit dem Staatsamt für Industrie, Gewerbe, Handel und Verkehr entstanden, wobei der Verkehr und die Energiewirtschaft – wie erwähnt – weggekommen waren. Als Vertreter aus den westlichen Bundesländern sollte Vinzenz Schumy Ressortchef für Vermögenssicherung und Wirtschaftsplanung bleiben sowie der bisherige Unterstaatssekretär Karl Gruber zum Bundesminister für auswärtige Angelegenheiten aufrücken. Als Landwirtschaftsminister sollte Figls enger Vertrauter Josef Kraus in der Regierung bleiben. Als Staatssekretär im Innenministerium hatte er mit Ferdinand Graf ebenfalls einen seiner engsten Gefolgsleute vorgesehen. Unterrichtsminister wurde Felix Hurdes, der Generalsekretär der Partei. Dem engen Schicksalsgenossen aus der Haft, der innerparteilich seit dem Sommer an Gewicht verloren hatte, honorierte Figl damit dessen Verdienste um den Aufbau und vor allem die Programmatik der ÖVP. Etwas anders verhielt sich die Sache mit Lois Weinberger. Er wurde lediglich Minister ohne Portefeuille im Bundeskanzleramt. Als Obmann des ÖAAB und stellvertretender Parteiobmann, der auch eines der Zugpferde im Wahlkampf war, hatte ihn Figl wohl nicht ganz leer ausgehen lassen können. Denn obwohl die beiden in den 1930er Jahren schon gemeinsam im Bundeswirtschaftsrat gesessen waren,[19] war ihr Verhältnis nicht ungetrübt. Noch in der Wahlnacht war es zwischen beiden zu einem schweren Zerwürfnis gekommen.[20] Dass Figl und Weinberger nicht sonderlich gut miteinander harmonierten, wird auch daran erkennbar, dass Weinberger schon nach etwas mehr als einem Jahr wieder aus der Regierung ausschied. Weinberger war seit Februar 1946 auch Vizebürgermeister in Wien, worauf er in der Folge den Schwerpunkt seiner politischen Tätigkeit legte.

Im Finanzministerium verblieb der bisherige Staatssekretär Georg Zimmermann. Beide Parteien hatten sich darauf geeinigt, im Finanz- und Justizressort die bisherigen Fachexperten zu belassen, wobei der parteilose Justizminister Josef Gerö von der SPÖ nominiert wurde, während Zimmermann auf das Konto der ÖVP ging.

Als mandatsstärkste Partei beanspruchte die ÖVP den Präsidenten des Nationalrats für sich. Das war ebenso in den Koalitionsverhandlungen vereinbart worden, wie dass der Volkspartei der Präsident des Rechnungshofs zufiel. Als Nationalratspräsidenten waren die Sozialisten bereit den großen alten Mann der ÖVP, Leopold Kunschak, zu akzeptieren.

Nach Abschluss der Koalitionsgespräche mit der SPÖ musste Figl noch mit den Kommunisten zu einem Ergebnis kommen. Diese Gespräche führte die ÖVP alleine, die SPÖ schloss keine Vereinbarung mit der KPÖ ab.[21] Die KPÖ verhandelte mit ihren Spitzenleuten Koplenig, Honner und Fischer. Ihre Unterhändler mussten rasch einsehen, dass das bevorzugte Unterrichtsministerium nicht zu haben war,[22] sie verlangten daraufhin eines der großen Ministerien mit wirtschaftlicher Zuständigkeit, wie Handel, Wiederaufbau oder Vermögenssicherung.[23] Doch ging Figl nicht über das hinaus, was mit der SPÖ vereinbart worden war.

Schließlich akzeptierten die Kommunisten das angebotene Ministerium für Elektrifizierung und Energiewirtschaft. Es wurde aber von keinem ihrer Verhandler, sondern vom bisherigen Unterstaatssekretär für Justiz, Karl Altmann, übernommen.[24] Damit hatte Figl am Abend des 7. Dezember 1945 sowohl einen Verhandlungsabschluss als auch eine komplette Ministerliste beisammen.[25]

In dem Maße, wie sich die Parteienverhandlungen zur Regierungsbildung dem Ende näherten, wurde einmal mehr deutlich, dass für Österreich seit dem 20. Oktober 1945 die Periode der „totalen Kontrolle" begonnen hatte.[26] Waren es allerdings im Oktober und November 1945 die Westalliierten gewesen, die auf ihre Rechte gepocht hatten, so sollte sich dies nach den Wahlen vom 25. November 1945 ändern. Mehr und mehr begannen die Sowjets, die Kontrollrechte des Alliierten Rates restriktiv auszulegen. Die schwere Wahlniederlage der Kommunisten bei der Nationalratswahl kam auch für die russischen Besatzer völlig unerwartet und blieb nicht folgenlos. Dies sollte beim Prozess der Bildung der Regierung Figl evident werden. In der Sitzung des Alliierten Rates vom 30. November 1945 waren die vier Hochkommissare erstmals auf die neue Regierung zu sprechen gekommen. Marschall Konev warf die Frage auf, ob es nicht zweckmäßig wäre, sich vorab eine Liste der Regierungsmitglieder vorlegen zu lassen. Die anderen Mitglieder stimmten zu, wobei General Clark noch ergänzte, dass der Alliierte Rat keinesfalls eine neue Regierung zulassen könne, der Personen mit einer Nähe zum Nationalsozialismus angehörten. Außerdem verlangte der Alliierte Rat die Vorlage eines schriftlichen Regierungsprogramms.[27] Der Beschluss wurde Renner als noch amtierendem Staatskanzler übermittelt. Es ist bemerkenswert und bezeichnend, dass bei der Umbildung und Erweiterung der Provisorischen Staatsregierung am 26. September ein solches Verfahren durch den Alliierten Rat noch nicht angestrengt worden war.[28]

Der Sitzung des Alliierten Rates vom 30. November 1945 vorausgegangen war ein Gespräch zwischen General Clark und Marschall Konev einen Tag zuvor.[29] Dabei hatte Konev Beschwerde darüber geführt, dass während des Wahlkampfes in der sowjetischen Zone Reden gehalten worden seien, die gegen die Sowjetunion und ihre Kommandanten gerichtet waren. Ungeachtet all dieser Provokationen wollten die Sowjets den demokratischen Charakter der Wahlen erhalten und hatten in keiner Weise in den Wahlkampf eingegriffen. Konev wurde dann präziser und erklärte, dass es vor allem Politiker der Volkspartei waren, die gegen die

Sowjetunion eingestellt wären. Sie wären dadurch aufgefallen, dass sie mit ihren antisowjetischen Reden das harmonische Verhältnis der Alliierten untereinander untergraben hätten. Diese Leute sollten aus der Regierung eliminiert werden. Clark erklärte sich einverstanden, die Regierungsliste genau zu überprüfen, und pflichtete Konev insoweit bei, dass keinen Leuten mit einer Nähe zu Faschismus oder Nationalsozialismus die Übernahme eines Regierungsamtes gestattet werden sollte.

Interessant ist dabei, dass sich beide alliierten Oberbefehlshaber gegenseitig hinsichtlich ihrer Haltung zu Figl als dem präsumtiven Bundeskanzler abtasteten. Beide hielten sich bedeckt. Während Clark erklärte, kaum etwas über Figl zu wissen, sagte Konev ausweichend, dass man alles tun sollte, um die Zusammenarbeit mit der österreichischen Regierung zu konsolidieren. Ohne sich über Figl persönlich zu äußern, räumte er immerhin ein, dass dessen Nominierung als Bundeskanzler dem Wahlentscheid der österreichischen Bevölkerung Rechnung trage.

Bei einem ähnlichen Gespräch der Stellvertreter von Clark und Konev, John G. Erhardt und General Evgenij D. Kiselev, einige Tage später legte der russische Offizier sehr freimütig die Ursachen für die Haltungsänderung seines Landes gegenüber der Regierung dar.[30] Die Sowjets, so räumte er ein, wären vom schwachen Abschneiden der KPÖ bei den Wahlen völlig überrascht worden. Daher werde man nun die Haltung seines Landes Österreich gegenüber in gewissen Punkten neu überdenken. Er wiederholte die Anschuldigungen Konevs der ÖVP gegenüber, dass einzelne ihrer Politiker im Wahlkampf abfällige und vollkommen falsche Äußerungen über die Rote Armee gemacht hätten. Daher sollten alle Richtlinien im Zusammenhang mit der Entnazifizierung konsequent bei der Bildung der neuen Regierung zur Anwendung gelangen. Er pochte erneut darauf, dass die Alliierte Kommission sehr sorgfältig jede ihr vorgelegte Kabinettsliste durchleuchten und Nazis sowie Faschisten eliminieren sollte.

Am 8. Dezember überreichte Figl dem Vorsitzenden des Alliierten Rates, es war zu diesem Zeitpunkt der französische General Émile Béthouart, seine Regierungsliste.[31] Figl hatte nach wie vor gehofft, die Alliierten würden ihre Zustimmung zur neuen Regierung noch in der Sitzung des Alliierten Rates vom 10. Dezember geben. Um diesen Vorgang zu beschleunigen, suchte er kurzfristig auch die anderen Alliierten auf, um ihnen die Kabinettsliste persönlich zu überreichen.[32] Bemerkenswert dabei war das Gespräch mit General Mark Clark, zu dem es detaillierte Aufzeichnungen gibt.[33] Figl erschien mehr oder weniger ohne Vorankündigung im Hauptquartier der US-Truppen in Österreich, das diese im Gebäude der Nationalbank im neunten Wiener Gemeindebezirk aufgeschlagen hatten. Ungeachtet seines überraschenden Besuchs wurde er von Clark sofort empfangen. Es war das erste persönliche Gespräch zwischen den beiden und Figl verstand es, den Oberkommandierenden der US-Streitkräfte in Österreich für sich einzunehmen. Dabei sparte er nicht an Komplimenten, für die der US-General, er galt allgemein als eitel, durchaus empfänglich war.

Allerdings machte Clark Figl darauf aufmerksam, dass von sowjetischer Seite mit Widerstand gegen einzelne Mitglieder der Regierung gerechnet werden müsse. Er berichtete über die Enttäuschung der Sowjets über das Abschneiden der Kommunisten bei den Wahlen. Als Reaktion darauf, so warnte Clark, würden sie sich sorgfältig die Kabinettsliste ansehen und gegebenenfalls alles unternehmen, um Nazis oder Faschisten zu eliminieren. Figl erwiderte etwas vollmundig, dass keine solchen Leute auf der Liste zu finden seien und fast alle Kabinettsmitglieder eine lange Haftzeit im KZ hinter sich hätten.

Clark und Figl kamen aber auch auf das generelle Verhältnis zwischen den Alliierten und der österreichischen Regierung zu sprechen. Clark wies Figl darauf hin, dass bei den Sowjets eine Haltungsänderung sichtbar wäre. Hätten sie sich, solange die Regierung Renner noch kein Ablaufdatum hatte, stets für eine Ausweitung der Autorität der Regierung zu Lasten des Alliierten Rates ausgesprochen, so verhielte es sich nunmehr umgekehrt. Den Umstand, dass er allerdings selbst bei seinem Gespräch mit Konev den Standpunkt vertreten hatte, dass die oberste Gewalt bei den Alliierten bleiben sollte, ließ Clark genauso unerwähnt, wie er wohlweislich kein Wort darüber verlor, dass er der Vorgangsweise ausdrücklich zugestimmt hatte, wonach der Alliierte Rat die Regierungsliste einer genauen Prüfung unterziehen und allfällige Kandidaten für ein Ministeramt mit nationalsozialistischer oder faschistischer Vergangenheit verhindern sollte.

Eine funktionierende Zusammenarbeit der vier Mächte, so der US-Oberbefehlshaber in seinem Gespräch mit Figl, läge im wohlverstandenen Interesse Österreichs. Clark forderte Figl auf, seinen Teil dazu beizutragen, eine solche Zusammenarbeit nicht zusätzlich zu erschweren. Figl antwortete, dass genau das die Politik seiner Regierung sein werde. Das Gespräch der beiden ging ausgesprochen herzlich zu Ende. Clark versicherte Figl, er könne sich jederzeit an ihn wenden und werde bei ihm stets offene Türen vorfinden. Er, Clark, sei immer bereit zu helfen, zumindest soweit es in seiner Macht stünde. Gegenüber den Amerikanern, die ihm bis zu diesem Zeitpunkt immer noch etwas reserviert, um nicht zu sagen misstrauisch begegnet waren, hatte Figl das Eis gebrochen. Sie hatten inzwischen auch ausreichend biographische Informationen zu Figl eingeholt.[34] Nach wie vor interessierte sie die Rolle Figls vor 1938 am meisten. Allerdings waren sie nun eher bereit anzuerkennen, dass Figl jenem Flügel innerhalb des Regierungslagers angehört hatte, der dem Nationalsozialismus strikt ablehnend gegenübergestanden war.[35] So fand in ihrer Beurteilung etwa Platz, dass die von Figl gegründeten „Niederösterreichischen Sturmscharen" eindeutig NS-feindlichen Charakter hatten oder dass er von Schuschnigg mit der Vorbereitung der Kampagne für die Volksbefragung über die österreichische Unabhängigkeit vom 13. März 1938 beauftragt worden war.

In der Sitzung des Alliierten Rates vom 10. Dezember 1945 wurde die Pattsituation im Hinblick auf die Regierung deutlich. Marschall Konev erklärte, dass er die Liste erst am Abend des 8. Dezember erhalten habe, sie noch studieren müsse und zu einer Diskussion noch nicht bereit sei. Der Alliierte Rat vereinbarte daraufhin Folgendes: In der Sitzung seines Exekutivkomitees am 14. Dezember 1945 sollten die Meinungen der einzelnen Oberbefehlshaber abgeglichen werden. Außerdem hatte die designierte Regierung bis dahin den Alliierten ihr Regierungsprogramm vorzulegen. Über beides sollte dann bei der Sitzung des Alliierten Rates ein Einvernehmen erzielt werden.[36]

In der Zwischenzeit hatten sich die Amerikaner darüber Gedanken gemacht, wen von der Regierungsliste Figls die Sowjets wohl blockieren würden. Dabei kamen sie auf Ferdinand Graf, der ihrer Ansicht nach die Speerspitze der ÖVP-Kampagne gegen die russische Besatzung gewesen war.[37] Doch es sollte viel gravierender kommen. Die Sowjets hatten Einwände gegen gleich vier Regierungsmitglieder: Auf der ÖVP-Seite gegen Julius Raab, Vinzenz Schumy und Ferdinand Graf, denen sie eine „faschistische" Vergangenheit unterstellten; auf der SPÖ-Seite gegen Andreas Korp, dem eine nationalsozialistische Vergangenheit vorgehalten wurde. Konkret warfen ihm die Sowjets vor, Parteianwärter gewesen zu sein. Für alle vier galt allerdings auch, dass sie diejenigen Exponenten ihrer Parteien waren, die sich mit offener Kritik an der Roten Armee im Wahlkampf am wenigsten zurückgehalten hatten.[38] Ihre Einwände ließen die Sowjets am 11. Dezember 1945 zuerst den anderen Alliierten zukommen. In den darauffolgenden Tagen, zwischen 11. und 14. Dezember 1945, begann nun General Clark eine Schlüsselrolle zu spielen.[39] Es lag im wohlverstandenen Interesse der Amerikaner, keine längere Verzögerung bei der Regierungsbildung und damit ein durchaus riskantes Vakuum in der österreichischen Politik entstehen zu lassen. Klar war, dass man rasch zu einer Lösung kommen musste, um noch vor Weihnachten eine neue Regierung zu haben und eine längere Vakanz, die sich bis weit in den Jänner hätte hineinziehen können, zu vermeiden.

Für Leopold Figl kamen die sowjetischen Einwände unerwartet und waren auch persönlich ein schwerer Schlag, den er erst verdauen musste. Bei Vinzenz Schumy und Ferdinand Graf handelte es sich um zwei Mitkämpfer der ersten Stunde beim Wiederaufbau des Bauernbundes. Ferdinand Graf war neben Edmund Weber überhaupt sein engster politischer Mitarbeiter geworden. Vinzenz Schumy, den ehemaligen Obmann des Landbundes, auf die Seite des Bauernbundes gezogen zu haben, war Figls erster großer politischer Coup im April des Jahres gewesen. Am schwersten wogen für Figl aber die sowjetischen Vorbehalte gegen Julius Raab, seinen engen, jahrzehntelangen Freund und politischen Weggefährten. Figl war gewillt, alles zu unternehmen, um die Einsprüche der russischen Seite rückgängig zu machen.

Die drei Betroffenen entwarfen Entgegnungen zu den sowjetischen Vorwürfen, die „geradlinig und stichhaltig" waren.[40] Jedoch ließen sich die Anschuldigungen nur im Falle von Ferdinand Graf eindeutig widerlegen. Denn dieser hatte nachweislich keine Regierungsfunktion vor 1938 innegehabt und war nach seiner Inhaftierung im KZ Dachau und Flossenbürg in keinerlei Nahebeziehung zur NSDAP gekommen. Der Grund für seine Ablehnung lag nachweislich in seinen Wahlkampfauftritten, hatte er doch in den Augen der Sowjets, wie es in einem internen sowjetischen Bericht hieß, „als engster Mitkämpfer Figls" versucht, „der österreichischen Bevölkerung Angst vor der Gefahr des ‚Roten Terrors' und der ‚Roten Gestapo' einzujagen".[41]

Bei Raab und Schumy drohte eine langwierige Debatte mit den Sowjets, war ihre Regierungstätigkeit vor 1938 doch ein Faktum, das in den Augen der russischen Vertreter bereits Beweis genug ihrer „faschistischen" Einstellung war. Süffisant erklärten sie, der Umstand, der Regierung Renner angehört zu haben, wäre keine ausreichende Legitimation für einen demokratischen Minister, sei doch die Provisorische Staatsregierung nicht eingesetzt, sondern von der Roten Armee nach der Einnahme Wiens lediglich zugelassen worden. Der französische Gesandte Louis de Monicault äußerte rückblickend den Verdacht, dass es den Sowjets darum ging, nach der Wahlniederlage der Kommunisten den anderen Alliierten genauso wie den Österreichern zu demonstrieren, dass man mit ihnen innenpolitisch zu rechnen habe.[42] Die Situation war verfahren. Auch mehrfache persönliche Vorsprachen Figls bei Konev konnten daran nichts ändern. Es drohte genau jene Verzögerung, die weder im Interesse Figls noch der Westalliierten liegen konnte. Mit dieser Argumentation versuchte Clark Figl davon zu überzeugen, dass er Änderungen in seiner Regierung vornehmen müsse. Dabei war es bis zu einem gewissen Grad ein Doppelspiel, das Clark betrieb. Denn in der Sache wurden die sowjetischen Vorbehalte von den Amerikanern und Briten wenn schon nicht geteilt, so zumindest bis zu einem gewissen Grad gebilligt. Sie traten weder informell noch in den Gremien des Alliierten Rates für die von den Sowjets beeinspruchten Politiker auf. Denn stillschweigend waren sie ohnedies damit einverstanden, Personen, die eine Vergangenheit als Regierungsmitglied der Dollfuß/Schuschnigg-Regierungen aufwiesen, nicht als Minister der neuen Regierung zuzulassen. Dies galt auch für Raab, über dessen Verhinderung der britische diplomatische Vertreter William H. B. Mack seinem Außenminister Ernest Bevin schrieb: „Wir sahen keinen Grund, seinen Abschied zu bedauern."[43]

Auch wenn vorderhand nichts von den Diskussionen der Alliierten über die Regierungsliste in die Öffentlichkeit gelangte, so begannen sich die Einwände in politischen Kreisen herumzusprechen. Vor allem in der ÖVP machte sich Unmut breit.[44] Einige Mitglieder der Parteiführung reagierten verstört und erklärten, die Verhinderung von in den Nationalrat gewählten Personen in der Regierung stelle eine schwere Verletzung demokratischer Prinzipien durch die Alliierten dar. Man solle sich daher aus der Regierung zurückziehen. Den Weitsichtigeren in der ÖVP-Führungsmannschaft war klar, dass dies lediglich zu einer gänzlichen Übernahme der Regierungsgewalt durch die Alliierten führen würde.[45]

Die Amerikaner versuchten nun, Figl insoweit eine Brücke zu bauen, als Clark Konev dazu brachte, seine Einwände gegen Graf zurückzuziehen. Im Falle Raabs schien aber nichts zu machen zu sein. Folgt man der Schilderung Julius Raabs, so war er es schließlich selbst, der auf das Ministeramt verzichtete und Figl vorschlug, dafür die Position des Klubobmannes der ÖVP im Parlament zu übernehmen.[46] Im Verhältnis der beiden zueinander hatte Raab stets die Rolle des Älteren und Erfahreneren inne, an dem sich Figl gerne orientierte. Dass Figl Raab gegen dessen Willen zum Verzicht gezwungen hätte, ist daher auch schwer vorstellbar.

Als niederösterreichischer Parteiobmann, Chef des Wirtschaftsbundes und designierter Präsident der im Entstehen begriffenen Handelskammerorganisation blieb Raab auch ohne Regierungsamt der starke Mann in der ÖVP. Seinen Freund Figl bewahrte er davor, dass seine Kanzlerschaft schon vor ihrem Beginn in eine erste, schwere Krise geriet, ja, er machte durch seinen Verzicht für Figl überhaupt erst den letzten Schritt zur Kanzlerschaft möglich. Es ist Figl sicher nicht leichtgefallen, dem amerikanischen Drängen nachzugeben. Offenbar tat er es auch erst in letzter Minute. Was er in diesem Moment noch nicht ahnen konnte, war, dass ihm die Amerikaner diesen Schritt hoch anrechneten. Der designierte Kanzler hatte in ihren Augen deutlich an Statur gewonnen. Es war der Beginn des engen Verhältnisses Figls zu den Vertretern der US-Besatzungsmacht in Wien, auch zu Clark selbst. Ihm blieb Figl als „kleingewachsener, ebenso mutiger wie fähiger Kerl" in Erinnerung.[47] Mit dem in die Kompromissfindung als Verbindungsoffizier General Clarks zur österreichischen Regierung eingebundenen Oberstleutnant Edwin M. Kretzmann war es der Beginn einer langen persönlichen Freundschaft.[48]

Am Abend des 13. Dezember, gerade noch rechtzeitig vor der Sitzung des Exekutivkomitees des Alliierten Rates, hatte Figl seine neue Ministerliste beisammen. An die Stelle von Raab trat Eugen Fleischhacker, an die Schumys Peter Krauland und an die Korps auf Vorschlag der SPÖ Hans Frenzel.[49] Die Briten und Franzosen waren in die Konsultationen um die neue Regierungsliste zuletzt offenbar nicht eingebunden. Jedenfalls zeigten sie sich überrascht, als ihnen in der Sitzung des Exekutivkomitees am 14. Dezember die bloß handschriftlich ausgebesserte Liste präsentiert wurde.[50] Beide erklärten, von dieser erst am gleichen Morgen erfahren zu haben. Vor allem die Briten bestanden darauf, sich näher zu informieren.[51] Dies betraf sowohl die neuen Minister als auch die Ursachen für Figls plötzlichen Meinungsumschwung, nun doch den verlangten personellen Wechsel vorzunehmen. Schließlich gaben die Vertreter aller vier Mächte ihre Zustimmung zur Kabinettsliste.

Eine längere Diskussion im Exekutivkomitee entspann sich aber über die Figl in der Sitzung des Alliierten Rates vom 30. November 1945 abverlangte Vorlage seines Regierungsprogramms.[52] Da die Koalitionsparteien kein schriftlich fixiertes Abkommen geschlossen hatten, sandte Figl den Alliierten einfach den Entwurf seiner Regierungserklärung. Der politisch einflussreiche stellvertretende Oberkommandierende der Sowjets, General Aleksej Želtov, legte sofort den Finger auf diese Wunde. Der Alliierte Rat habe von der Regierung den Entwurf eines Programmes verlangt, was vorliege, sei aber eindeutig kein Programm, sondern eine Erklärung. Die Vertreter der Westalliierten hatten eine Schrecksekunde und fragten vorsichtig, ob das bedeute, dass die Sowjets die Regierung erst bei Vorliegen eines detaillierten Programms akzeptieren würden. Želtov beruhigte und meinte, das Programm werde später kommen.

Die politische Abteilung der Alliierten Kommission hatte einige Ergänzungen verlangt. Sie betrafen erstens eine Betonung der Rolle der Parteien beim Wiederaufbau Österreichs, zweitens eine eindeutigere Formulierung bezüglich der Organisation des Sicherheitswesens und drittens wollte man die bisher erfolgte alliierte Hilfe auf wirtschaftlichem Gebiet entsprechend gewürdigt wissen. Außerdem hätte eine Passage, wonach sich Österreich als Brücke zwischen Ost und West verstehe und dies im Interesse der Bewahrung des Friedens auch weiterhin sein möchte, zu unterbleiben. Als Grund für dieses eher überraschende Verlangen kann man nur annehmen, dass die Alliierten von einem durch diese Formulierung angedeuteten Gegensatz zwischen Ost und West, zumindest aus dem Munde Österreichs, nichts hören wollten.[53]

Želtov hatte noch zusätzliche Forderungen. Der Erwähnung der alliierten Lebensmittelhilfe müsse eine Passage folgen, wonach Österreich auch seinen Teil dazu beitragen werde, die Lebensmittelsituation zu verbessern. Es müsse weiters ausdrücklich erklärt werden, dass die Regierung selbst und das Wirtschaftsleben des Landes von Nationalsozialisten gesäubert werden. Schließlich müsse auch die Haltung der Regierung dem Alliierten Rat gegenüber genauer definiert werden. Die Briten und Amerikaner widersprachen allen drei Punkten. Der erste sei bereits ausreichend berücksichtigt und der letzte sei entbehrlich, da der Regierung ohnedies bewusst sei, dass der Alliierte Rat über ihr stehe. Am heftigsten lehnten sie allerdings den zweiten Vorschlag Želtovs im Hinblick auf die Entnazifizierung ab und stellten fest, dass die in der Erklärung enthaltene Passage, wonach alle verbliebenen nazistischen Elemente in der staatlichen Verwaltung und in der beruflichen Selbstverwaltung entfernt werden müssten, völlig ausreichend sei und der Linie der Alliierten entspreche.

Der französische General Paul Cherrière machte als Vorsitzender schließlich einen Kompromissvorschlag: Man sei bereit, den dritten Punkt von Željtov zu berücksichtigen, wenn dieser dafür auf die beiden ersten verzichte. Die Regierung werde ohne Zweifel eine adäquate Formulierung finden, dass sie bereit sei, loyal mit dem Alliierten Rat als der obersten Autorität in Österreich zusammenzuarbeiten. Damit fand sich Željtov ab, umso mehr als sich die vier Mächte noch zusätzlich darüber verständigten, dass nicht nur „nazistischer Geist", wie in der Erklärung vorgesehen, aus der Staatsverwaltung eliminiert werden müsse, sondern auch expliziter „alle Nazis".[54]

Damit war die Regierung Figl endlich bei den Alliierten durch. Formal gab der Alliierte Rat in seiner Sitzung vom 18. Dezember seine Zustimmung zu der ihm vorgelegten Ministerliste.[55] Außerdem wurde die Regierungserklärung mit den nach den Vorgaben durchgeführten Änderungen gutgeheißen, wobei die Alliierten aber weiterhin ein detailliertes Regierungsprogramm vorgelegt zu bekommen wünschten.[56] Ungeachtet dessen kamen aber alle vier Besatzungsmächte überein, ihren Regierungen die unverzügliche Anerkennung der Regierung Figl zu empfehlen.

Ursprünglich war nichts vom Drängen der Alliierten Kommission auf Auswechslung einiger Regierungsmitglieder an die breite Öffentlichkeit gedrungen. Erst als die Sowjets eine Ergänzung des Kommuniqués der Ratssitzung verlangten, wonach die Regierung über Aufforderung der Alliierten verändert wurde, wurden die Vorgänge in der Öffentlichkeit bekannt, wobei sich insbesondere die kommunistische „Volksstimme" als bestens informiert erwies und ausdrücklich darauf hinwies, dass der Alliierte Rat der Zusammensetzung der Regierung „mit den entsprechenden Veränderungen" seine Zustimmung gegeben hatte.[57] Dementsprechend richtete sich die öffentliche Meinung in dieser Angelegenheit einmal mehr ausschließlich gegen die Sowjets, die für die Verhinderung Raabs, Schumys und Korps verantwortlich gemacht wurden.[58] Der historischen Wahrheit halber ist dem allerdings zweierlei hinzuzufügen: Erstens waren es zwar die Sowjets, von denen die Initiative zur Verhinderung der vier Regierungsmitglieder ausging, zu einem formellen „Veto" im Alliierten Rat war es allerdings nicht gekommen. Zweitens taten die Westmächte nichts, um die inkriminierten Politiker, mit Ausnahme Grafs, in Schutz zu nehmen. Im Gegenteil, im Falle der anderen schien es ihnen gar nicht unrecht gewesen zu sein, dass sie verhindert wurden, sie sich aber dabei die Hände nicht schmutzig zu machen brauchten.

Inzwischen hatte sich auch die SPÖ mit der für sie neuen politischen Situation, als Juniorpartner in die Regierung zu gehen, angefreundet. In einem ausführlichen Leitartikel in der „Arbeiter-Zeitung“ vom 12. Dezember wurde die Gefolgschaft der Partei auf die neue Regierung eingestimmt.[59] Es war der Auftakt für den für 14. Dezember 1945 angesetzten Parteitag, der über den Regierungseintritt der SPÖ formal zu entscheiden hatte. Dort erreichte Schärf ohne Probleme eine breite Mehrheit für die Beteiligung an der Regierung. Der Verweis darauf, für die SPÖ die Funktion des Bundespräsidenten, aber auch bei der Ressortverantwortung für sie zentrale Bereiche wie die innere Sicherheit oder das Eisenbahnwesen herausgeholt zu haben, fand breite Zustimmung.[60] Damit stand der Regierungsbildung nach dem von Karl Renner schon Ende November entworfenen Operationskalender nichts mehr im Wege.

Am 13. und am 17. Dezember 1945 traf sich die Provisorische Staatsregierung zu ihren letzten Kabinettssitzungen. Sie konnte auf eine achtmonatige Tätigkeit zurückblicken, die gekennzeichnet war durch eine produktive legislative Wiederaufbauarbeit der staatlichen Verwaltung und der öffentlichen Infrastruktur, gerade angesichts der kriegsbedingten Zerstörungen und der vierfachen Besetzung des Landes. Die beiden letzten Regierungssitzungen dienten der Beschlussfassung des Zweiten Verfassungs-Überleitungsgesetzes. Es hatte zum Ziel, die Befugnisse der provisorischen Organe der Übergangsverfassung an jene der Verfassung 1929 zu übertragen sowie den ordnungsgemäßen Zusammentritt von National- und Bundesrat, der Landtage sowie die Wahl des Bundespräsidenten durch die Bundesversammlung zu regeln.

Es herrschte bei der Sitzung am 17. Dezember 1945 insoweit eine gewisse Unsicherheit, als die Alliierten die verfassungsmäßigen Grundlagen für das für den kommenden Tag geplante Zusammentreten des Nationalrates noch genehmigen mussten. Für den Fall, dass Vorbehalte auftauchen sollten, ersuchte Renner für sich und Figl, der im Protokoll der Sitzung erstmals nicht mehr als „Staatssekretär Ing. Figl“, sondern als „Designierter Bundeskanzler Ing. Figl“ tituliert wurde, um eine Vollmacht, allfällige kurzfristige legistische Änderungen im Alleingang beschließen zu können. Der Kabinettsrat stimmte dieser Ermächtigung ohne Diskussion zu. Sie illustrierte, dass Figl und Renner in vollem Gleichklang bemüht waren, den letzten Akt der Inkraftsetzung des verfassungskonformen politischen Lebens in Österreich friktionsfrei über die Bühne zu bringen. Figl war es vor allem daran gelegen, nun keine weitere Verzögerung bis zum Antritt seiner Regierung in Kauf nehmen zu müssen. Daher erklärte er auch, ohne auf allfällige verfassungsrechtliche Bedenken einzugehen: „Es kommen in letzter Minute juristische Bedenken. Wenn wir alles überprüfen und kontrollieren, kommen wir vor Weihnachten zu keinem Parlament. Die ganze Welt würde denken, es sind vier Wochen nach den Wahlen vergangen und es ist noch immer kein Parlament. Wir würden dadurch an Prestige sehr leiden. [...] Wenn das Parlament in Funktion ist, kommen wir über viele Schwierigkeiten leicht hinweg."[61] Auf Grund der Staatskanzler Renner und Figl ad personam erteilten Vollmacht wurde das Zweite Verfassungs-Überleitungsgesetz nach der Genehmigung durch den Alliierten Rat mit Datum vom 18. Dezember 1945 publiziert.[62]

Konstituierung des Parlaments und Angelobung der Regierung

Das Parlamentsgebäude diente zwischen 1938 und 1945 zunächst als Sitz des Reichskommissars Josef Bürckel, dann als „Gauhaus" der NS-Organisation des Reichsgaus Wien. Durch alliierte Fliegerangriffe war es schwer in Mitleidenschaft gezogen worden. Am 7. Februar 1945 verursachten Bombentreffer in der Säulenhalle schwere Schäden: Der Sitzungssaal des ehemaligen Herrenhaustrakts auf der Seite zum Schmerlingplatz brannte aus und auch der ringstraßenseitige Kanzleitrakt war von den Kriegseinwirkungen betroffen.[63] Schon im Mai begannen erste Aufräumungs- und Sicherungsarbeiten. Parallel dazu wurden die von den Nazis vorgenommenen baulichen Veränderungen am Gebäude, soweit möglich, rückgängig gemacht.[64] Die Sitzungen des nun Mitte Dezember zusammentretenden Nationalrates fanden im Sitzungssaal des ehemaligen Abgeordnetenhauses statt. Dieser Teil des Parlamentsgebäudes, an der Seite zum Rathauspark gelegen, war vergleichsweise unbeschädigt geblieben.

Alter parlamentarischer Sitte entsprechend versammelten sich am Tag vor der Konstituierung des Nationalrats die parlamentarischen Klubs. Jener der ÖVP trat am frühen Nachmittag des 18. Dezember 1945 zusammen. Der Ort war Figl wohlbekannt. Denn es handelte sich um die ehemaligen Klubräumlichkeiten der Christlichsozialen Partei im Erdgeschoß des Parlaments zur Rathausseite hin gelegen. Nach der Auflösung der Christlichsozialen hatte hier zwischen 1934 und 1938 der Bundeswirtschaftsrat seine Sitzungen abgehalten.[65] Ihm hatten nicht wenige der nunmehrigen Spitzenleute der ÖVP, allen voran Figl, Raab und Weinberger, angehört. Nun, mehr als elf Jahre nachdem der christlichsoziale Parlamentsklub am 14. Mai 1934 seine letzte Klubsitzung abgehalten hatte,[66] kam der sich neu konstituierende Parlamentsklub der ÖVP in den alten Fraktionsräumlichkeiten wieder zusammen. Als Bundesparteiobmann eröffnete Leopold Figl die Sitzung. Er berichtete über die Verhandlungen zur Regierungsbildung. Mit Bedauern hielt er nochmals fest, dass die von ihm vorgelegte Ministerliste von den Alliierten nicht zur Gänze akzeptiert worden war und er auf seine Stützen Raab und Schumy verzichten musste.[67] Generalsekretär Hurdes stellte in den Raum, dass der wahre Grund der sowjetischen Einwände gegen Raab nicht dessen „angeblich faschistische Einstellung" gewesen sei, sondern seine unnachgiebige Haltung den russischen Besatzern gegenüber in der Erdölfrage. In der Folge schlug Figl Raab zum Klubobmann vor, wozu dieser in offener Abstimmung einstimmig gewählt wurde. Kurz angebunden, wie es seine Art war, bedankte sich Raab und versicherte, „[...] dass ich, was immer auch kommen mag, unerschütterlich an der Seite unseres Kanzlers Figl stehen werde".

In seinem Referat vor den Abgeordneten kam Figl auch auf die Wahl des Bundespräsidenten zu sprechen. Den Verzicht auf das Amt des Staatsoberhaupts rechtfertigte er interessanterweise damit, in den Verhandlungen den Proporz über den Bund hinaus auf die Bildung der Wiener Stadt- und Landesregierung ausgedehnt zu haben und von der SPÖ mit drei amtsführenden Stadträten beteiligt zu werden. Dies war auf Grund der Wiener Stadtverfassung keineswegs zwingend gewesen. Diese Erklärung Figls sollte wohl dazu dienen, allfälliger Kritik in der Partei, wonach man, mit der absoluten Mehrheit ausgestattet, auch einen eigenen Mann zum Bundespräsidenten hätte wählen sollen, vorzubeugen.

Am 19. Dezember 1945 begann der erste Parlamentstag für die ÖVP-Abgeordneten mit einem Gottesdienst in der Schottenkirche, also unweit jenes Ortes, an dem die Partei ziemlich genau acht Monate zuvor gegründet worden war. Figl war sich des Umstandes bewusst, dass dies nun, wo sich die ÖVP als überkonfessionelle Partei verstand, nicht mehr als ganz so selbstverständlich vorausgesetzt werden konnte. Bei der Klubsitzung am Tag zuvor hatte er extra auf den nicht obligatorischen Charakter der Einladung aufmerksam gemacht: „Ohne auf Sie, meine Herrn Mandatare, einen Einfluss ausüben zu wollen, glaube ich doch,

Die Konstituierung des neu gewählten Nationalrates im Sitzungssaal des Abgeordnetenhauses am 19. Dezember 1945: Den Vorsitz führt Karl Seitz, vor ihm auf der Regierungsbank Staatskanzler Renner, rechts neben ihm Adolf Schärf, links Leopold Figl, Johann Koplenig und Ernst Fischer.

dass es uns von der ÖVP wohl ansteht, am Beginn unserer Arbeit den Segen des Herrgotts zu erbitten und habe daher veranlasst, dass morgen um ½ 9 in der Schottenkirche eine heilige Messe zelebriert wird [...].“[68] Was aus den Worten Figls einmal mehr deutlich wurde, war das Selbstverständnis eines im katholisch-bäuerlichen Milieu sozialisierten Mannes, eine neue Aufgabe stets im Namen Gottes zu beginnen.

Die Eröffnung der Sitzung am 19. Dezember 1945, es war ein Mittwoch, wurde wie ein feierlicher Staatsakt begangen. Die Zuschauergalerien waren bis auf den letzten Platz gefüllt. In der Präsidentenloge hatten die vier Oberkommandierenden der Besatzungsmächte mit ihren Stäben Platz genommen. Um Punkt zehn Uhr betraten die Abgeordneten der ÖVP, mit Edelweißblumen in den Knopflöchern, den Sitzungssaal, angeführt von Leopold Kunschak, Generalsekretär Felix Hurdes und der stellvertretenden Parteiobfrau Nadine Paunovic.[69] Kurz darauf folgten jene der SPÖ, mit einer traditionellen roten Nelke im Knopfloch. Im Vergleich dazu relativ unbemerkt begab sich auch einer der vier Kommunisten auf seinen Platz. Die anderen gehörten der Regierung an. Diese erschien, nach einigen Minuten und unter tosendem Applaus, mit Staatskanzler Renner im Sitzungssaal. Neben ihm zur Rechten nahm Figl als designierter Bundeskanzler auf der Regierungsbank Platz.[70]

Als Alterspräsident übernahm Karl Seitz den Vorsitz. Nach der Angelobung der Abgeordneten leitete er die Wahl des Präsidenten, die vereinbarungsgemäß in einer offenen Abstimmung auf Leopold Kunschak fiel. Den Höhepunkt des ersten Parlamentstages bildete der Rechenschaftsbericht Karl Renners über die Tätigkeit der Provisorischen Staatsregierung, an deren Ende der Nationalrat den Rechenschaftsbericht sowie post festum die Proklamation der Unabhängigkeit, die von Renner nochmals verlesen worden war, zustimmend zur Kenntnis nahm.[71] Anschließend wurde noch das sogenannte Verfassungs-Übergangsgesetz behandelt. Mit diesem wurden nun, bewusst vom neu gewählten Nationalrat als der gesetzgebenden Körperschaft, das Verfassungs-Überleitungsgesetz und die Vorläufige Verfassung außer Kraft gesetzt. Durch diesen Beschluss, mit dem der erste Sitzungstag des neu gewählten Nationalrates zu Ende ging, trat die Bundesverfassung in der Fassung des Jahres 1929 wieder vollständig in Geltung.

Am Nachmittag des ersten Parlamentstages wohnte Leopold Figl einer ganz anderen Zeremonie bei. Sie war ebenfalls von hoher Symbolkraft für den Neubeginn und die Identität des Landes. General Clark gab einen Großteil der von den Nationalsozialisten verbrachten Meisterwerke der Gemäldegalerie wieder an Österreich zurück. Diese waren im Laufe des Jahres 1944 evakuiert worden und die meisten von ihnen über Umwege in den „Kaiser-Franz-Josef-Erbstollen" des Salzbergwerks Lauffen bei Bad Ischl gelangt. Ein Teil wurde noch im April 1945 auf Befehl Baldur von Schirachs weiter nach Westen gebracht, bis die Bilder Anfang Mai 1945 in der Nähe von St. Johann in Tirol den vorrückenden Amerikanern in die Hände fielen.[72] Auf Befehl General Clarks wurden die Bilder in der Nähe von Kleßheim bei Salzburg sichergestellt und im Herbst 1945 unter Aufsicht der US-Truppen nach Wien zurückgebracht. Nun hatten die Amerikaner aus den berühmtesten Hauptwerken von Rembrandt, Dürer, Pieter Bruegel d. Ä., Tizian, Velázquez, Vermeer, Raphael, Van Dyck u. a. eine Ausstellung von rund 90 Bildern zusammengestellt.

Das Kunsthistorische Museum selbst war beim wohl schwersten Luftangriff auf Wien vom 12. März 1945 durch vier Treffer schwer in Mitleidenschaft gezogen worden. Die Kuppel war ausgebrannt und das Gebäude im Bereich Babenbergerstraße/Ring eingestürzt.[73] An eine Ausstellung im Haus am Ring war folglich nicht zu denken. Daher wurde die für zwei Monate angelegte Schau in den unbeschädigt gebliebenen Kaiserappartements im Amalien- bzw. Reichskanzleitrakt der Hofburg gezeigt.

Aus Anlass der Eröffnung am 19. Dezember 1945 wurde die Sammlung bei einem von den Amerikanern groß angelegten Festakt mit einer symbolischen Geste wieder an die österreichische Regierung zurückgegeben.[74] Es war bezeichnend für das in den Tagen davor entstandene freundschaftliche Verhältnis zwischen den Amerikanern und Figl,

Eröffnung der Ausstellung mit Meisterwerken des Kunsthistorischen Museums am 19. Dezember 1945: vor dem Raphael-Gemälde „Madonna im Grünen“ Émile Béthouart, Mark Clark und Leopold Figl (v. l.)

dass Clark ihm, so als wäre er bereits Regierungschef, offiziell die Bildersammlung übergab. Ohne Zweifel genoss Figl die Situation, mehr aber noch die Wertschätzung, die er nunmehr als Person in Anwesenheit General Želtovs und General Béthouarts durch die Amerikaner erfuhr.

Die Amerikaner hatten die Übergabe und die Eröffnung der Ausstellung bewusst als PR-Ereignis organisiert. Clark übergab die Bilder an Figl mit dem Wunsch, dass sie ein erster Schritt dazu sein mögen, Wien wieder zu seinem früheren Ruf als Kunst- und Kulturstadt ersten Ranges zu verhelfen. In seinen kurzen Dankesworten verlieh Figl der Hoffnung Ausdruck, dass Österreich wieder zum Kulturträger und Kulturpionier weit über seine Grenzen hinaus werde.[75] Seitens der Vereinigten Staaten erhoffte man von der groß inszenierten Rückgabe der Meisterwerke einen positiven Effekt auf die Moral der österreichischen Bevölkerung gerade angesichts der sonstigen Tristesse, die den Alltag prägte. Schon in Italien hatten vergleichbare Ausstellungen großen Erfolg erzielt, und auch in Österreich wurde das Projekt von Anfang an enthusiastisch aufgenommen.[76] Die Menschen waren glücklich zu sehen, dass allen Zerstörungen zum Trotz viele der wichtigsten Kunstschätze unversehrt erhalten geblieben waren. Ihre Rückkehr bildete eine wichtige Voraussetzung der langsam wieder entstehenden kulturellen Identität des Landes und eines neu aufkeimenden Österreich-Bewusstseins. Noch größere Publizität und Begeisterung löste einige Wochen später eine weitere von den Amerikanern ähnlich in Szene gesetzte Kunstrückgabe aus, als General Mark Clark die Reichskleinodien des Heiligen Römischen Reiches an Renner und Figl übergab.[77]

Am 20. Dezember 1945 war es so weit. Die Regierung Figl I wurde angelobt. Um dies verfassungskonform zu ermöglichen, musste zuvor noch der Bundespräsident gewählt werden. Noch am 19. Dezember hatte sich nach dem Nationalrat der Bundesrat konstituiert, sodass einen Tag später die Bundesversammlung zusammentreten und zur Wahl des Bundespräsidenten schreiten konnte. Die Möglichkeit, diese Wahl abweichend von den Bestimmungen der Verfassung 1929 durch die Bundesversammlung vornehmen zu lassen, war, wie gesagt, durch das Zweite Verfassungs-Überleitungsgesetz geschaffen worden. Die von Nationalratspräsident Kunschak geleitete geheime Wahl ging erwartungsgemäß aus: Renner wurde mit einer Stimmenthaltung zum Staatsoberhaupt gewählt. Mit der Angelobung und einer Ansprache Renners schloss die Bundesversammlung. Der neu gewählte Bundespräsident begab sich daraufhin in seine Amtsräume auf den Ballhausplatz, wo sich bereits die neue Bundesregierung eingefunden hatte. Renner gab seiner Freude darüber Ausdruck, Figl, mit dem er durch acht Monate harmonischer Zusammenarbeit verbunden war, nunmehr mit dem Amt des Bundeskanzlers betrauen zu können, und nahm die Angelobung vor.[78]

Damit war jener Mann, für den das Jahr im Isoliertrakt des Konzentrationslagers Mauthausen begonnen hatte und der in den ersten Apriltagen noch stündlich mit seiner standrechtlichen Hinrichtung rechnen musste, der erste Bundeskanzler der Zweiten Republik. Er wurde nicht müde zu betonen, dass sein Kabinett der „Konzentration aller aufbauwilligen Kräfte", wie er seine Allparteienregierung bezeichnete, „dem Wunsche der Gesamtbevölkerung" Rechnung trage, „in den nächsten Monaten alle Parteipolitik beiseite zu stellen im Interesse der Sicherung der dringendsten Lebenserfordernisse des Staates und jedes einzelnen seiner Bürger"[79]. Den Begriff der Koalition vermied er. Figl und seine engsten Mitarbeiter wollten damit keine Assoziationen zu den wenig populären Koalitionsregierungen der Zwischenkriegszeit wecken, sondern den Neubeginn der Regierung unterstreichen.[80]

Die Anzahl der Regierungsmitglieder der Regierung Figl war im Vergleich zur Provisorischen Regierung Renner, der zeitweise 33 Mitglieder angehörten, auf 17 reduziert worden. Das System der dreifachen Besetzung der Ressorts mit je einem Vertreter der drei Parteien wurde fallen gelassen. Bis zu einem gewissen Grad war diese Konstruktion aus dem Umstand zu erklären gewesen, dass die Provisorische Regierung exekutive und legislative Funktionen in sich vereinigt hatte. Mit der dreifachen Besetzung der Ressorts sollte die parlamentarische Kontrolle substitu-

Nationalratssitzung vom 20. Dezember 1945: Den Vorsitz führt Nationalratspräsident Leopold Kunschak, auf der Regierungsbank Johann Koplenig, Leopold Figl, Karl Renner und Adolf Schärf (v. l.).

iert werden, präziser gesprochen, sollte jede der Parteien auf diese Weise einen Einblick in die Vorgänge in den einzelnen Ressorts erhalten. Einen solchen „kontrollierenden" Staatssekretär der anderen Partei gestanden sich ÖVP und SPÖ jetzt nur mehr im Innenministerium und im Bundesministerium für Vermögenssicherung und Wirtschaftsplanung zu, die Kommunisten gingen dabei leer aus.[81]

Im Anschluss an die Angelobung trat die neue Regierung sofort zu ihrer ersten Ministerratssitzung zusammen. Es war nicht eine formale Zusammenkunft, sondern bereits eine fast dreistündige Arbeitssitzung. Figl ersuchte einleitend, das Gesamtwohl des Staates und nicht Parteiinteressen in den Vordergrund zu stellen. Daraufhin löste er ein Schärf gegenüber gegebenes Versprechen ein[82] und ging Absatz für Absatz mit seinen Regierungskollegen den Entwurf der Regierungserklärung durch.[83] Es war dies eine vertrauensbildende Maßnahme und ein Zeichen des guten Willens den Koalitionspartnern gegenüber. Von sozialistischer Seite kamen verschiedene Wünsche, was Akzentsetzungen betraf. Manches, wie etwa die von Helmer angesprochene Problematik der herrenlos gewordenen Großgrundbesitzungen in Niederösterreich und dem Burgenland, berücksichtigte Figl im Zusammenhang mit einer von der Regierung beabsichtigten Bodenreform. Anderes, wie der Wunsch Schärfs, die im Verstaatlichungsgesetz genannten Betriebszweige einzeln anzuführen, floss allerdings nicht in seine Erklärung ein.[84]

Figls Regierungserklärung – die Magna Charta des Neubeginns

Am letzten Tag der ersten Sitzungswoche stand dann die Regierungserklärung auf der Tagesordnung des Nationalrates. Es war der 21. Dezember 1945, ein Freitag, drei Tage vor dem Heiligen Abend. Für Leopold Figl war es das bis dahin wohl bedeutendste Ereignis seiner politischen Laufbahn. Und es war ohne jeden Zweifel die umfassendste und wichtigste Rede, die er je halten sollte. Wie schon bei der Eröffnungssitzung des Nationalrates waren wiederum die Bänke der Mandatare und die Zuschauergalerien des Abgeordnetenhauses, in dem der Nationalrat zusammentrat, dicht gefüllt. Zwar waren die bereits in den Weihnachtsurlaub abgereisten alliierten Oberbefehlshaber nicht anwesend, aber ihre Stellvertreter und zahlreiche hohe Offiziere der Besatzungsmächte waren erschienen.[85] Desgleichen schwirrten in- und ausländische Korrespondenten durch die Couloirs. Die Amerikaner hatten – auch das eine Geste des Entgegenkommens Figl gegenüber – eine Direktübertragung der Rede im Radio ermöglicht.[86] Es war übrigens die erste Regierungserklärung vor dem Nationalrat seit mehr als 13 Jahren. Zuletzt war es Engelbert Dollfuß gewesen, der zu Beginn seiner Kanzlerschaft im Frühjahr 1932 die Grundlinien seiner Politik vor einer demokratisch legitimierten Volksvertretung dargelegt hatte.

Schon als das neue Kabinett das Plenum betrat und auf der Regierungsbank Platz nahm, brandete erstmals heftiger Applaus auf.[87] Figl erschien an diesem Tag als ein Politiker, der in den hinter ihm liegenden Wochen an Format und Selbstbewusstsein deutlich gewonnen hatte. Mit einem an diesem Tag etwas heiseren Timbre seiner ohnedies rauchigen Stimme und dem ihm eigenen Pathos begann er seine Regierungserklärung. Es war eine lange, teils ins Programmatische gehende, zugleich aber kraftvolle Rede, die keinen der damals aktuellen innen- und außenpolitischen Themenbereiche unberücksichtigt ließ. In einer emotionalen und appellatorischen Weise wandte sich Figl mehrmals direkt an die Bevölkerung.[88] Dabei sprach er die Opfer, die der Wiederaufbau erforderte, etwa durch die eben in Kraft getretene Konvertierung der Währung, bewusst an. Es ging ihm aber genauso um die existenziellen Bedürfnisse der Menschen im Dezember 1945: um Ernährung und Brennmaterial zum Heizen, um die Öffnung der Verkehrswege und um die Kriegsgefangenen und Heimkehrer.

Eingangs erwies er in geschickter Weise Karl Renner, Leopold Kunschak und Karl Seitz seine Reverenz, jenen drei Männern, die schon dem Abgeordnetenhaus der alten Monarchie angehört hatten. Sein anschließender „mit besonderer Emphase ausgesprochener Dank“[89] gegenüber den Alliierten für die militärische Befreiung löste zum ersten Mal stehende Ovationen seitens der Abgeordneten wie der Zuseher von der Galerie aus. Figl betonte die Leistungen der Provisorischen Staatsregierung, insbesondere die Art und Weise wie es gelang, binnen weniger Wochen einen Verwaltungsapparat „in bester altösterreichischer Verwaltungstradition“ zu schaffen. Gleich in der nächsten Sequenz kam er auf die drückende Lebensmittelknappheit der Bevölkerung zu sprechen und ersuchte die Alliierten eindringlich um weitere internationale Lebensmittelhilfe, wobei er allerdings auch pflichtgemäß die österreichischen Anstrengungen betonte. Doch versuchte er auch den Unterschied zu den letzten Kriegswochen und Monaten mit all ihrem Schrecken und ihrer Unsicherheit deutlich zu machen: „Wenn unsere Bevölkerung heute immer noch Not leidet und wir gerade in diesen Tagen vor Weihnachten es besonders schmerzlich empfinden, dass nirgends eine rechte Weihnachtsstimmung aufkommen kann, müssen wir uns nur an die Zeit vor sieben Monaten erinnern [...] wo noch der Krieg im Zentrum von Österreich tobte, wo wir uns aus den Kellern nicht hinauswagen konnten und nicht wussten, ob wir am nächsten Tag noch am Leben sein werden.“

Figl ließ – wie so oft in seinen Ansprachen in diesem Jahr – sein persönliches Schicksal als Verfolgter des Nationalsozialismus Revue passieren, betonte aber gleichzeitig, gerade deshalb zur „unverrückbaren“ Überzeugung gelangt zu sein, „dass jede Wählergruppe in Österreich das Recht hat [...], wenn auch in entsprechender Rücksichtnahme auf den Proporz, an der Verantwortung beteiligt zu werden“. Dass dies keine leere Phrase, sondern vielmehr ab 1945 sein politisches Credo war, sollte sich an der weiteren politischen Tätigkeit Figls beweisen. Bis zu seinem Tod 1965 blieb er ein überzeugter Verfechter der Zusammenarbeit zwischen den beiden Großparteien ÖVP und SPÖ und stieß damit in seinen letzten Lebensjahren auch in Teilen seiner eigenen Partei mehr und mehr auf Unverständnis. Dort gaben seit den frühen 1960er Jahren immer stärker die sogenannten Reformer den Ton an, die Auswege aus den eingefahrenen Mustern der Großen Koalition suchten.

Deutlich formulierte Figl in seiner Regierungserklärung die Zäsur des staatlichen Neubeginns. Dabei kam er wieder auf seine alte Formulierung, die für manche – aus seinem Mund – überraschend klingen musste, zurück: „Das Österreich von morgen wird ein neues, ein revolutionäres Österreich sein. Es wird von Grund auf umgestaltet und weder eine Wiederholung von 1918 noch von 1933 noch eine von 1938 werden.“ Danach folgte seine Absage an das NS-Regime, allerdings deutete er verklausuliert bereits den Erlass der Sühnefolgen für die „Minderbelasteten“ an. Die diesbezügliche Passage enthielt gleich zu Beginn jene Formulierung, die die Alliierten von ihm verlangt hatten: „Nazis müssen aus der Verwaltung entfernt werden. Nazistischer Geist in der Verwaltung des Staates und aller Selbstverwaltungskörper muss rücksichtslos ausgerottet werden. Dabei kommt es uns nicht auf den kleinen, einfachen Mitläufer an [...]. Gerade weil die neue Regierung die Absicht hat, die verführten kleinen Mitläufer nicht zu Märtyrern zu stempeln, gerade darum wird sie mit doppelter und dreifacher Strenge gegen die Verführer selbst, die Kriegsverbrecher, die Illegalen und die Funktionäre einschreiten und vor allem den Geist des Faschismus bekämpfen und rücksichtslos ausrotten.“

Figl wollte über den Horizont seiner Partei hinaus für die gesamte Regierung sprechen. Ausdrücklich würdigte er die Leistungen der Arbeiterschaft seit der Befreiung und nannte „soziale Gerechtigkeit, gerechte Lohnverhältnisse, gesunde Arbeitsbedingungen und die Sicherung eines ruhigen Lebensabends“ als die „sozialen Kardinalforderungen“. Zugleich betonte er, dass sich eine große Mehrheit der Bevölkerung „für die Beibehaltung der Privatinitiative, des Eigentumsbegriffs und des Leistungsprinzips“ entschieden habe. Der mit der SPÖ getroffenen Vereinbarung entsprach es, dass er „Wiedergutmachung für die verschiedenen Institutionen nicht nur der Berufsinstitute, der Sozialinstitute und Gewerkschaften, sondern auch der einzelnen politischen Parteien in ihrem sozial- und kulturpolitischen Sektor, deren Funktion seit dem Jahre 1934 stillgelegt war, [...]“ ankündigte.

Unter stürmischem Beifall forderte der Kanzler die Öffnung der Demarkationslinien, die Reduzierung der Besatzungstruppen, die Abschaffung der Zoneneinteilung und damit die Wiederherstellung der Einheit Österreichs. Mindestens genauso großen Beifall erntete er für seine Forderung nach der Rückkehr Südtirols und der Unteilbarkeit Kärntens. Besonders bei der Südtirolfrage wurde Figl emotional. Fast wortgleich wie bei der großen Südtirolkundgebung der Regierung im September erklärte er Südtirol zu einer „Herzenssache“ und setzte mit einer für ihn charakteristischen Wendung – bildhaft, zugleich sprachlich nicht sehr präzise – fort: „Die Rückkehr Südtirols nach Österreich ist ein Gebet jedes Österreichers." Tosender Beifall der Abgeordneten und von den Galerien war ihm ungeachtet seiner etwas ungelenken Formulierung sicher.

Figl ließ zwar die von den Alliierten verworfene Formulierung der Brückenfunktion Österreichs weg. Mehrfach kam er allerdings auf die besondere Rolle Österreichs in Europa zu sprechen, etwa als er erklärte: „Österreich, das in seiner ganzen jahrhundertealten Kultur, westlich orientiert, immer das aufgeschlossene Tor war für die großen wertvollen Beiträge des Ostens, für die gesamte Kultur der Welt, hat eine Schlüsselstellung für Europa." An einer anderen Stelle sprach er, ganz ähnlich, vom österreichischen Geist als „ausgleichende[m] Moment in Europa". Das neue Österreich wolle als kleiner Staat dieser Tradition „treu bleiben als Hort des Friedens im Zentrum Europas". Er wolle eine enge Nachbarschaftspolitik, vor allem zu seinen südöstlichen Nachbarn Jugoslawien, Ungarn und der Tschechoslowakei betreiben und strebe den Beitritt zu den Vereinten Nationen an.

Seine Nachbarschaftspolitik fand ihre schlüssige Fortsetzung in seinem einmal mehr ausdrücklich hervorgehobenen Österreich-Bekenntnis, ja mehr noch in seinem Plädoyer für eine eigenständige österreichische Nation. „Wenn wir [...] betonen, dass wir kein zweiter deutscher Staat sind, dass wir kein Ableger einer anderen Nationalität jemals waren noch sein wollen, sondern, dass wir nichts anderes sind als Österreicher, dies aber aus ganzem Herzen und aus ganzer Leidenschaft, die jedem Bekenntnis zu seiner Nation innewohnen muss, dann ist dies [...] die tiefste Erkenntnis aller Menschen, wo immer sie auch stehen mögen in diesem Österreich."

Am Schluss seiner Rede wandte sich Figl angesichts des bevorstehenden Weihnachtsfestes mit berührenden Worten des Trostes und der Ermutigung an die hungernde und frierende Bevölkerung. Er versprach nichts und sprach doch den Menschen aus der Seele: „Weihnachten ist für uns ein Hochfest der Familie. Es wird heuer leider kein Weihnachten sein, so wie wir es gerne haben möchten. Auf den Christbäumen, wenn wir welche haben, wird ein schönes Päckchen voll Sorgen hängen. Trotzdem wollen und dürfen wir nicht verzagen, sondern gerade an diesem Weihnachtsabend, wo zum ersten Mal wieder die Kerzen in einem neuen demokratischen Österreich leuchten [...], gerade jetzt in diesen Weihnachtsstunden wollen wir versprechen, dass wir alle zusammen nichts unversucht lassen werden, um bis zu den nächsten Weihnachten wieder so weit zu sein, dass jeder in Österreich ein Stückchen Glück und Zufriedenheit unter dem Weihnachtsbaum vorfindet. Wenn ich in der heutigen Sitzung [...] Ihnen [...] ein frohes Weihnachten und ein glückliches und zukunftssicheres Neujahr wünsche, so tue ich dies in der Hoffnung und mit der Bitte um Ihre Mitarbeit, damit wir Stück um Stück und Stein um Stein gemeinsam im nächsten Jahr zusammenlegen können für den Neuaufbau unseres geliebten Österreichs. [...] Und nun wollen wir an die Arbeit gehen!"

Figl hatte den richtigen Ton getroffen. Im Gegensatz zum letzten Kriegswinter gab es zu Weihnachten 1945 keine Sonderration an Lebensmitteln. Nicht einmal die für die halbe Brotration in Aussicht gestellten Kekse waren überall in Wien erhältlich. Es war zwar in den Tagen um den Heiligen Abend nicht sonderlich kalt, aber trotzdem hielten sich viele Menschen nur in Winterkleidung in ihren ungeheizten Wohnungen auf.[90] Es war die Gabe Figls, in einer Sprache, die von den Menschen verstanden wurde, seine Botschaft der Bevölkerung nahezubringen. Es war die Botschaft eines Bundeskanzlers, der mit leeren Händen kam und keine Wohltaten ankündigen konnte. Er wirkte deshalb glaubwürdig, weil der Inhalt seiner Reden mit seiner authentischen Persönlichkeit und seinem Schicksal der Jahre zuvor zu einer Einheit verschmolzen. Deshalb konnte er offen die Opfer, die der österreichischen Bevölkerung noch bevorstünden, ansprechen. Er konnte sogar zugeben, dass die von der Regierung geplante Kinderhilfsaktion vor Jahresende undurchführbar sein würde und erst mit Beginn des Jahres 1946 starten könne. Aber wenn er darum ersuchte, die Hoffnung nicht aufzugeben, strahlte er eine Zuversicht aus, die ansteckte. Und es gelang ihm mit einer scheinbaren Leichtigkeit, gegenüber den Alliierten in ganz unterschiedlichen Tonlagen und Nuancierungen aufzutreten, ohne dabei die unglaubwürdige Pose eines politischen Schauspielers einzunehmen. Der Zeitzeuge Karl Pisa formulierte es folgendermaßen: „Gegenüber den Befreiern, die erste Hilfe leisteten, war er zu Dankbarkeit verpflichtet. Als Vertreter eines hungernden Volkes, dessen Söhne sich noch in Kriegsgefangenschaft befanden, war der Ton eines Bittstellers angebracht. Gegenüber Besetzern, die hohe Besatzungskosten verlangten und durch Demarkationslinien lebenswichtige Transporte unterbanden, musste er aber auch als Fordernder auftreten."[91]

An den vom Alliierten Rat genehmigten Entwurf seiner Regierungserklärung hatte sich Figl nur zum Teil gehalten. Zwar war er den konkreten Änderungswünschen der Alliierten nachgekommen, doch ging seine Rede weit über den Entwurf hinaus, den er den Besatzungsmächten übermittelt hatte. Einige seiner Forderungen, vor allem jene auf außenpolitischem Gebiet, hatte er in seinem ursprünglichen Text wohlweislich nicht vorgelegt.[92] Ohne einen offensichtlichen Affront begangen zu haben, hatte er sich auf diese Weise geschickt der alliierten Kontrolle entzogen.

Bei seinen Freunden, auch über den engeren Kreis der Partei hinaus, hatte die Regierungserklärung Figls Begeisterung ausgelöst.[93] Aber selbst kritische Zeitgenossen fanden anerkennende Worte, wie etwa aus den Tagebuchnotizen des Generalsekretärs für auswärtige Angelegenheiten, Heinrich Wildner, deutlich wird.[94]

Unter den Zuhörern der Regierungserklärung waren nicht nur die höchsten Repräsentanten des Staates und zahlreiche Vertreter der Alliierten, sondern auch Leopold Figls Mutter. Sie war erstmals nach Kriegsende aus dem Tullnerfeld nach Wien gekommen und hatte gemeinsam mit seiner Frau von der Loge des Bundespräsidenten an der Seite Renners die Rede verfolgt. Mit ihr, einigen ebenfalls mitgekommenen Verwandten sowie seinen Freunden Julius Raab und Edmund Weber ließ Figl den Tag seiner ersten Regierungserklärung bei sich zu Hause ausklingen. „Meinem lieben Poldl Gottes und der Mutter Segen. Deine Mutter" schrieb sie ihm zum Abschied ins Gästebuch.[95] Erst jetzt, unmittelbar vor und nach Weihnachten fand Figl in diesem für ihn so aufregenden Jahr Zeit für das, was ihm neben seiner engeren Familie viel bedeutete. Dazu zählte der Cartellverband.[96] Am Abend des 23. Dezember ließ er es sich nicht nehmen, beim erstmals wieder legal stattfindenden Gründungsfest seiner Studentenverbindung „Norica" vorbeizuschauen.[97] Diese war wie alle CV-Verbindungen nach dem Anschluss verboten worden. Es war eine Begegnung mit alten Freunden, von denen er viele das erste Mal nach sieben langen Jahren wiedersah. Am zweiten Weihnachtsfeiertag, dem 26. Dezember 1945, kehrte er für einen Tag in seinen vom Bombenkrieg heimgesuchten Geburtsort Rust im Tullnerfeld zurück. Dort wurde ihm ein triumphaler Empfang bereitet. War es Figl gewesen, der im Juli Josef Reither in das nahe gelegene Langenrohr geleitet hatte, so war es nun sein politischer Ziehvater, der in seiner Funktion als Landeshauptmann an der Spitze von Delegationen aller 77 Gemeinden seines Heimatbezirks den neuen Bundeskanzler willkommen hieß. Figl musste eine schier endlose Zahl von Ansprachen, Ehrungen und Ovationen über sich ergehen lassen, ehe er im Kreise seiner Großfamilie im unversehrt gebliebenen elterlichen Bauernhof ein paar private Stunden verbringen konnte.[98]

Ausklang eines aufregenden Jahres

Kehren wir noch einen Moment zu Figls Regierungserklärung zurück. Sie ist wie kaum ein anderes Dokument ein Beleg für Figls Gabe, selbst in den aussichtslosesten Stunden seinen Optimismus auf andere übertragen zu können. Das half ihm im Konzentrationslager genauso wie in den ersten Monaten, ja Jahren, nach Kriegsende, als sich für viele noch kein Silberstreif am Horizont zeigte. „Nur noch drei Monate durchhalten, dann sind wir über den Berg.“[99] Das war einer seiner immer wiederkehrenden Stehsätze. Er wusste oft selbst nur zu gut, dass dem nicht so war. Er sagte es trotzdem, oft in einer beschwörenden Art, um seinen Gesprächspartner oder seine Zuhörer zu motivieren, auch in den schwierigsten Situationen der unmittelbaren Nachkriegszeit nicht aufzugeben und weiterzumachen. Kein Zweiter vermochte anno 1945 so wie er diesen unbedingten Zukunftsglauben zu vermitteln.

Ein Beweis für die bereits wieder funktionierenden Organisationsstrukturen des Bauernbundes und seine Beziehungen im Staat war der Umstand, dass es ungeachtet der Knappheit an Papier gelang, bereits für das Jahr 1946 wieder den traditionsreichen Bauernbundkalender aufzulegen. Es gibt kaum ein besseres Beispiel, um den Willen Figls zum Neuanfang und seine unerschütterliche Hoffnung auf eine glücklichere Zukunft authentischer zu illustrieren, als das Vorwort zu diesem Kalender. In der Sprache ihrer bäuerlichen Lebenswelt, die auch die seine war, rief Figl den Bauern zu, „„In Gott's Nam“, wie's Brauch ist, die Ärmel aufkrempeln und allen Schwierigkeiten zum Trotz immer wieder an die Arbeit gehen. Nicht reden, nicht jammern, wenns auch oft noch so schwer ist, sondern arbeiten, auf Gott vertrauen und arbeiten! Dann und nur dann, werden sich auch über unserem geliebten Heimatland Österreich die Wolken wieder einmal teilen, um den milden Sonnenstrahlen einer glücklicheren Zukunft Platz zu machen.“[100]

Die vielzitierte „Weihnachtsansprache“ Figls im Radio vereinigt in komprimierter Form die wichtigsten Passagen seiner Regierungserklärung. Sie wurde im Jahr 1965 auf Basis eines nachgeschriebenen Textes von Leopold Figl auf Tonband gesprochen.[101] Ob sie je so gehalten wurde, bleibt fraglich. Faktum ist, dass Figls Regierungserklärung im Radio übertragen wurde. Dem Verfasser ist kein Hinweis auf eine weitere Radiorede etwa in Ankündigungen in den Zeitungen oder in Form einer Berichterstattung darüber untergekommen. Möglicherweise ist bei vielen Zuhörern aus der Regierungserklärung vom 21. Dezember 1945 in der Erinnerung die Weihnachtsansprache geworden, möglicherweise hat aber Figl in improvisierter Form auch noch tatsächlich eine eigene Weihnachtsansprache im Radio gehalten. Nachweisen lässt sich, dass er am Abend des 31. Dezember 1945 eine Silvesteransprache im Radio hielt. Zu Beginn blickte Figl auf das Jahr 1945 zurück: „Es ist diesmal kein Jahr schlechtweg, sondern es ist mehr, es ist eine Welt, ja vielleicht ein Zeitalter sogar, das zu Ende ging.“[102] Zu Hause begrüßte er dann mit seiner Familie, gekommen war nochmals auch seine Mutter, das Jahr 1946. Sein ebenfalls anwesender Freund und Wegbegleiter der ersten Stunde, Edmund Weber, schrieb ins Gästebuch: „Ein hartes, schweres Jahr und ein langes, langes Jahr, was es auch bringen mag.“[103] War der Satz rückblickend oder vorausschauend gemeint? In beiden Fällen war er zutreffend.

„Ein Kanzler aus Dachau“

Am 10. Dezember 1945 veröffentlichte die britische Tageszeitung „Daily Mail“ ein Foto des designierten Bundeskanzlers Leopold Figl mit der Überschrift „Ein Kanzler aus Dachau“. Nimmt man „Dachau“ als Synonym für die fast sechsjährige, im April 1945 zu Ende gegangene Gefangenschaft Leopold Figls in den Kerkern des Nationalsozialismus, so ist es wohl eine prägnante Zusammenfassung dieses Buches, das Figls Weg direkt aus den Fängen der NS-Terrorjustiz bis an die Spitze der ersten aus freien Wahlen hervorgegangenen österreichischen Regierung der Zweiten Republik nachzeichnet.

Leopold Figl verkörperte den Neubeginn des Jahres 1945. Nicht unbedingt biographisch, denn seine politische Karriere begann in den 1930er Jahren, und im Frühjahr 1945 knüpfte er nahtlos an seine frühere Tätigkeit an. Sehr wohl aber ideengeschichtlich. Denn seine Überzeugungen waren im Frühjahr 1945 grundlegend andere als sieben Jahre zuvor: Politischer Pluralismus, Mehrparteiendemokratie, Grund- und Menschenrechte auf der Basis der Errungenschaften der Aufklärung, die Absage an einen politischen Klerikalismus, sozialer Ausgleich, all das war für einen Mann seiner politischen Herkunft anno 1945 „revolutionär“, um einen von Figl selbst wiederholt verwendeten Begriff zu zitieren.

Daraus folgte in der praktischen Politik der Wille und die Bereitschaft, mit den Vertretern anderer politischer Richtungen zusammenzuarbeiten, dogmatische Forderungen hintanzustellen und die Suche nach dem Kompromiss zu einem Grundprinzip der Politik zu erheben. Nicht nur aus der Zwangssituation der unmittelbaren Nachkriegszeit und der vierfachen Besatzung heraus, sondern aus seiner persönlich gewonnenen Überzeugung war Figl 1945 Anhänger einer breiten politischen Zusammenarbeit geworden, und das über den Staatsvertrag und das Ende der Besatzung hinaus.

Figl gehörte – so wie Lois Weinberger, Felix Hurdes oder der KPÖ-Politiker und Chefredakteur des „Neuen Österreich“ Ernst Fischer – einer Politikergeneration an, die 1945 in der ersten Hälfte ihres fünften Lebensjahrzehnts stand. Schon mehr als zehn Jahre älter waren Julius Raab und Adolf Schärf. Dass 1945 gerade in der ÖVP diese Generation vergleichsweise junger und dynamischer Politiker in den Vordergrund trat,

A Chancellor from Dachau

TODAY the Allied Control Commission in Vienna is to be asked to approve the new Austrian Government being set up under Dr. Leopold Figl, Leader of the People's Party.

The People's Party topped the elections last month. They secured 85 seats. Next came the Socialists with 76. The Communists — to all-round surprise — had only four.

Dr. Figl

The then Chancellor, Socialist Dr. Renner, promptly resigned in favour of Dr. Figl. But it has taken ten days of discussion between the parties to fight out the division of portfolios.

The People's Party get six, Socialists five, Communists one, non-party two.

Dr. Figl, only 43, spent over five years in Dachau and other concentration camps. He declared after the election that he "looks to the west," but also wants Austria to be a "bridge" between west and east.

„Daily Mail", 10. Dezember 1945

wurde auch von den politischen Mitbewerbern aufmerksam registriert.[1] Es passte ins Gesamtbild dieser vermeintlich neuen politischen Gruppierung. Sie hatte sich als breite Volkspartei mit einem Rückgriff auf eine christliche Wertebasis, aber ohne konfessionelle Bindung neu positioniert. Aber es war natürlich keine völlig neue Partei, ohne ideologische Wurzeln, quasi aus der Retorte entstanden, genauso wie ihre führenden Protagonisten im Jahr 1945, eben auch Figl, bereits auf ein politisches Vorleben zurückblicken konnten. Er selbst ist ein Beispiel dafür, dass die ÖVP personell und auch was die Wurzeln ihrer Bünde betraf an Vorgängerorganisationen anknüpfte. Insofern war die Volkspartei sicher, wie es Dieter A. Binder formulierte, nur eine „scheinbare Neugründung ohne Vorläuferin"[2]. Wirklich neu waren allerdings in vielem der programmatische Anspruch, den sie erhob, und ihr Auftreten nach außen. Beides war auf das Jahr 1945 und seine Herausforderungen zugeschnitten. Nicht zuletzt wurde dies mit dem neuen Parteinamen signalisiert. So notierte Josef Schöner bereits am 28. April 1945, also nur wenige Tage nach der Gründung der Partei, in seinem Tagebuch: „Wiederholt werde ich darauf hingewiesen, dass der neue Name der ehemaligen christlich-sozialen Partei besonders gut gewählt ist: Österreichische Volkspartei."[3]

Kein anderer Politiker, egal welcher Partei, fand mit den Vertretern der Besatzungsmächte eine vergleichbare Gesprächs- und Verhandlungsbasis wie Figl. Seine Gabe, sich blitzschnell auf eine neue Situation einzustellen, war eine seiner großen Stärken. Schlagfertig wie er war, konnte er gegenüber den Besatzern alle Register ziehen: Pathos und Humor, Härte und Charme. Gerade dieser authentische, niemals aufgesetzte Charme und seine Fähigkeit, auf seine Gesprächspartner einzugehen, kamen ihm 1945 gegenüber den Sowjets genauso wie gegenüber den westlichen Alliierten zugute.

Figl scheute sich nicht, sein Schicksal als langjähriger KZ-Häftling in die Waagschale zu werfen, wenn es darum ging, bei den Alliierten Sympathie für Österreich als Opfer der nationalsozialistischen Aggression zu wecken. Dass dabei viele seiner Landsleute von Anfang an nur allzu bereitwillig dem NS-Regime gefolgt waren, rückte bei Figl in den Hintergrund. Auf der anderen Seite stand Figl mit seiner Biographie auch dafür, dass die konservativen Eliten in Österreich, soweit sie nicht eindeutig dem nationalen Lager zuzurechnen waren, sich gegenüber dem Nationalsozialismus als weitestgehend resistent erwiesen hatten – ganz im Gegensatz zu Deutschland, wo beträchtliche Teile von ihnen lange, ja zu lange als willfährige Steigbügelhalter Adolf Hitlers fungierten.[4] Ernst Hanisch bezeichnete die Verfolgung, die Figl 1938 bis 1945 zu erdulden hatte, als „ein ‚symbolisches Kapital', das auch die Besatzungsmächte respektieren mussten. Er verkörperte persönlich glaubhaft den österreichischen Opfermythos."[5]

Als Politikertypus passte Leopold Figl haargenau in die Situation des Jahres 1945. Er war ein Meister der Improvisation, mit seiner Vorgeschichte als Verfolgter und seiner impulsiven Persönlichkeit gelang es ihm fast überall, wo er im zerstörten und vierfach besetzten Österreich das Jahres 1945 auftrat, Hoffnung und Zuversicht zu vermitteln. Mit seinem emotionalen, aber stets glaubwürdigen und nie aufgesetzten Patriotismus legte er einen Grundstein für ein neues, unverstelltes Österreich-Bewusstsein.

Émile Béthouart, der Oberkommandierende der französischen Besatzungstruppen 1945 und spätere französische Hochkommissar bis 1950, brachte in seinen Erinnerungen das Besondere des Politikers Leopold Figl auf den Punkt: „Intelligent, bauernschlau und sympathisch wie er war, verstand er es, mit den Russen ins Gespräch zu kommen. Er besaß, was die Zukunft Österreichs betraf, einen geradezu entwaffnenden Optimismus; doch die späteren Ereignisse zeigten, dass er die Lage richtig beurteilt hatte."[6]

Anhang

Aus Gründen der besseren Lesbarkeit wurden die Zitate im Text und in den Fußnoten behutsam der aktuellen Rechtschreibung angepasst.

Freitag, 6. April 1945

1 Eva-Marie Csáky/Franz Matscher/Gerald Stourzh (Hg.): Josef Schöner. Wiener Tagebuch 1944/1945, Wien/Köln/Weimar 1992, 130.

2 Manfried Rauchensteiner: Der Krieg in Österreich '45. Wien, Sonderausgabe, 1995, 156.

3 Rauchensteiner: Der Krieg, 161f.

4 Lois Weinberger: Tatsachen, Begegnungen und Gespräche. Ein Buch um Österreich, Wien, 2. Aufl. 1988, 235–237.

5 Leopold Figl: Erlebte Entscheidungen, in: Österreichische Monatshefte 4/1965, 23–26, hier 24.

6 Zu der im Landesgericht unter den Häftlingen üblichen „Häfensprache" vgl. auch: Rudolf von Strasser: Lebenskreise. Widerstand und Wiederaufbau, Wien/Köln/Weimar 2012, 69.

7 Figl: Erlebte Entscheidungen, 24.

8 So die Erinnerung Paul Hörbigers an seinen Mithäftling Leopold Figl. Paul Hörbiger: Ich hab für euch gespielt. Erinnerungen, München/Berlin, 2. Aufl., 1980, 317.

9 Vgl. dazu den Beitrag von Felix Hurdes in: Susanne Seltenreich: Leopold Figl – ein Österreicher, Wien o.J. (1962), 175–179, hier 177.

10 So Hurdes in Seltenreich: Leopold Figl – ein Österreicher, 177f.

Stationen der Verfolgung

1 Verfassung 1934, Viertes Hauptstück, Erster Abschnitt, Art. 44–54.

2 Gerald Stourzh: „Österreich ist frei." Leopold Figl als Bundeskanzler und Außenminister im Jahrzehnt zwischen Befreiung und Freiheit, in: Stefan Karner/Gottfried Stangler (Hg.): „Österreich ist frei!" Der Österreichische Staatsvertrag 1955, Horn/Wien 2005, 354–370, hier 356.

3 In seiner Zeugenaussage im Hochverratsprozess gegen Guido Schmidt gab Figl an, von Schuschnigg schon einige Tage zuvor beauftragt worden zu sein, „Schritte für die Volksabstimmung vorzubereiten". Der Hochverratsprozess gegen Dr. Guido Schmidt vor dem Wiener Volksgericht. Die gerichtlichen Protokolle mit den Zeugenaussagen, unveröffentlichten Dokumenten, sämtlichen Geheimbriefen und Geheimakten, Wien 1947, 85 (Zeugenaussage Leopold Figl).

4 Peter Tomanek: Die ersten 100 Jahre. 1898 1998. Raiffeisenlandesbank Niederösterreich-Wien, Wien 1998, 48.

5 Niederösterreichisches Landesarchiv (NÖLA), Nachlass Leopold Figl, Abschrift einer Hörfunksendung mit Interviewausschnitten eines Gesprächs von Heinz Fischer-Karwin mit Leopold Figl. Die Sendung wurde anlässlich des Ablebens Figls 1965 ausgestrahlt; Seltenreich: Leopold Figl – ein Österreicher, 50–53.

6 Der Hochverratsprozess gegen Dr. Guido Schmidt, 84–86 (Zeugenaussage Leopold Figl).

7 Ernst Trost: Figl von Österreich. Der Weg zum Staatsvertrag, Wien/München, 5. Aufl.,1985, 109–114.

8 So Dieter A. Binder unter Verweis auf die von Erwin A. Schmidl geprägte Unterscheidung zwischen „Privatrache" und „Systemterror". Dieter A. Binder: Der Weg nach Mauthausen, in: Wolfgang J. Bandion/Helmut Wohnout (Hg.): Leopold Figl. Für Österreich, Wien 2012, 33–37, hier 36; Erwin A. Schmidl: März 38. Der deutsche Einmarsch in Österreich, Wien 1987, 232–237.

9 Wolfgang Neugebauer/Peter Schwarz gehen davon aus, dass Heinrich Himmler und sein Stab bei ihrer Landung in Wien-Aspern am frühen Morgen des 12. März 1938 bereits in Berlin zusammengestellte Listen von zu verhaftenden Österreichern mitbrachten und, wie es Reinhard Heydrich einige Tage später, am 17. März 1938, formulierte, die Gestapo „mit dem Einmarsch der Truppen sofort ihre Tätigkeit aufgenommen" habe. Wolfgang Neugebauer/Peter Schwarz: Stacheldraht, mit Tod geladen … Der erste Österreichertransport in das KZ Dachau 1938, Wien 2008, 6f.; Wolfgang Neugebauer: Der österreichische Widerstand 1938–1945, Wien 2008, 21f.

10 Dokumentationsarchiv des Österreichischen Widerstandes (DÖW), Wien, Zl. R00348, Abschrift des Aktes der Gauleitung Wien, Personalamt betr. Leopold Figl vom 14.11.1944.

11 Zur genauen Zahl der am 1. April 1938 nach

Dachau deportierten Regimegegner siehe: Neugebauer/Schwarz: Stacheldraht, mit Tod geladen ..., 21–23.

12 Neugebauer/Schwarz: Stacheldraht, mit Tod geladen ..., 20.

13 Neugebauer/Schwarz: Stacheldraht, mit Tod geladen ..., 21.

14 Rudolf Kalmar: Zeit ohne Gnade, Wien 1946, 41.

15 Bruno Heilig: Menschen am Kreuz. Dachau – Buchenwald, Weitra o.J., 19.

16 Zit. nach: Heinz Arnberger, Leopold Figl – Gegner und Verfolgter des NS-Regimes, in: Österreich in Geschichte und Literatur, Jg. 46, 6/2002, 351–355, hier 355.

17 DÖW, Zl. 20.000/999 (Schreiben der Landesbauernschaft Österreich vom 29.3.1938).

18 Eine genaue Schilderung des Vollzugs dieser grausamen Strafe findet sich bei: Julius Schätzle: Wir klagen an. Ein Bericht über den Kampf, das Leiden und das Sterben in deutschen Konzentrationslagern, Stuttgart 1946, 16.

19 Dies geht aus einem Bericht Rudolf Kalmars hervor, der ursprünglich im Neuen Österreich erschienen ist und den Ludwig Reichhold in seiner Einleitung zu einem Band mit Reden Figls auszugsweise wieder abgedruckt hat. Leopold Figl: Reden für Österreich. Mit einer Einleitung von Ludwig Reichhold, Wien/Frankfurt/Zürich 1965, 24–29, hier 25.

20 Trost: Figl von Österreich, 118f., Seltenreich: Leopold Figl – ein Österreicher, 57.

21 Vgl. dazu: http://www.gedenkstaettenpaedagogik-bayern.de/f-bunker.php. (abgerufen am 28.1.2015).

22 Er verblieb im Strafblock bis zum 2.6.1939. Karteiblatt Leopold Figl, International Tracing Service (ITS), Bad Arolsen, Digital Archive, Schreibstubenkarte KZ Dachau, Zl. 1.1.6.7/10640905.

23 http://www.gedenkstaettenforum.de/nc/gedenkstaetten-rundbrief/rundbrief/newsteilausstellung_bunker_kommandantur_arrest_in_der_gedenkstaette_dachau/ (abgerufen am 28.1.2015).

24 Franz Olah/Ludwig Steiner: Zwischen Dachau und Moskau – Begegnungen mit Leopold Figl, in: Demokratie und Geschichte. Jahrbuch des Karl von Vogelsang-Instituts zur Erforschung der Geschichte der christlichen Demokratie in Österreich, Jg. 6, 2002, 23–41, hier 25.

25 AKVI, Bestand Leopold Figl, Sign. 2833, Schreiben von Leopold Figl an Wolfgang Furrer, 25.5.1946. Auch Rudolf Kalmar erwähnte in seinem Bericht, dass die nach Figls Auspeitschung ohne ärztliche Behandlung vernarbten Wunden auf Grund von Verunreinigungen bei der Vernarbung später immer wieder zu eitern begannen und sich Figl auch noch Jahre später immer wieder in ärztliche Behandlung begeben musste. Spätfolgen der Figl dabei zugefügten Verletzungen an den Nieren seien auch, so vermutete Kalmar, der Ausgangspunkt jener Nierenkrebserkrankung gewesen, die zu seinem frühen Tod führte. Figl: Reden für Österreich, 26. Faktum ist, dass sowohl immer wieder aufbrechende Eiterungen als auch Verletzungen der Nieren zu den Folgen der Folter am „Bock" zählten. Vgl. dazu: http://www.gedenkstaettenpaedagogik-bayern.de/f-bunker.php. (abgerufen am 28.1.2015).

26 Franz Olah/Ludwig Steiner: Zwischen Dachau und Moskau, 34. Steiner nahm nochmals in zwei im Jahr 2005 erschienenen Artikeln auf diese Begebenheit Bezug: Ludwig Steiner: Das Miterleben einer historischen Zeit. Als Sekretär von Bundeskanzler Raab in Moskau 1955, in: Stefan Karner/Barbara Stelzl-Marx (Hg.): Die Rote Armee in Österreich. Sowjetische Besatzung 1945–1955. Beiträge, Graz/Wien/München 2005, 815–828, hier 823f.; Ludwig Steiner: „Annus memorabilis", in: Manfried Rauchensteiner/Robert Kriechbaumer (Hg.): Die Gunst des Augenblicks. Neuere Forschungen zu Staatsvertrag und Neutralität, Wien/Köln/Weimar 2005, 433–456, hier 452.

27 Mitunter wurde das Ende der Verlegung nach Flossenbürg mit 1. April 1939 angegeben, was sich aber nicht mit den Angaben auf der Karteikarte Figls im KZ Dachau deckt. ITS Digital Archive, Schreibstubenkarte KZ Dachau, Zl. 1.1.6.7/10640905.

28 Das die alten ideologischen Gräben überschreitende kameradschaftliche Verhalten Figls wurde auch von Politikern der Linken positiv hervorgehoben. Franz Olah etwa schreibt in seinen Memoiren: „Führende Politiker des Ständestaates wie Richard Schmitz, Alfons Gorbach oder Leopold Figl und Johann Staud hatten sich uns Sozialdemokraten gegenüber anständig benommen. Schmitz und Staud haben mich oft gefragt: ‚Brauchst du Geld? Ich kann dir eine Mark

pro Woche geben.'" Franz Olah: Die Erinnerungen, Wien/München/Berlin 1995, 86.
29 Johann Maria Lenz: Christus in Dachau. Ein religiöses Volksbuch und ein kirchengeschichtliches Zeugnis, Wien 1956, 35.
30 DÖW, Zl. 16682, Brief Leopold Figls aus dem KZ Dachau vom 16.3.1941.
31 DÖW, Zl. 16682, Brief Leopold Figls aus dem KZ Dachau vom 8.6.1941.
32 ITS Digital Archive, Operationsbuch KZ Dachau, Zl. 1.1.6.1./9919590, 112f., 106f.
33 ITS Digital Archive, Mitteilungsbuch über Revieraufnahmen und Entlassungen Häftlingskrankenbau, KZ Dachau, Zl. 1.1.6.1/9939064.
34 Figl: Reden für Österreich, 24–29, hier 29.
35 Für das Folgende vgl.: Archiv der KZ Gedenkstätte Dachau, Sign. 9450, Bericht von Michael Rauch über die Typhus-Epidemie im Lager, o.D.
36 ITS Digital Archive, Mitteilungsbuch über Revieraufnahmen und Entlassungen Häftlingskrankenbau, KZ Dachau, Zl. 1.1.6.1/9939064.
37 Für das Folgende vgl.: NÖLA, Nachlass Figl, Mappe Landesregierung, Landwirtschaftskammer, Staatssekretariat f. Ernährung und Landwirtschaft 1945/46, undatierter Entwurf eines Schreibens von Hilde Figl an den Reichskommissar für die Wiedervereinigung Österreichs mit dem Reiche, o.D.; DÖW, Zl. R00348, Abschrift des Aktes der Gauleitung Wien, Personalamt betr. Leopold Figl vom 14.11.1944.
38 NÖLA, Nachlass Figl, Mappe Landesregierung, Landwirtschaftskammer, Staatssekretariat f. Ernährung und Landwirtschaft 1945/46, Schreiben RA Dr Erwin Jerabek an Otto Rüdeger, Beirat der Stadt Wien, 2.7.1941.
39 DÖW, Zl. R00348, Abschrift des Aktes der Gauleitung Wien, Personalamt betr. Leopold Figl vom 14.11.1944.
40 Privatarchiv Familie Dr. Hauer, Gästebuch Leopold Figl, Eintragung 8.5.1943. Die Angabe Edmund Webers, wonach Figl am späten Abend des 11. Mai 1943 in Wien eingetroffen sei, dürfte daher nicht zutreffend sein. Edmund Weber: Unter den Augen der Gestapo. Wie Österreichs Bauern ihre Organisation vorbereiteten, in: Der Österreichische Bauernbündler, 26.8.1945, 21.10.1945; wieder abgedruckt in: Robert Kriechbaumer (Hg.): Von der Lagerstraße zum Ballhausplatz. Quellen zur Gründungs- und Frühgeschichte der ÖVP, Salzburg 1995, 49–51, hier 49.
41 Rainer Stepan: Julius Raab und das Dritte Reich, in: Alois Brusatti/Gottfried Heindl (Hg.): Julius Raab. Eine Biographie in Einzeldarstellungen, Linz o.J. (1986), 113–127, hier 114.
42 Archiv des Karl von Vogelsang-Instituts (AKVI), Wien, Bestand Leopold Figl, Sign. 2833, Schreiben Julius Raabs an die Musterungskommission des Wehrbezirkskommandos Wien I, 5.6.1943.
43 AKVI, Bestand Leopold Figl, Sign. 2833, Schreiben Julius Raabs an die Musterungskommission des Wehrbezirkskommandos Wien I, 5.6.1943.
44 Freundliche Mitteilung Hon.Prof. Dipl. Ing. Dr. Heinrich Wohlmeyer an den Verfasser.
45 Weber: Unter den Augen, 50.
46 Ludwig Reichhold: Geschichte der ÖVP, Graz/Wien/Köln 1975, 31.
47 Erik Sidney Kroiher: Bruchlinien und Kontinuitäten österreichischer Zivilgesellschaft: Katholisches jugendbündisches Leben der Zwischenkriegszeit in seiner geistesgeschichtlichen Wirkung am Beispiel Felix Hurdes', phil. Diss. (noch nicht approbiert), Wien 2015, 162. Für die Ermöglichung der vorzeitigen Einsichtnahme möchte der Verfasser Herrn MMag. Kroiher ausdrücklich danken.
48 Reichhold: Geschichte der ÖVP, 32.
49 Adolf Schärf: Österreichs Erneuerung 1945–1955. Das erste Jahrzehnt der Zweiten Republik, Wien 1955, 21f.
50 Weinberger: Tatsachen, Begegnungen und Gespräche, 119f.
51 Reichhold: Geschichte der ÖVP, 46.
52 Figl: Erlebte Entscheidungen, 23.
53 Laut Leopold Figl stand schon damals der Parteiname fest. Felix Hurdes wiederum berichtete, dass er sich erst im April 1945 mit Weinberger auf den neuen Namen verständigte. Felix Hurdes: „Volkspartei sei der Name", in: Das Kleine Volksblatt, 24.4.1960.
54 Figl: Erlebte Entscheidungen, 23.
55 Vgl. dazu den vom Bauernbund kultivierten Mythos übernehmend: Robert Kriechbaumer: Die Geschichte der ÖVP, in: Robert Kriechbaumer/Franz Schausberger (Hg.): Volkspartei – Anspruch und Realität. Zur Geschichte der ÖVP seit 1945, Wien/Köln/Weimar 1995, 11–101, hier 15.
56 In der unter der Ägide des Bauernbundes

2002 herausgegebenen Geschichte der österreichischen Land- und Forstwirtschaft wird dies auch eingeräumt. Ernst Hanisch hat dort dazu kritisch angemerkt: „In der Erinnerung – und um den österreichischen Opfermythos zu festigen – wurden aus Gesprächen ‚Gründungen'. Zur Gründung eines großen Verbandes gehört wohl mehr als ein Gespräch im Weinkeller." Ernst Hanisch: Die Politik und die Landwirtschaft, in: Franz Ledermüller (Hg.): Geschichte der österreichischen Land- und Forstwirtschaft im 20. Jahrhundert. Politik – Gesellschaft – Wirtschaft, Wien 2002, S. 15–189, hier 60.

57 Figl: Erlebte Entscheidungen, 23.

58 Figl: Erlebte Entscheidungen, 24.

59 Es ist in diesem Zusammenhang von Interesse, dass Figl im Herbst 1945 – eventuell auf Grund seiner Bekanntschaft mit Franz Sobek – für sich in Anspruch nahm, der 05 angehört zu haben. AKVI, Bestand Figl; Personalstandesblatt Leopold Figl der K.a.V. Norica 1945.

60 Seltenreich: Leopold Figl – ein Österreicher, 60.

61 Privatarchiv Familie Dr. Hauer, Gästebuch Leopold Figl, Eintragung 29.1.1944. Die Tagebuchseite ist mehrfach faksimiliert publiziert: Alois Brusatti/Gottfried Heindl (Hg.): Julius Raab. Eine Biographie in Einzeldarstellungen, Linz o.J. (1986), Abbildung 16; Susanne Seltenreich: Leopold Figl. Dokumentation einer Erinnerung, Bd. II, Wien, o.J., 19.

62 Brigitte Bailer: Widerstand, Opfermythos und die Folgen für die Überlebenden, in: Stefan Karner/Alexander Tschubarjan (Hg.): „Österreich wieder herstellen". Die Moskauer Deklaration 1943, Wien/Köln/Weimar 2015 (in Druck), 162–173, hier 163.

63 Fritz Molden: Die Feuer in der Nacht. Opfer und Sinn des österreichischen Widerstandes 1938–1945, Wien/München 1988, 37–44, 139–146.

64 Weinberger: Tatsachen, Begegnungen und Gespräche, 144f.

65 Leopold Figl hat als Datum seiner zweiten Verhaftung den 6. Oktober 1944 angegeben (Vgl. u.a.: AKVI, Bestand Figl; Personalstandesblatt Leopold Figl der K.a.V. Norica 1945). Dass demgegenüber das Dokumentationsarchiv des Österreichischen Widerstandes auf seiner Homepage den 8. Oktober 1944 als Datum der Verhaftung angibt (http://www.doew.at/erinnern/fotos-und-dokumente/1938-1945/der-erste-dachau-transport-aus-wien-1-april-1938/figl-leopold-dipl-ing-dr-h-c#figl, abgerufen am 23.2.2015), mag seinen Grund darin finden, dass sich im Archiv des DÖW (Sign. R 00348) in einem Akt des Personalamts der Gauleitung Wien vom 14.11.1944 der Vermerk befindet, dass Figl seit dem 9. Oktober 1944 in Haft ist.

66 DÖW, Zl. 20 000/T 226, Schreiben Leopold Figls an den Magistrat der Stadt Wien/Opferfürsorge, „Bescheinigung" (schriftliche Zeugenaussage für Otto Troidl) vom 19.6.1953.

67 Dies räumte Raab selbst retrospektiv in einem Artikel ein. Julius Raab: Mein guter Freund Leopold Figl, in: Österreichische Monatshefte, 10/11/1962, 6.

68 Hans Maršálek: Die Geschichte des Konzentrationslagers Mauthausen, Wien/Linz, 4. Aufl., 2006, 191.

69 Weinberger: Tatsachen, Begegnungen und Gespräche. 194.

70 Felix Hurdes: Vater unser. Gedanken aus dem Konzentrationslager, Wien 1950, 20.

71 Zit. nach: Trost: Figl von Österreich, 140.

72 Weinberger: Tatsachen, Begegnungen und Gespräche, 183.

73 Figl: Erlebte Entscheidungen, 24.

74 Hurdes: Vater unser, 19.

75 DÖW, Zl. 20 000/T 226, Schreiben Leopold Figls an den Magistrat der Stadt Wien/Opferfürsorge, „Bescheinigung" (schriftliche Zeugenaussage für Otto Troidl) vom 19.6.1953.

76 DÖW, Zl. 20 000/T 226, Schreiben Leopold Figls an den Magistrat der Stadt Wien/Opferfürsorge, „Bescheinigung" (schriftliche Zeugenaussage für Otto Troidl) vom 19.6.1953; Trost: Figl von Österreich, 141; Seltenreich: Leopold Figl – ein Österreicher, 62f.

77 Figl: Erlebte Erinnerungen, 24; zu dem psychischen Druck, der damals auf den Gefangenen lastete, anschaulich: Hurdes: Vater unser, 82.

Neubeginn in Trümmern

1 Rauchensteiner: Der Krieg, 166–171.

2 Rauchensteiner: Der Krieg, 173.

3 Molden: Feuer in der Nacht, 145f.

4 Trost: Figl von Österreich, 59f. Es sei allerdings darauf hingewiesen, dass diese kolportierte Begebenheit auf eine Quelle aus zweiter Hand zurückgeht, da der als Informant angegebene Sohn Figls zu diesem Zeitpunkt mit seiner Mutter in Niederösterreich war.

5 Gerald Stourzh: 1945 und 1955: Schlüsseljahre der Zweiten Republik, Innsbruck/Wien/Bozen 2005, 22.

6 Michael Dippelreiter: Wien in der ersten Hälfte des Jahres 1945, in: Michael Dippelreiter (Hg.): Wien. Die Metamorphose einer Stadt, Wien/Köln/Weimar 2013, 11–38, hier 20.

7 Rauchensteiner: Der Krieg, 177.

8 Rauchensteiner: Der Krieg, 168f.

9 Klaus-Dieter Mulley: Staatsgründung 1945. Bemerkungen zur personellen und föderalen Rekonstruktion der Republik Österreich im Jahre 1945, in: Die Länderkonferenzen 1945. Dokumente und Materialien (Studien und Forschungen aus dem Niederösterreichischen Institut für Landeskunde. Herausgegeben von Silvia Petrin und Willibald Rosner). Wien 1995, 11–32, hier 14.

10 So Figl in seiner letzten öffentlichen Ansprache am 27. April 1965 im Niederösterreichischen Landhaus. Eine Abschrift befindet sich in: NÖLA, Nachlass Figl. Ausschnitte der Rede, auch die erwähnten Ereignisse betreffend, befinden sich in der Österreichischen Mediathek. http://www.mediathek.at/atom/132F0C32-2B7-001A9-00000844-132E55B6/ (abgerufen am 11.2.2015).

11 Niederösterreichisches Landesarchiv (NÖLA), Nachlass Figl, Abschrift einer Hörfunksendung mit Interviewausschnitten eines Gesprächs von Heinz Fischer-Karwin mit Leopold Figl. Die Sendung wurde anlässlich des Ablebens Figls 1965 ausgestrahlt. Die von Robert Kriechbaumer ventilierte Möglichkeit, wonach Renner, der zu diesem Zeitpunkt noch gar nicht in Wien war, den Sowjets den Hinweis auf Figl gegeben haben könnte, scheint dem Verfasser weniger wahrscheinlich zu sein. Robert Kriechbaumer: Von der Illegalität zur Legalität. Die ÖVP im Jahr 1945. Politische und geistesgeschichtliche Aspekte des Entstehens der Zweiten Republik, Wien 1985, 136.

12 Folgt man den Memoiren Fischers, so ergibt sich, dass diese erste Begegnung zwischen Koplenig und Figl allerdings erst am 15.4. im Niederösterreichischen Landhaus stattgefunden hätte. Dies muss aber nicht stimmen, da in der rückblickenden Erinnerung gerade in diesen turbulenten Apriltagen mitunter die Dinge zeitlich ineinandergeflossen sind. Ernst Fischer: Das Ende einer Illusion. Erinnerungen 1945–1955, Wien/München/Zürich 1973, 48.

13 Johannes v. Eidlitz: „Der Schottenhof war das Ziel unserer Wünsche" (Zeitzeugengespräch), in: Demokratie und Geschichte. Jahrbuch des Karl von Vogelsang-Instituts zur Erforschung der Geschichte der christlichen Demokratie in Österreich, Jg. 1, 1997, 49–70, hier 55.

14 Selbst wenn man davon ausgeht, dass die negativen Beurteilungen der Vorgänge im Palais Auersperg in den Memoiren führender Politiker, wie Adolf Schärfs, Oskar Helmers, Ernst Fischers oder Lois Weinbergers – aus einem gewissen Konkurrenzdenken der politischen Parteien herrührend –, einseitig ausfielen, so werfen die Impressionen des unvoreingenommenen Diplomaten Josef Schöner ein ernüchterndes Bild auf die dortigen Vorgänge im geschilderten Sinn. Schöner: Wiener Tagebuch, 156f.

15 Weinberger: Tatsachen, Begegnungen und Gespräche, 245.

16 Felix Hurdes: „Volkspartei sei der Name", in: Das Kleine Volksblatt, 24.4.1965.

17 Therese Kraus: Der österreichische Bauernbund als politisch dominierender Faktor der agrarpolitischen Entwicklung Österreichs im 20. Jahrhundert, in: Christliche Demokratie. Vierteljahresschrift für Zeitgeschichte, Sozial-, Kultur- und Wirtschaftsgeschichte, 2/1985, 145–158, hier 153.

18 Zur Biographie Schumys: Lothar Höbelt: Schumy, Vinzenz, in: Neue Deutsche Biographie, Bd. 23, Berlin 2007, 756f.

19 Ludwig Reichhold: Die ÖVP vom 17. April bis 25. November 1945, in: Christliche Demokratie. Vierteljahresschrift für Zeitgeschichte, Sozial-, Kultur- und Wirtschaftsgeschichte, 2/1986, 95–103, hier 96.

20 Hanisch: Die Politik, 61.

21 Susanne Hauser: Die christlichsoziale Arbeitnehmerbewegung ab 1938, in: Barbara Holzer/Susanne Hauser/Renate May: Ein Verein macht Geschichte. 100 Jahre christlichsozialer Arbeiterverein, Wien 1994, 179–237, hier 182.

22 Johannes Eidlitz: Der 17. April im Schottenstift, in: Christliche Demokratie. Vierteljahresschrift für Zeitgeschichte, Sozial-, Kultur- und Wirtschaftsgeschichte, 2/1986, 85–89, hier 85. Von „Instinktlosigkeit" und grenzenloser „Naivität" spricht auch Manfried Rauchensteiner in seiner Einschätzung der 05. Manfried Rauchensteiner: Die Zwei. Die Große Koalition in Österreich 1945–1966, 35.

23 Vgl. dazu: Wilfried Aichinger: Sowjetische Österreichpolitik 1943–1945, Wien 1977, 160–174; Harry Piotrowski: The Soviet Union and the Renner Government of Austria, April–November 1945, in: Central European History, Jg. 20, 3/4/1987, 246–279, hier 258–260.

24 Herbert Braunsteiner: „So blieb mir nichts anderes übrig, als die Enns zu durchschwimmen" (Zeitzeugengespräch), in: Demokratie und Geschichte. Jahrbuch des Karl von Vogelsang-Instituts zur Erforschung der Geschichte der christlichen Demokratie in Österreich, Jg. 1, 1997, 71–86, hier 72.

25 Braunsteiner: So blieb mir nichts anderes übrig, 75.

26 Eidlitz: Der 17. April, 87.

27 Es handelte sich dabei um jene Räume, in denen später die Katholische Akademie untergebracht wurde. Felix Hurdes: Freyung Nummer 6, in: Das Kleine Volksblatt, 25.4.1970.

28 Johannes Eidlitz: Die Volkspartei wuchs aus der Not. Der erste Organisationssekretär berichtet …, in: Österreichische Monatshefte 5/1960, 3–7, hier 4.

29 Deutlich wird dies anhand einer kurzen Bemerkung in den Erinnerungen Schärfs. Dieser berichtet, dass ihn Hurdes im Zuge ihrer regelmäßigen Gesprächskontakte während des Jahres 1945 einmal mit der Frage konfrontiert habe, ob die Obmannschaft Pernters eine Belastung für das gegenseitige Verhältnis der beiden Parteien zueinander darstelle. Er, Schärf, habe aber auf Anraten Renners jede Meinungsäußerung dazu vermieden, um nicht den Verdacht zu erwecken, auf Personalentscheidungen in der ÖVP Einfluss nehmen zu wollen. Schärf: Österreichs Erneuerung, 71.

30 Eidlitz behielt Jakob Fried als einen „Mann von großer Weitsicht und hohem politischem [sic!] Verstand", der ihn in manchem an Ignaz Seipel gemahnte, in Erinnerung. Auch Figl war Fried in großer Wertschätzung verbunden. Eidlitz: Der 17. April, 87.

31 Eidlitz: Der Schottenhof, 56; Braunsteiner: So blieb mir nichts anderes übrig, 76.

32 Außer den im Zuge der Schilderung namentlich Erwähnten werden als weitere Anwesende der Gründungssitzung genannt: Ernst Robetschek, Karl Mühlhauser und der spätere Finanzminister Eugen Margarétha, was allerdings in der Tagebucheintragung Margaréthas vom 17. April 1945 keine Deckung findet. Alois Brusatti (Hg.): Zeuge der Stunde Null. Das Tagebuch Eugen Margaréthas 1945–47 bearbeitet von Hildegard Hemetsberger-Koller, Linz 1990, 47f.

33 Folgt man dem Tagebuch Eugen Margaréthas, so hatte Raabs Frau einen Herzanfall erlitten, weshalb Raab in diesen Tagen das Haus nicht verließ. Auch Eidlitz vermerkt ausdrücklich, dass Raab an der Gründungssitzung nicht teilnahm. Demgegenüber nennt Ludwig Reichhold Raab als Teilnehmer der Gründungssitzung, was seitdem in Arbeiten mehrfach übernommen wurde. Auch Braunsteiner erwähnt eine Teilnahme Raabs. Margarétha: Zeuge der Stunde Null, 45; Eidlitz: Der Schottenhof, 60; Eidlitz: Der 17. April, 88; Reichhold: Geschichte der ÖVP, 449; Braunsteiner: So blieb mir nichts anderes übrig, 76.

34 Eugen Margarétha erwähnt in seiner auf einem Gespräch mit Weinberger fußenden Tagebucheintragung vom 16. April bereits, dass die „in Bildung" befindliche Österreichische Volkspartei sich in drei Bünde aufgliedern werde, und nennt schon den Arbeiter- und Angestelltenbund, den Bauernbund sowie den „Mittelstandsbund". Margarétha: Zeuge der Stunde Null, 44.

35 Herbert Braunsteiner: Der Aufbau der Österreichischen Volkspartei bundesweit, in: Christliche Demokratie. Vierteljahresschrift für Zeitgeschichte, Sozial-, Kultur- und Wirtschaftsgeschichte, 2/1986, 91–94, hier 92.

36 Braunsteiner: So blieb mir nichts anderes übrig, 76. Bei einer früheren Gelegenheit verlegte Braunsteiner das Treffen vor die Sitzung, doch dürfte vorher lediglich Hurdes mit Braunsteiner gesondert beim Kardinal gewesen sein. Vgl. dazu: Kriechbaumer: Von der Illegalität, 140.

37 Reichhold: Geschichte der ÖVP, 74.

38 Braunsteiner: So blieb mir nichts anderes übrig, 76.

39 Für das Folgende vgl.: E.H. (Eduard Hartmann): April 1945, in: Anton Matyas (Hg.): Österreichischer Bauernspiegel, Wien 1959, 29 sowie Figls eigene Schilderung aus dem Jahr 1965: NÖLA, Nachlass Figl, Abschrift der Ansprache vom 27.4.1945 sowie http://www.mediathek.at/atom/132F0C32-2B7-001A9-00000844-132E55B6/ (abgerufen am 11.2.2015).

40 Therese Kraus: Leopold Figl und die österreichische Agrarpolitik, in: Christliche Demo-

kratie. Vierteljahresschrift für Zeitgeschichte, Sozial-, Kultur- und Wirtschaftsgeschichte, 1/1985, 59–65, hier 62.

41 Vgl. dazu u.a: Walter Rauscher: Karl Renner. Ein österreichischer Mythos, Wien 1995, 307–315.

42 Das Schreiben ist auszugsweise publiziert u.a. in: Rauchensteiner: Die Zwei, 29.

43 Schärf: Österreichs Erneuerung, 36.

44 Reichhold: Geschichte der ÖVP, 80.

45 Manfred Mugrauer: Die Politik der KPÖ in der Provisorischen Regierung Renner, Innsbruck/Wien/Bozen 2006, 53.

46 Rauchensteiner: Die Zwei, 38.

47 So Kunschak gegenüber den Amerikanern, als sie ihn im August 1945 zu den näheren Umständen der Bildung der Provisorischen Staatsregierung befragten: Oliver Rathkolb (Hg.): Gesellschaft und Politik am Beginn der Zweiten Republik. Vertrauliche Berichte der US-Militäradministration aus Österreich 1945 in englischer Originalfassung, Wien/Köln/Graz 1985, 136f.

48 Braunsteiner: So blieb mir nichts anderes übrig, 79.

49 Weinberger: Tatsachen, Begegnungen und Gespräche, 253.

50 Dies bestätigt auch Herbert Braunsteiner, der bei der Sitzung anwesend war. Braunsteiner: So blieb mir nichts anderes übrig, 79.

51 Vgl. dazu auch: Kriechbaumer: Von der Illegalität, 146.

52 Vgl. dazu den berührenden Nachruf, den Leopold Kunschak Franz Hemala, der 1943 starb, anlässlich seines zweiten Todestages widmete, nicht ohne auch den Bezug zu dessen Schwiegersohn herzustellen: „Seine letzten Jahre sind leider im Dunkel des Hitlerismus gestanden. Er musste erleben, dass der Gatte seines einzigen Kindes zweimal in die Hölle der Hitlerschen KZ-Lager gesperrt wurde. Den Tag der Befreiung dieses ganz in seinen Fußstapfen wandelnden Mannes, des heutigen Staatssekretärs und Reichsparteiobmannes Ing. Figl, hat er nicht mehr erlebt." Leopold Kunschak: In memoriam Dr. Franz Hemala, in: Das Kleine Volksblatt, 13.10.1945.

53 Gerhard Hartmann: Für Gott und Vaterland. Geschichte und Wirken des CV in Österreich, Kevelaer 2006, 390.

54 Raab: Mein guter Freund, 6.

55 Für das Folgende: Figl: Erlebte Entscheidungen, 24 sowie ein Fernsehinterview Figls. Dieses ist im Wortlaut abgedruckt in: Hugo Portisch: Österreich II. Die Geschichte Österreichs vom 2. Weltkrieg bis zum Staatsvertrag, Bd. 2: Die Wiedergeburt unseres Staates, München, 2. Aufl., 1993, 32f. Unzutreffenderweise wird hier das Ereignis allerdings in den Kontext einer der Fahrten Figls zur Lebensmittelaufbringung gestellt.

56 So Josef Kraus in seinem Beitrag in: Seltenreich: Leopold Figl – ein Österreicher, 181–184, hier 183.

57 Rathkolb: Gesellschaft und Politik, 137.

58 Der Wortlaut der Unabhängigkeitserklärung ist u.a. publiziert in: Josef Kocensky (Hg.): Dokumentation zur österreichischen Zeitgeschichte 1945–1955, Wien/München, 3. Aufl., 1980, 29.

59 Neues Österreich, 28.4.1945.

60 Stourzh: 1945 und 1955, 42.

61 Dort hieß es u. a: „In der Wiener Stadtverwaltung haben sich Vertreter aller demokratischen Parteien zu einer verheißungsvollen Arbeitsgemeinschaft zusammengefunden. In der Herausgeberschaft und Redaktion dieser ersten im befreiten Österreich erscheinenden Tageszeitung hat sich der gleiche Zusammenschluss vollzogen." Neues Österreich, 23.4.1945.

62 Selbst dem Spitzendiplomaten und späteren Generalsekretär des Auswärtigen Amtes Heinrich Wildner war Ende April 1945 der Name Figl nicht geläufig. Als er den Namen in der ersten Ausgabe im Neuen Österreich las, notierte er in seinem Tagebuch „Ing. F" und als der Name im Zusammenhang mit der Regierungsbildung am 25. April feststand, notierte er neuerlich das Wort Figl mit einem Fragezeichen in seinem Tagebuch. „Ich bestelle Sie hiemit zur Leitung des Außenamtes, ..." Das Tagebuch von Heinrich Wildner 1945, Wien 2010, 49f.

63 Mugrauer: Die Politik, 53.

64 Fischer: Das Ende, 72.

65 Schärf: Österreichs Erneuerung, 38.

66 Gertrude Enderle-Burcel/Rudolf Jeřábek/Leopold Kammerhofer (Hg.): Protokolle des Kabinettsrates der Provisorischen Regierung Karl Renner 1945, Bd. 1, 29. April 1945 bis 10. Juli 1945, Horn/Wien 1995, 1–3.

67 Figl: Reden für Österreich, 105.

68 Dippelreiter: Wien in der ersten Hälfte, 24; Schöner: Wiener Tagebuch, 163.

69 Neues Österreich, 10.5.1945.

70 So Adolf Schärf in seinem Beitrag in: Selten-

reich: Leopold Figl – ein Österreicher, 166–169, hier 167.

71 Mugrauer: Die Politik, 127.

72 Schärf: Österreichs Erneuerung, 49f.

73 Mugrauer: Die Politik, 134.

74 Protokolle des Kabinettsrates, Bd. 1, (6. Sitzg., 13.5.1945), 66.

75 Protokolle des Kabinettsrates, Bd. 1, (6. Sitzg., 13.5.1945), 66.

76 Protokolle des Kabinettsrates, Bd. 1, (6. Sitzg., 13.5.1945), 65.

77 Neues Österreich, 16.5.1945.

78 Protokolle des Kabinettsrates, Bd.1, 21f. (4. Sitzg., 8.5.1945). Der Aufruf wurde zeitgleich am 8. Mai auf der Titelseite des Neuen Österreich veröffentlicht. Neues Österreich, 8.5.1945. Als Flugblatt liegt der Aufruf vor in: AKVI, Bestand Leopold Figl, Sign. 2833.

79 Vgl. dazu den Meinungsaustauch, insbesondere die Wortmeldung Oskar Helmers in der Sitzung des Kabinettsrates vom 8. Mai 1945, Protokolle des Kabinettsrates, Bd. 1, 21f. (4. Sitzg., 8.5.1945), 22f.

80 DÖW, Zl. 2205 (Bruno Sokoll: Abschrift zur Dokumentation des Kampfes um Wien 1945, 17f.).

81 Zur Ernährungs- und Versorgungslage in Wien im Jahr 1945 vgl. zwei Beiträge in dem jüngst von Michael Dippelreiter herausgegebenen Band zur Geschichte Wiens nach 1945: Franz X. Eder: Vom wirtschaftlichen Mangel zum Konsumismus. Haushaltsbudgets und privater Konsum in Wien 1918–1995; Irene Bandhauer-Schöffmann: Ernährungsverhalten und Kochkultur in Wien. Essen, Kochen, Lebensmittelversorgung und Gaststättenwesen in der Zweiten Republik, in: Dippelreiter: Wien. Die Metamorphose einer Stadt, 209–282, hier 218–220; 531–592, hier 543–545.

82 Robert Kriechbaumer: „… dass der Einfluss der Kommunisten beseitigt wird.“ Sowjetische Meinungen über die politische Lage sowie über österreichische Politiker 1945/46, in: Siegfried Beer/Edith Marko-Stöckl/Marlies Raffler/Felix Schneider (Hg.): Focus Austria. Vom Vielvölkerreich zum EU-Staat. Festschrift für Alfred Ableitinger zum 65. Geburtstag, Graz 2003, 417–433, hier 428.

Aufbruch in Niederösterreich

1 Vgl. dazu: Aichinger: Sowjetische Österreichpolitik, 239; Klaus Dieter Mulley: Befreiung und Besatzung. Aspekte sowjetischer Besatzung in Niederösterreich 1945–1948, in: Alfred Ableitinger/Siegfried Beer/Eduard G. Staudinger (Hg.): Österreich unter alliierter Besatzung 1945–1955, Wien/Köln/Graz 1998, 361–400, hier 373–376.

2 Mulley: Befreiung und Besatzung, 373.

3 Festrede Leopold Figls aus Anlass des Ersten Jahrestages der Wiederaufrichtung der österreichischen Verwaltung im Lande Niederösterreich am 17. April 1946 bei der Festsitzung des Niederösterreichischen Landtages. Zuletzt publiziert in: Niederösterreich 1945. 40 Jahre Wiederaufbau der Landesverwaltung, Ausstellungskatalog der NÖ Landesbibliothek, 29–32, hier 29.

4 Oskar Helmer: 50 Jahre erlebte Geschichte, Wien 1957, 197.

5 Für das Folgende: Helmer: 50 Jahre, 200f.

6 Der 1899 geborene Hans Vanura war ab 1934 stellvertretender Bezirkshauptmann in Krems und wurde 1938 von den Nationalsozialisten seines Amtes enthoben. 1938 wie 1944 war er inhaftiert. Er gehörte derselben CV-Verbindung (Norica Wien) wie Figl an und war mit ihm auch während des Krieges in Kontakt, so verbrachte er etwa bei Figl den Jahreswechsel 1943/44. Zum ersten Mal nach der Befreiung Wiens war er – seinen eigenen Angaben folgend – am 16. April mit Figl im Palais Auersperg, dem Sitz der 05, zusammengetroffen. Privatarchiv Familie Dr. Hauer, Gästebuch Leopold Figl, Eintragung 31.12.1943; AKVI, Bestand Figl; Personalstandesblatt Leopold Figl der K.a.V. Norica 1945. (In diesem Erhebungsbogen, mit dem das politische Verhalten der Verbindungsmitglieder 1938–45 ermittelt werden sollte, gab Figl neben Raab und Pernter Vanura als Verbindungsmitglied, mit dem er nach 1938 „ständigen, vertrauensvollen Verkehr pflegte“, an.) Hermann Riepl: 40 Jahre Wiederaufrichtung der österreichischen Verwaltung in Niederösterreich, in: Niederösterreich 1945. 40 Jahre Wiederaufbau der Landesverwaltung. Ausstellung der NÖ Landesbibliothek, Wien 1985, 7–28, hier 11. Zur Verfolgung Vanuras durch das NS-Regime vgl.: Herbert Fritz/Peter Krause: Farbe tragen, Farbe bekennen 1938–1945. Katholische Korporierte in Widerstand und Verfolgung, Wien, 2. Aufl., 2013, 567f.

7 NÖLA, Nachlass Hans Vanura, „Bauen Sie die Verwaltung wieder auf“ (maschinschriftliches Manuskript).

8 Mugrauer: Die Politik, 59f.

9 NÖLA, Nachlass Hans Vanura, „Erinnerungen des Landesamtsdirektors von Niederösterreich Dr. Hans Vanura". Am 12. Juni 1945 wurde er von der Provisorischen Staatsregierung nominell zum Landesamtsdirektor bestellt. Protokolle des Kabinettsrates, Bd. 1, 226 (12. Sitzg., 12.6.1945). Vgl. dazu auch: Österreichisches Staatsarchiv/Archiv der Republik (ÖStA/AdR), Staatskanzlei 1945, Präs., Zl. 4283-1/45.

10 Hermann Riepl: Die Neubildung der NÖ Landesregierung und der Wiederaufbau der NÖ Landesverwaltung im Jahre 1945, in: Ernst Bezemek/Willibald Rosner (Hg.): Niederösterreich 1945 – Südmähren 1945. Die Vorträge des vierzehnten Symposions des Niederösterreichischen Instituts für Landeskunde, Wien 1996, 87–100, hier 89.

11 Riepl: Die Neubildung der NÖ Landesregierung, 89.

12 Neues Österreich, 12.5.1945.

13 Aichinger: Sowjetische Österreichpolitik, 210.

14 Die auf Grund des am 13.5.1945 von der Provisorischen Staatsregierung beschlossenen und rückwirkend mit 1. Mai 1945 in Kraft gesetzten Verfassungsübergangsgesetzes erforderliche Bestätigung durch die Provisorische Staatsregierung erfolgte in der Sitzung vom 29.5.1945. Protokolle des Kabinettsrates, Bd. 1, 162. Der Antrag auf Ernennung Figls wurde gemäß § 30 des Verfassungs-Überleitungsgesetzes von den Vorsitzenden der drei Parteien gestellt. ÖStA/AdR, Staatskanzlei 1945, Zl. 4109-Pr/45

15 Aichinger: Sowjetische Österreichpolitik, 223.

16 NÖLA, Nachlass Hans Vanura, „Bauen Sie die Verwaltung wieder auf" (maschinschriftliches Manuskript).

17 Mulley: Befreiung und Besatzung, 375.

18 Mulley: Befreiung und Besatzung, 380.

19 So zumindest die von Hermann Riepl geäußerte Vermutung. Riepl: Neubildung, 94.

20 Die österreichischen Kommunisten wurden von den Sowjets zu keinem Zeitpunkt als Partner auf gleicher Augenhöhe anerkannt. „Doch gegen Moskau gab es keinen Widerspruch." Dieser prägnante Satz Ernst Fischers bringt das Verhältnis der KPÖ zu den sowjetischen Besatzern auf den Punkt. Fischer: Ende einer Illusion, 23.

21 Aichinger: Sowjetische Österreichpolitik, 220f.

22 NÖLA, Nachlass Hans Vanura, „Ergänzungen zu den ‚Erinnerungen des Landesamtsdirektors von Niederösterreich Dr. Hans Vanura'".

23 Vgl. zum Begriff der „Dreieinigkeit": Leopold Figl: Festrede aus Anlass des 1. Jahrestages der Wiederaufrichtung der österreichischen Verwaltung im Lande Niederösterreich am 17. April 1946 bei der Festsitzung des Niederösterreichischen Landtages, in: Niederösterreich 1945. 40 Jahre Wiederaufbau der Landesverwaltung. Ausstellung der NÖ Landesbibliothek, Wien 1985, 29–32, hier 30; Oskar Helmer: Festrede aus Anlass des 1. Jahrestages der Wiederaufrichtung der österreichischen Verwaltung im Lande Niederösterreich am 17. April 1946 bei der Festsitzung des Niederösterreichischen Landtages, in: Niederösterreich 1945. 40 Jahre Wiederaufbau der Landesverwaltung. Ausstellung der NÖ Landesbibliothek, Wien 1985, 33–35, hier 33.

24 Oskar Helmer: Festrede aus Anlass des 1. Jahrestages der Wiederaufrichtung der österreichischen Verwaltung im Lande Niederösterreich am 17. April 1946 bei der Festsitzung des Niederösterreichischen Landtages, in: Niederösterreich 1945. 40 Jahre Wiederaufbau der Landesverwaltung. Ausstellung der NÖ Landesbibliothek, Wien 1985, 33–35, hier 34. Figl verwendete nachweislich das Bild vom gemeinsamen Haus u.a. bei der Bürgermeisterkonferenz in Eisenstadt Ende Mai. Vgl. dazu: Neues Österreich, 29.5.1945.

25 Neues Österreich, 19.5.1945.

26 Neues Österreich, 19.5.1945.

27 Oskar Helmer: Festrede aus Anlass des 1. Jahrestages der Wiederaufrichtung der österreichischen Verwaltung im Lande Niederösterreich am 17. April 1946 bei der Festsitzung des Niederösterreichischen Landtages, in: Niederösterreich 1945. 40 Jahre Wiederaufbau der Landesverwaltung. Ausstellung der NÖ Landesbibliothek, Wien 1985, 33–35, hier 33.

28 Aichinger: Sowjetische Österreichpolitik, 225–227.

29 Aichinger: Sowjetische Österreichpolitik, 214f.

30 Kriechbaumer: „... dass der Einfluss der Kommunisten beseitigt wird.", 428f.

31 Neues Österreich, 29.5.1945.

32 Mark W. Clark: Mein Weg von Algier nach Wien, Wien 1954, 523f.

33 Johann Blöchl: Meine Lebenserinnerungen, Linz o.J. (1975), 163.
34 Gertrude Enderle-Burcel/Rudolf Jeřábek (Hg.): Protokolle des Kabinettsrates der Provisorischen Regierung Karl Renner 1945, Bd. 2, 17. Juli 1945 bis 5. September 1945, Wien 1999, 214 (23. Sitzg., 7.8.1945)
35 Protokolle des Kabinettsrates, Bd. 2, 216 (23. Sitzg., 7.8.1945).
36 Harry Slapnicka: Die Anfänge der Volkspartei in Oberösterreich und der Beginn einer eigenständigen Landespolitik 1945, in: Christliche Demokratie. Vierteljahresschrift für Zeitgeschichte, Sozial-, Kultur- und Wirtschaftsgeschichte, 2/1986, 113–119, hier 118.
37 Neues Österreich, 14.8.1945.
38 Neues Österreich, 14.8.1945.
39 Protokolle des Kabinettsrates, Bd. 2, 214–219 (23. Sitzg., 7.8.1945).
40 Für das Folgende: Protokolle des Kabinettsrates, Bd. 2, 216–224 (23. Sitzg., 7.8.1945).
41 Protokolle des Kabinettsrates, Bd. 2, 293 (26. Sitzg., 22.8.1945).
42 Protokolle des Kabinettsrates, Bd. 2, 404 (28. Sitzg., 29.8.1945), vgl. dazu auch: ÖStA, AdR, Staatskanzlei 1945, Zl. 8357-Pr./45.

Das erste Parteiprogramm

1 Gerald Stourzh: Um Einheit und Freiheit. Staatsvertrag, Neutralität und das Ende der Ost-West-Besetzung Österreichs 1945–1955, 5. Aufl., Wien/Köln/Graz 2005, 32f.; Oliver Rathkolb: Die paradoxe Republik. Österreich 1945 bis 2005, Wien 2005, 161.
2 Neues Österreich, 11.5.1945.
3 NÖLA, Bestand ÖVP-NÖ Landesparteileitung, Mappe Landesparteileitungssitzungen 1945–1975, „Protokoll über die am 19. Juni stattgefundene konstituierende Sitzung der Landesleitung Niederösterreich der Österr. Volkspartei". Vgl. dazu auch: Hannes Schönner: Die Österreichische Volkspartei in Niederösterreich 1945–1995, in: Stefan Eminger/Ernst Langthaler (Hg.): Niederösterreich im 20. Jahrhundert, Bd. 1: Politik, Wien/Köln/Weimar 2008, 443–472, hier 446; Michael Dippelreiter: Geschichte der ÖVP-Niederösterreich, in: Kriechbaumer/Schausberger: Volkspartei – Anspruch und Realität, 435–465, hier 436f.; Klaus Dieter Mulley: Politische Parteien und Interessenvertretungen in Niederösterreich 1945–2000, in: Michael Dippelreiter (Hg.): Niederösterreich. Land im Herzen – Land an der Grenze, Wien/Köln/Weimar 2000, 41–133, hier 47f.
4 NÖLA, Bestand ÖVP-NÖ Landesparteileitung, Mappe Rundschreiben 1945–1952, Rundschreiben Nr. 1, o.D.; Richtlinien für den Aufbau der Bezirksleitungen in Niederösterreich; Rundschreiben Nr. 2, 7.8.1945; Mappe Hauptbezirks- bzw. Bezirksparteiobmännerkonferenzen 1945-, Einladung zur ersten Bezirksobmännertagung der Landesleitung Niederösterreich, 27.7.1945.
5 Eidlitz: Der Schottenhof, 61f.
6 Eugen Margarétha berichtet in seinem Tagebuch davon, dass die „schweren Auseinandersetzungen" Mitte Mai sogar dazu führten, dass Figl und Raab nach einem „Krach" den Parteivorstand vorzeitig verließen. Margarétha: Zeuge der Stunde Null, 73; zu den parteiinternen Konflikten im Frühjahr 1945 insgesamt: Eidlitz: Der Schottenhof, 61.
7 Braunsteiner: So blieb mir nichts anderes übrig, 79; Braunsteiner: Der Aufbau, 92.
8 Weinberger: Tatsachen, Begegnungen und Gespräche, 253.
9 1951 wurden Figl und Hurdes parteiintern entmachtet, 1952, ein Jahr vor dem Ende der Regierung Figl, wurde Hurdes als Unterrichtsminister abgelöst. Vgl. dazu auch: Michaela Regelsperger: Felix Hurdes – Zwischen christlichen Ideen und Politik. Die Ausprägung der österreichischen Christdemokratie in der Nachkriegszeit am Beispiel eines Politikers der Gründergeneration, phil. Diss., Salzburg 1983, 178.
10 Braunsteiner: So blieb mir nichts anderes übrig, 79.
11 AKVI, Bestand ÖVP-Bundespartei, Sign 1448. Die programmatischen Leitsätze sind publiziert in: Klaus Berchtold (Hg.): Österreichische Parteiprogramme 1868–1966, Wien/München 1967, 376–379.
12 Alfred Missong: „Mein Leben und Arbeiten", in: Alfred Missong: Christentum und Politik in Österreich. Ausgewählte Schriften 1924–1950. Herausgegeben von Alfred Missong jun. In Verbindung mit Cornelia Hoffmann und Gerald Stourzh, Wien/Köln/Graz 2006, 15–46, hier 40.
13 Stourzh: Österreich ist frei, 355.
14 Für das Folgende vgl.: Leopold Figl: Unser Wahlprogramm: Freiheit, Gleichheit, Menschenwürde, in: Österreichische Monatshefte. Blätter für Politik, Jg. 1, 1/1945, 2–5.
15 Thomas Angerer: „Österreich ist Europa"

Identifikationen Österreichs mit Europa seit dem 18. Jahrhundert, in: Wiener Zeitschrift zur Geschichte der Neuzeit, Jg. 1, 1/2001, 55–72, hier 69.

16 Ministère des Affaires Étrangères (MAE), Archives diplomatiques, Paris, Série Europe 1944–1960. Sous-série Autriche, Vol. 95, Politique intérieure, Dossier général juin–août 1945, Les Partis Politiques, Juin 1945.

17 Die Ansprache Renners ist im vollen Wortlaut als Beilage zum Sitzungsprotokoll der fünften Sitzung des Kabinettsrates der Provisorischen Staatsregierung publiziert. Protokolle des Kabinettsrates, Bd. 1, 54–58, hier 54f.

18 Schöner: Wiener Tagebuch, 202.

19 Rathkolb: Die paradoxe Republik, 21.

20 Roman Sandgruber: Ökonomie und Politik. Österreichische Wirtschaftsgeschichte vom Mittelalter bis zur Gegenwart, Wien 1995, 458.

21 Vgl. dazu: John W. Boyer: Karl Lueger (1844–1910). Christlichsoziale Politik als Beruf, Wien/Köln/Weimar 2010, 181–193.

22 Reinhold Wagnleitner (Hg.): Understanding Austria. The Political Reports and Analyses of Martin F. Herz, Salzburg 1984, 41; Rathkolb: Gesellschaft und Politik, 145.

23 Sandgruber, Ökonomie und Politik, 458f.

24 Stourzh: Um Einheit und Freiheit, 85–87.

25 Schärf: Österreichs Erneuerung, 65.

26 Stourzh, Um Einheit und Freiheit, 92.

Erste Kontakte mit dem Westen und eine Rückkehr

1 Eine ausführliche Schilderung bei: Schöner: Wiener Tagebuch. 268f.

2 Eidlitz: Die Volkspartei, 6.

3 Neues Österreich, 2.6.1945.

4 Protokolle des Kabinettsrates, Bd. 1, 161 (10. Sitzg., 29.5.1945).

5 ÖStA/AdR, Staatskanzlei 1945, Zl. 4130-Pr./45.

6 Braunsteiner: „So blieb mir nichts anderes übrig". 80.

7 Zum Verlauf der Mission Braunsteiners vgl.: Braunsteiner: „So blieb mir nichts anderes übrig", 80–84, zuletzt auch: Edwin Knapp: Herbert Braunsteiner. Ein erfülltes Leben als leidenschaftlicher Österreicher, großer Arzt, Wissenschaftler und Klinikvorstand, Innsbruck 2014, 34–37.

8 Rudolf von Strasser: Lebenskreise. Widerstand und Wiederaufbau, Wien/Köln/Weimar 2012, 93–96.

9 Friedrich Steinkellner: Die Geschichte der Salzburger ÖVP 1945–1995, in: Kriechbaumer/Schausberger: Volkspartei – Anspruch und Realität, 701–740, hier 701.

10 Die Zusammenkunft zwischen Braunsteiner und Schemel fand am 24. oder 25. Mai 1945 statt. Schemel vermerkte in seinem Tagebuch das Treffen am 25. Mai 1945. Gerhard Schmidt: Patrioten, Pläne und Parteien. Das Werden der Österreichischen Volkspartei und ihrer Bünde im Bundesland Salzburg vom 30. April 1945 bis zu den ersten Nationalratswahlen am 25. November 1945, Salzburg 1971, 35f, 79.

11 In dem Telegramm hieß es: "From all indications it is a coalition of the former Christian Social Party, the Land Bund the Christian Democrats and the Monarchists. The basic idea behind it seems to be a desire to wipe out the unfavorable blots on the record of the old christian Social Party and to avoid clerical intervention in politics [...] Supporters are coming from the resistance movement, Nazi victims and youth, Monarchist sentiments among Vienna adherents." Unter den führenden Personen der Partei wird Leopold Figl als Chef des Bauernbundes genauso erwähnt wie Herbert Braunsteiner als Leiter der Parteikanzlei. National Archives, RG 59, Department of State, Decimal File 1945-49, Zl. 863.00/6-445.

12 Neues Österreich, 5.6.1945.

13 Neues Österreich, 10.6.1945.

14 Neues Österreich, 12.6.1945.

15 Neues Österreich, 19.6.1945. Vgl. auch: Schöner, Wiener Tagebuch, 296f.

16 Neues Österreich, 20.6.1945.

17 Vgl. dazu: Ernst Bezemek/Stefan Eminger: Das Land und seine Meister. Verfassung und Verwaltung, in: Eminger/Langthaler: Niederösterreich im 20. Jahrhundert, Bd. 1, 163–195, hier 174f.

18 Neues Österreich, 24.6.1945.

19 Neues Österreich, 10.7.1945. An die Bürgermeisterkonferenz am 7. Juli 1945 in Wiener Neustadt schloss sich noch eine Parteikonferenz der ÖVP-Niederösterreich an, bei der Raab und Figl als Redner auftraten. NÖLA, Bestand ÖVP-NÖ Landesparteileitung, Landesparteileitungssitzungen 1945–1975, „Protokoll über die am 3. Juli 1945 stattgefundene zweite Sitzung der Landesleitung Niederösterreich der Österr. Volkspartei".

20 Neues Österreich, 18.7.1945.

21 Privatarchiv Familie Dr. Hauer, Gästebuch Leopold Figl, Eintragung 8. Mai 1945.
22 Braunsteiner: So blieb mir nichts anderes übrig, 79.
23 Neues Österreich, 24.6.1945.
24 Neues Österreich, 4.7.1945.
25 NÖLA, Bestand ÖVP-NÖ Landesparteileitung, Landesparteileitungssitzungen 1945–1975, „Protokoll über die am 3. Juli 1945 stattgefundene zweite Sitzung der Landesleitung Niederösterreich der Österr. Volkspartei".
26 Für das Folgende vgl.: Neues Österreich, 21.7.1945.
27 Schöner: Wiener Tagebuch, 313.
28 So die Schilderung Rosa Jochmanns anlässlich ihrer Abschiedsrede im Parlament im Dezember 1966. Stenographische Protokolle des Nationalrates, XI. Gesetzgebungsperiode, 34. Sitzung, 1.12.1966, 2635–2640, hier 2639.

Von der Vereinigung der Partei zu einem geeinten Land

1 Martin F. Herz: Background of the Reports and the Reporting Officer, in: Wagnleitner: Understanding Austria, 5–17, hier 8.
2 Martin F. Herz: The View from Austria, in: Thomas T. Hammond (ed.): Witnesses to the Origins of the Cold War, Seattle/London 1982, 161–185, hier 163.
3 Dazu und für das Folgende: Martin F. Herz: A Glass of Beer with the Chancellor, in: Foreign Service Journal, July 1953, (Vol 30, Nr. 7), 25–48.
4 Herz: A Glass of Beer, 25.
5 Herz: A Glass of Beer, 26.
6 Für das Folgende: National Archives, RG 59, Department of State, Decimal File 1945–49, Zl. 863.01/8-345.
7 Zur Beurteilung der politischen Entwicklung im Österreich der 1930er Jahre durch die US-Diplomatie vgl.: Franz Goldner: Dollfuß im Spiegel der US-Akten, St. Pölten 1979.
8 Vgl. dazu auch: Herz: Background, 10.
9 Herz: A Glass of Beer, 48.
10 Wagnleitner: Understanding Austria, 42.
11 Der Bericht der Amerikaner vermerkt als Ort „a ‚Heuriger' at the Beethoven house in Grinzing". Es dürfte sich dabei um den wie behauptet wird von Beethoven öfters besuchten Heurigen Mayer am Heiligenstädter Pfarrplatz gehandelt haben, einen der bevorzugten Weinhauer Figls. Wagnleitner: Understanding Austria, 47.
12 Dominique Auclères hatte unter ihrem bürgerlichen Namen Suzanne Clauser als seine Übersetzerin Arthur Schnitzler in Frankreich bekannt gemacht. Das Treffen mit Figl dürfte Anfang November stattgefunden haben. Dominique Auclères: Mes fenêtres sur l'Histoire, Paris 1978, 82f.
13 Privatarchiv Familie Dr. Hauer, Gästebuch Leopold Figl, Eintragung 25.7.1945.
14 Für das Folgende vgl. Figls mündlichen Bericht über die Ereignisse in der Regierungssitzung am nächsten Tag. Protokolle des Kabinettsrates, Bd. 2, 172f. (22. Sitzg., 31.7.1945).
15 AKVI, Bestand Figl, Sign. 1.578, Staatskanzlei-Heeresamt, Berichte vom 3.8.1945 und vom 9.8.1945 über die Überstellung von Schwerkriegsbeschädigten im Raume Wolfsthal, Berg; Protokolle des Kabinettsrates, Bd. 2, 208 (23. Sitzg., 7.8.1945).
16 NÖLA, Nachlass Hans Vanura, Erinnerungen des Landesamtsdirektors von Niederösterreich Dr. Hans Vanura. Unzutreffenderweise werden die Geschehnisse von Vanura in den April 1945 datiert.
17 Protokolle des Kabinettsrates, Bd. 1, 208f. (12. Sitzg., 12.6.1945).
18 AKVI, Bestand Figl, Sign. 1.578, Schreiben der Molkerei-Genossenschaft in Prinzersdorf a.d. Westbahn, Milchlieferung nach Wien – Ursachen des Rückgangs, 20.8.1945.
19 Zit nach: Riepl: 40 Jahre Wiederaufrichtung, 23.
20 NÖLA, Nachlass Hans Vanura, Denkschrift über die Verhältnisse im Lande Niederösterreich in den Monaten Juli, August und September 1945.
21 Ernst Bezemek: Demokratie ohne Illusion. Zur Rekonstruktion demokratischer Verhältnisse in Niederösterreich, in: Bezemek/Rosner: Niederösterreich 1945 – Südmähren 1945, 101–115, hier 106f.
22 NÖLA, Nachlass Hans Vanura, Denkschrift über die Verhältnisse im Lande Niederösterreich in den Monaten Juli, August und September 1945.
23 ÖStA/AdR, Staatskanzlei 1945, Zl.8319-Pr./45. Vgl. dazu auch: Protokolle des Kabinettsrates, Bd. 2, 416–418 (29. Sitzg., 5.9.1945). Der niederösterreichische Landesamtsdirektor Hans Vanura hatte in seiner Denkschrift zur Situation in Niederösterreich während der Sommermonate festgehalten, dass der Rinderbestand teilweise bis auf 30

Prozent, der Pferdebestand auf etwa 20 Prozent und der Bestand an Schweinen noch mehr herabgesunken war. NÖLA, Nachlass Hans Vanura, Denkschrift über die Verhältnisse im Lande Niederösterreich in den Monaten Juli, August und September 1945.

24 AKVI, Bestand Figl, Sign. 1.578, Schreiben an Karl Fuchs, 3.9.1945.

25 AKVI, Bestand Figl, Sign. 1.578, Schreiben an Leopold Teufelsbauer (Pfarrer in Herrnbaumgarten), 17.7.1945.

26 AKVI, Bestand Figl, Sign. 1.578, Schreiben an Friedrich Freiherrn von Tinti, 19.8.1945.

27 Neues Österreich, 21.8.1945.

28 Über den Ablauf der Feier war die Regierung vorab kaum informiert gewesen. Noch zwei Tage davor erklärte Staatskanzler Renner sichtlich indigniert, er sei gebeten worden, namens der Staatsregierung eine Ansprache zu halten. Nun hätte er erfahren, dass auch andere Regierungsmitglieder dort sprächen, und er wolle wissen, in wessen Namen sie dies eigentlich täten. Raab erwiderte darauf für den abwesenden Figl trocken, dass dieser von einem russischen General „den Auftrag" erhalten habe, „er habe dort zu reden". Protokolle, Bd. 2, 285f. (25. Sitzg., 18.8.1945).

29 Die Reden Renners und Figls, neben ihnen sprach von österreichischer Seite auch Staatssekretär Fischer, wurden auszugsweise in den österreichischen Zeitungen wiedergegeben. Hier zit. nach: Das Kleine Volksblatt, 21.8.1945.

30 Vgl. zu dieser Einschätzung: Schöner: Wiener Tagebuch, 356.

31 Weinberger: Tatsachen, Begegnungen und Gespräche, 247.

32 Von den Amerikanern wurde im August 1945 seine Erscheinung folgendermaßen beschrieben: "Kunschak is [...] physically feeble. [...] Throughout his interview with us, he scarcely moved in his chair, but his hands trembled almost continuously." Rathkolb: Gesellschaft und Politik, 135.

33 Mitunter wird angegeben, dass Pernter erst 1941 aus dem KZ freigekommen ist. Der hier angeführte Zeitpunkt, 1940, orientiert sich an der aktenbasierten Darstellung in: Gertrude Enderle-Burcel/Michaela Follner: Diener vieler Herren. Biographisches Handbuch der Sektionschefs der Ersten Republik und des Jahres 1945, Wien 1997, 337–339.

34 Schöner: Wiener Tagebuch, 217.

35 So die Einschätzung von Josef Schöner am 27. Juli, der schon bei dieser Gelegenheit seinem Tagebuch anvertraute: „Ich persönlich halte Figl für den kommenden Kanzler; dass er vom Bauernbund kommt, muss kein Hindernis sein – [...]." Schöner: Wiener Tagebuch, 324.

36 Von einem Treffen am 23. Juni in Salzburg, zu dem Figl, Raab und Weinberger nach Salzburg gereist seien, um dort mit Vertretern der Steiermark, Kärntens, Oberösterreichs, Tirols und Vorarlbergs zusammenzutreffen, spricht erstmals Gerhard Schmidt in seiner Studie über die Salzburger ÖVP im Jahre 1945 (Schmidt: Patrioten, Pläne und Parteien, 49f.). Als Salzburger Gesprächspartner nennt er Hermann Rainer, Adolf Schemel, Bartholomäus Hasenauer, Josef Rehrl u.a. Dieses Zusammentreffen findet sich auch bei Reichhold: Geschichte der ÖVP, 111 und Kriechbaumer: Von der Lagerstraße, 141f. unter Berufung auf Schmidt wieder. Tatsache ist aber, dass in keinem der Memoirenwerke oder in sonstigen Erinnerungen diese Zusammenkunft, die als ganz wesentlich eingestuft werden müsste, Erwähnung findet. Mit zumindest einem der Teilnehmer, nämlich Bartholomäus Hasenauer, ist Figl nachweislich nicht vor dem 9. August zusammengetroffen, wie aus einem mit diesem Tag datierten Schreiben Figls an Hasenauer ersichtlich wird. Es stellt sich also die Frage, ob bei Schmidt nicht eine Verwechslung vorliegt und möglicherweise die sogenannte dritte Salzburger ÖVP-Länderkonferenz vom 23. September gemeint ist. AKVI, Bestand Figl, Sign. 1.578, Schreiben Figl an Hasenauer, 9.8.1945.

37 Figl wurde als Vertreter des Landes Niederösterreich die bei der Sitzung beschlossene Resolution übermittelt. AKVI, Bestand Figl, Sign. 1.578, Resolution der Bundesländerkonferenz in Salzburg. Das Protokoll des Treffens ist publiziert in: Michael Gehler (Hg.): Karl Gruber. Reden und Dokumente 1945–1953. Eine Auswahl, Wien/Köln/Weimar 1994, 60–67; Länderkonferenzen 1945, 35–44.

38 Exposé „Wir suchen nach neuen Wegen! Österreichs Parteien in der Umbildung", 25.7.1945, in: Gehler: Karl Gruber. Reden und Dokumente, 54–59, hier 58.

39 Zit. nach: Michael Gehler: Dr. Ing. Karl Gruber. Erster Landeshauptmann von Tirol nach

dem Zweiten Weltkrieg, in: Lothar Höbelt/ Othmar Huber: Für Österreichs Freiheit. Karl Gruber – Landeshauptmann und Außenminister 1945–1953, Innsbruck 1991, 11–70, hier 50.

40 Protokolle des Kabinettsrates, Bd. 1, 326 (15. Sitzg., 3.7.1945).

41 Tatsächlich hatte Karl Gruber einen bemerkenswerten politischen Wandlungsprozess hinter sich: Aus einem sozialdemokratischen Elternhaus stammend, durchlief er den klassischen Weg eines Jugendlichen, der im Rahmen sozialdemokratischer Organisationen politisch sozialisiert wurde, von den Kinderfreunden über die Roten Falken und die Sozialistische Arbeiterjugend bis zur Mitgliedschaft in der SDAP. Bei den Roten Falken bekleidete er bis in die 1930er Jahre Führungspositionen. Als Werkstudent kam er 1934 nach Wien, wo er sich von seiner bisherigen weltanschaulichen Überzeugung verabschiedete und dem katholisch-konservativen Lager zuwandte. Er trat wieder in die Kirche ein, wurde Vertrauensmann der christlichen Gewerkschaften und schloss sich der CV-Verbindung Austria Wien an. Gehler: Dr. Ing. Karl Gruber. Erster Landeshauptmann, 14–17.

42 Rauscher: Karl Renner. Ein österreichischer Mythos, 335.

43 Michael Gehler: Karl Gruber als „Mann des Westens". Zur Geschichte der ersten Länderkonferenz vom 24. bis 26. September und den Folgen, in: Peter Bußjäger (Hg.): 60 Jahre Länderkonferenzen 1945 – Die Länder und die Wiederbegründung der Republik, Wien 2006, 17–79, hier 29–32.

44 In der dritten Juliwoche hatten die Fusionsverhandlungen zwischen der Tiroler ÖVP und der Staatspartei begonnen, ab Anfang August begann der Zusammenschluss Realität zu werden. Michael Gehler: Die Volkspartei in Tirol 1945–1994, in: Kriechbaumer/Schausberger: Volkspartei – Anspruch, 645–700, hier 647f.

45 Gehler: Karl Gruber als „Mann des Westens", 34f.

46 Das Protokoll der ÖVP-Länderkonferenz vom 29. Juli in Salzburg ist mehrfach publiziert: „Protokoll über die Bundesländerkonferenz der ÖVP in Salzburg", in: Gehler: Karl Gruber. Reden und Dokumente, 60–67; „Protokoll über die Bundesländerkonferenz der Vertreter der ÖVP in Salzburg am 29. Juli 1945", in: Die Länderkonferenzen 1945, 35–44.

47 So hieß es in einem Schreiben Raabs vom 29.8.1945 an alle Bezirksleitungen der niederösterreichischen ÖVP: „Wir bringen erneut in Erinnerung, dass alle in den Bezirken eingehenden Beitrittserklärungen sofort an die Landesleitungen der Bünde weiterzuleiten sind, [...]. Abführung der Beitrittserklärungen im Landesparteisekretariat sind nicht mehr notwendig, sie sollen nach Bünden geordnet den Landessekretariaten der Bünde zugeschickt werden." Auch Mitgliedsbeiträge sollten bereits direkt an die Bünde abgeliefert werden. NÖLA, Bestand ÖVP-NÖ Landesparteileitung, Mappe Rundschreiben 1945–1952, Schreiben Landesobmann Raab an alle Bezirksleitungen der ÖVP in Niederösterreich, 29.8.1945.

48 In einem an Figl gerichteten Schreiben vom 10.8.1945 beklagte sich Pernter, dass Figl und Raab schon seit längerer Zeit versuchen würden, ihn auszuschalten. AKVI, Bestand Figl, Sign. 1.578, Schreiben Pernter an Figl, 10.8.1945.

49 Schöner: Wiener Tagebuch, 336.

50 Alfred Ableitinger: Partei- und Organisationsstruktur, in: Kriechbaumer/Schausberger: Volkspartei – Anspruch, 137–161, hier 144–147.

51 Alfred Ableitinger zitiert aus den Tagebuchaufzeichnungen des steirischen Bauernbunddirektors Leopold Babitsch, eines engen Figl-Vertrauten, wonach der steirische Parteiobmann Dienstleder „sich der Linie der westlichen Bundesländer anschließen will, also den Bünden die Selbstständigkeit entziehen möchte, Wien als Zentrale ablehnt". Ableitinger: Partei- und Organisationsstruktur, 146.

52 In einer Resolution der Wiener Partei wurde deren Obmann Emil Oswald beauftragt, für die Länderkonferenz „ein Organisationsstatut auszuarbeiten, in welchem die Stellung der Bünde zur Partei so geregelt ist, dass der Parteiprimat der Partei gegenüber den Bünden klar zum Ausdruck kommt". AKVI, Bestand Figl, Resolution, o.D.

53 Weinberger: Tatsachen, Begegnungen und Gespräche, 265.

54 AKVI, Bestand Figl, Sign. 1.582, Entwurf eines Organisationsstatuts für die Bundesleitung der Oesterreichischen Volkspartei, o.D.

55 Während im Entwurf des Organisationssta-

tuts noch von der Möglichkeit die Rede war, auch außerhalb der Bünde Mitglied der ÖVP zu werden, hieß es in einem Rundschreiben des Hauptreferats für Organisation, dass „entgegen allen früheren Anordnungen und Weisungen" Mitgliedskarten ausschließlich von den Bünden ausgegeben würden. Beide Schreiben sind undatiert, dürften aber eine Konsequenz der Sitzung vom 8. September sein bzw. es diente der Entwurf des Organisationsstatuts dort als Beschlussvorlage. AKVI, Bestand Figl, Sign. 1.582, Entwurf eines Organisationsstatuts für die Bundesleitung der Oesterreichischen Volkspartei, o.D.; Bundesparteileitung der Österr. Volkspartei, Hauptreferat für Organisation, Entwurf Rundschreiben an alle Obmänner der Bezirksleitung der ÖVP, des Österreichischen Bauernbundes und des Österreichischen Wirtschaftsbundes, o.D.

56 Privatarchiv Familie Dr. Hauer, Gästebuch Leopold Figl, Eintragung 10.9.1945.

57 Der Aufmacher im Kleinen Volksblatt vom 9. September lautete daher: „Aufbau der ÖVP vollendet. Neuwahl des Präsidiums/Generalsekretariat reorganisiert". Das Kleine Volksblatt, 9.9.1945.

58 So notierte etwa Josef Schöner in seinem Tagebuch, „man hat Gott sei Dank den anständigen, aber unpopulären Pernter ausgeschifft und Kunschak, Figl, Weinberger, Bumballa und Raab ins Präsidium genommen". Auch Heinrich Wildner äußerte sich in seinem Tagebuch anlässlich des Obmannwechsels nicht gerade freundlich über Pernter („Von ihm wird die Partei kein Glück haben.") Schöner: Wiener Tagebuch, 376; Wildner: Ich bestelle, 115.

59 National Archives, RG 59, Department of State, Decimal File 1945-49, Zl. 740.00119 Control (Austria)/9-2045.

60 MAE, Archives diplomatiques, Paris, Série Europe 1944–1960. Sous-série Autriche, Vol. 96, Politique intérieure, Dossier général septembre–octobre 1945, 11.9.1945 (Le Général Commandant en Chef en Autriche au President du Gouvernement Provisoire de la République française).

61 Vgl. dazu eine persönliche handschriftliche Notiz an Figl vom 11.9.1945, der Absender konnte vom Verfasser nicht identifiziert werden. AKVI, Bestand Figl, Sign. 1.582, Notiz 11.9.1945.

62 Gerald Stourzh: Vom Reich zur Republik. Studien zum Österreichbewußtsein im 20. Jahrhundert, Wien 1990, 25f.; Gerald Stourzh: „Österreich ist frei." Leopold Figl als Bundeskanzler und Außenminister im Jahrzehnt zwischen Befreiung und Freiheit, in: Stefan Karner/Gottfried Stangler (Hg.): „Österreich ist frei!" Der Österreichische Staatsvertrag 1955, Horn/Wien 2005, 354–370, hier 356.

63 Das Kleine Volksblatt, 9.9.1945.

64 AKVI, Bestand Figl, Sign. 1528, Österreichische Volkspartei, Sekretariat für die Bundesländer, Zl. 67/45, 10.9.1945.

65 Reichhold: Geschichte der ÖVP, 114.

66 So die Aussage von Hans Vanura, der Figl auf der Fahrt nach Salzburg begleitete. Das Gesprächsprotokoll ist abgedruckt in: Franz Josef Feichtenberger: Die Länderkonferenzen 1945. Die Wiedererrichtung der Republik Österreich, phil. Diss., Wien 1965, 177–179, hier 179.

67 Wiener Zeitung, 25.9.1945. Auszugsweise ist die Erklärung publiziert in: Länderkonferenzen 1945, 67f.

68 Wildner: Ich bestelle, 116.

69 Feichtenberger: Länderkonferenzen, 185.

70 Gehler: Karl Gruber als „Mann des Westens", 38, 49.

71 Zit. nach: Gehler: Karl Gruber als „Mann des Westens", 55.

72 Karl Gruber: Grundzüge der Außenpolitik unter Leopold Figl, in: Christliche Demokratie. Vierteljahresschrift für Zeitgeschichte, Sozial-, Kultur- und Wirtschaftsgeschichte, Jg. 3, 1/1985, 7–12, hier 10.

73 Es war kein Zufall, dass im CV der Verbindungsname Grubers „Tarzan" lautete, während der trinkfeste Figl den Couleurnamen „Schwips" trug. Gehler: Karl Gruber. Erster Landeshauptmann, 16; Hans Egon Gros: Erinnerungen an Leopold Figl, in: Leopold Figl. Ein Leben für Österreich, Wien o.J. (1982), 38–40, hier 38.

74 AKVI, Bestand Figl, Sign. 1582, Aktenvermerk, undatiert.

75 Privatarchiv Familie Dr. Hauer, Tagebuch Leopold Figl, undatierte Eintragung Karl Grubers (zwischen 1. und 15.11.1945).

76 Gehler: Karl Gruber als „Mann des Westens", 42f.

77 Prägnant zusammengefasst ist diese Grundhaltung etwa in den Lebenserinnerungen des Vorarlberger Landeshauptmannes Ulrich Ilg, Ulrich Ilg: Meine Lebenserinnerungen, Dornbirn 1985, 59.

78 Gehler: Karl Gruber als „Mann des Westens", 46f.

79 Neues Österreich, 15.9.1945. Die offiziellen Einladungen ergingen auf Wunsch der Alliierten erst sehr kurzfristig am 20. September, nachdem der Alliierte Rat auch offiziell zugestimmt hatte. Peter Mähner: Die Bedeutung der Länderkonferenz für die Wiederbegründung der Republik, in: Bußjäger: 60 Jahre, 17–26, hier 21.

80 Vgl. dazu auch: Schöner: Wiener Tagebuch, 386.

81 Gertrude Enderle-Burcel/Rudolf Jeřábek (Hg.): Protokolle des Kabinettsrates der Provisorischen Regierung Karl Renner 1945, Bd. 3, 12. September 1945 bis 17. Dezember 1945, Wien 2003, 42 (31. Sitzg., 19.9.1945).

82 Protokolle des Kabinettsrates, Bd. 3, 43 (31. Sitzg., 19.9.1945).

83 Protokolle des Kabinettsrates, Bd. 3, 44 (31. Sitzg., 19.9.1945).

84 „Die Engländer stellen sich den Verlauf der politischen Beratungen so vor, dass das Kabinett vor der Länderkonferenz die Gesamtdemission gibt, die Länderkonferenz carte blanche hat und eine neue Regierung durch Vereinbarung dort zustande kommen soll. Ich habe diesen Vorgang als nicht zweckmäßig bezeichnet und erklärt, dass eine Gesamtdemission nicht der Länderkonferenz gegeben werden kann, denn sie ist kein Parlament, sie ist eine Zweckkörperschaft, die Gesamtdemission kann nur zu Handen der drei Parteien gegeben werden." Protokolle des Kabinettsrates, Bd. 3, 46 (31. Sitzg., 19.9.1945).

85 Gehler: Karl Gruber als „Mann des Westens", 44f.; Josef Leidenfrost: Die Amerikanische Besatzungsmacht und der Wiederbeginn des politischen Lebens in Österreich 1944–1947, phil. Diss., Wien 1986, 207f.

86 Schöner: Wiener Tagebuch, 389.

87 Einige Delegierte kamen überhaupt erst am 25. September nach Wien, weshalb Renner zu Beginn des Tages nochmals eine Begrüßungsadresse formulierte. Zum ursprünglich ins Auge gefassten Programm der Tagung vgl.: ÖStA/AdR, Staatskanzlei 1945, Zl. 8464-Pr./45.

88 Die Rede Figls ist publiziert in: Wiener Zeitung, 26.9.1945.

89 Josef Prinz: Die Länderkonferenzen 1945: Geburtsstunde der Zweiten Republik?! Interview mit Fritz Molden, in: Länderkonferenzen 1945, 103–125, hier 108.

90 Prinz: Länderkonferenzen, 115.

91 Feichtenberger: Länderkonferenzen, 54.

92 National Archives, Record Group 59, Department of State, Decimal File 1945-1949, Zl. 740.00119 Control (Austria)/10-145.

93 Die Westalliierten vertraten noch zu Konferenzbeginn den Standpunkt, dass das Innenressort an einen nichtkommunistischen Staatssekretär gehen sollte. National Archives, RG 59, Department of State, Decimal File 1945-49, Zl. 700.86300/9-2445. Vgl. auch: Länderkonferenzen 1945, 73 (Dokument Nr 7).

94 Wagnleitner: Understanding Austria, 50f.

95 Josef Schöner bewertete in seinem Tagebuch den Ausgang der Konferenz folgendermaßen: „Die ÖVP hat den größten Erfolg zu verzeichnen. Ihre Forderungen, auf der Salzburger Vorkonferenz am Samstag aufgestellt, wurden so ziemlich alle durchgesetzt: Sie hat mit einer Ausnahme [tatsächlich waren es zwei Ausnahmen, Anm. d. Verf.] alle neu geschaffenen Staats- und Unterstaatssekretäre gestellt, ihre Forderung auf baldigste Neuwahlen durchgesetzt und überhaupt die Konferenz beherrscht. Renner hat seine Stellung behalten, seine Anerkennung durch die westlichen Bundesländer durchgesetzt und mit seiner geschickten, durch jahrzehntelange Übung erworbenen Meisterschaft in der parlamentarischen Taktik seine Kanzlerschaft bis zu den Wahlen gesichert, die Kommunisten haben ihre Position äußerlich gehalten, insbesondere ist es ihnen gelungen, den scharf befehdeten Staatssekretär für Inneres, Honner, zu halten, wenn er auch viel von seiner beherrschenden Stellung eingebüßt hat." Schöner: Wiener Tagebuch, 395.

96 So notierte schon am 28. September der Generalsekretär des Außenamts, Heinrich Wildner, in seinem Tagebuch: „Dem Kanzler steigen doch die Grausbirnen wegen des Gruber auf. Er will eine schriftliche Instruktion für die Führung des Außenamts, um ihn im Zaum zu halten." Wildner: Ich bestelle, 127.

97 Gehler: Karl Gruber als „Mann des Westens", 77–79.

98 Stourzh: Vom Reich, 60.

Der Wahlsieg vom 25. November 1945

1 Neues Österreich, 30.9.1945.

2 Neben der Erweiterung der Regierung kam es noch zu einer weiteren Veränderung. Rudolf Buchinger, der schwer erkrankt war,

wurde durch Josef Kraus als Staatssekretär ersetzt. Dieser zählte wie sein Vorgänger zum engsten Kreis der niederösterreichischen Agrarier um Figl.

3 National Archives, RG 59, Department of State, Decimal File 1945-49, Zl. 863.00/10-1145.

4 Wiener Zeitung, 21.10.1945, Neues Österreich, 21.10.1945.

5 Vgl. dazu: Gerald Stourzh: Die Regierung Renner, die Anfänge der Regierung Figl und die Alliierte Kommission für Österreich, September 1945 bis April 1946, in: Archiv für österreichische Geschichte 125 (1966), 321–342, hier 326.

6 Stourzh, Die Regierung Renner, 333.

7 Neues Österreich, 30.9.1945, Das Kleine Volksblatt, 30.9.1945, Wiener Zeitung, 2.10.1945.

8 Das Kleine Volksblatt, 30.9.1945.

9 Protokolle des Kabinettsrates, Bd. 3, 51f., 58 (31. Sitzg., 19.9.1945).

10 Protokolle des Kabinettsrates, Bd. 3, 51 (31. Sitzg., 19.9.1945).

11 Feichtenberger: Länderkonferenzen, 187 (Gespräch mit Leopold Figl).

12 Protokolle des Kabinettsrates, Bd. 3, 76 (32. Sitzg., 29.9.1945).

13 Vgl. dazu den von Gruber als Berichterstatter gezeichneten „Bericht der Politischen Kommission über die Umbildung der Regierung". ÖStA/AdR, Staatskanzlei 1945, Zl.8617-Pr./45.

14 Protokolle des Kabinettsrates, Bd. 3, 154f. (35. Sitzg., 18.10.1945).

15 Protokolle des Kabinettsrates, Bd. 3, 152 (35. Sitzg., 18.10.1945).

16 Protokolle des Kabinettsrates, Bd. 3, 152 (35. Sitzg., 18.10.1945).

17 Protokolle des Kabinettsrates, Bd. 3, 152 (35. Sitzg., 18.10.1945). Der Wahlaufruf der Provisorischen Staatsregierung erschien dann Ende Oktober. Er ist publiziert u.a. in: Wiener Zeitung, 28.10.1945.

18 Protokolle des Kabinettsrates, Bd. 3, 153 (35. Sitzg., 18.10.1945).

19 Erst nach dem Ende der Länderkonferenz lenkten die Briten ein und gaben ihre Zustimmung zur Abhaltung der Wahlen Ende November. Reinhold Wagnleitner: Großbritannien und die Wiedererrichtung der Republik Österreich, phil. Diss., Salzburg 1975, 160f.

20 Lydia Braumann-Lettner: Die französische Österreichplanung und Österreichpolitik von 1943 bis zur Anerkennung der Regierung Figl, in: Jahrbuch für Zeitgeschichte 1982/83, Wien/Salzburg 1983, 81–131, hier 118f.

21 Rathkolb, Gesellschaft und Politik, 136.

22 Rathkolb, Gesellschaft und Politik, 140.

23 Rathkolb, Gesellschaft und Politik, 141.

24 In den Wiener Fabriken, in denen gewählt wurde, erreichte die SPÖ 5297 Stimmen, die ÖVP immerhin 3028 und die KPÖ nur 354 Stimmen. So erzielte die ÖVP etwa in der Ankerbrotfabrik mit 521 Stimmen halb so viele Stimmen wie die SPÖ, während die Kommunisten nur auf 53 Stimmen kamen. In den Gräf & Stift Werken erzielte die ÖVP 210 Stimmen, die SPÖ erhielt 270 Stimmen, die Kommunisten gar nur 6 Stimmen. AKVI, Bestand Figl, Sign. 1582, Aktenvermerk o.D., „Betriebswahlen 1945"; Wagnleitner: Understanding Austria, 47.

25 Schöner: Wiener Tagebuch, 382f.

26 Neues Österreich, 5.9.1945; Das Kleine Volksblatt, 5.9.1945.

27 Zit. nach: Michael Gehler: Einleitung, in: Gehler: Karl Gruber. Reden und Dokumente, 11–28, hier 19.

28 Protokolle des Kabinettsrates, Bd. 2, 409f. (29. Sitzg., 5.9.1945).

29 Wiener Zeitung, 25.9.1945.

30 AKVI, Bestand Figl, Sign. 1582, Undatierter Redetext; wortident auch in: Das Kleine Volksblatt, 4.10.1945.

31 Vgl. dazu auch: Norbert Hölzl: Propagandaschlachten. Die österreichischen Wahlkämpfe 1945 bis 1971, Wien 1974, 19.

32 In seinem Demissionsschreiben an die Staatsregierung führte Figl seine sonstigen Ämter als Grund an, weswegen er um Enthebung als Landeshauptmann ersuchte. ÖStA/AdR, Staatskanzlei 1945, Zl.8763-Pr./45.

33 Der Antrag auf Ernennung Reithers zum Landeshauptmann erfolgte durch die drei anerkannten politischen Parteien. ÖStA/AdR, Staatskanzlei 1945, Zl. 8764-Pr./45; Protokolle des Kabinettsrates, Bd. 3, 111 (34. Sitzg., 12.10.1945).

34 Wiener Zeitung, 13.10.1945.

35 Ernst Bruckmüller: Landeshauptmann von Niederösterreich, in: Johannes Dorrek/Johannes Schönner/Josef Singer/Helmut Wohnout (Hg.): 100 Jahre Leopold Figl. „Glaubt an dieses Österreich", Wien 2003, 53–66, hier 56f.

36 Protokolle des Kabinettsrates, Bd. 3, 106f.

(„Sitzung des erweiterten politischen Kabinetts für Wahlfragen am 4. X. 1945, 10h").
37 Mugrauer: Die Politik, 224–227.
38 Zit. nach: Wagnleitner: Großbritannien und die Wiedererrichtung, 161f.
39 Die Resolutionen der zweiten gesamtösterreichischen Länderkonferenz sind publiziert in: Länderkonferenzen 1945, 77–86, hier 77.
40 Das Kleine Volksblatt, 11.10.1945.
41 Gruber hatte nicht nur bei der zweiten Länderkonferenz den Standpunkt der ÖVP federführend vertreten, sondern fungierte auch in der Folge als führendes Sprachrohr der ÖVP in der Wahlrechtsfrage, etwa in einem großen Aufmacher des Kleinen Volksblatts am 16.10.1945. Das Kleine Volksblatt, 16.10.1945.
42 Karl Pisa: 1945: Geburt der Zukunft, Wien 2005, 63.
43 Schon am 11. Oktober konnte man etwa im Leitartikel des Kleinen Volksblattes lesen: „Es ist kein Zufall, dass bereits bei der ersten Erörterung solcher Fragen sich gestern politische Fronten ergaben, die über den Rahmen des unmittelbaren Ereignisses hinaus richtungweisend sind für die Stellungnahme der Parteien in der Zukunft. Zum erstenmal hat [sic!] die Sozialistische Partei und die Kommunistische Partei eine gemeinsame Front bezogen, gemeinsame Front in einer Frage, die grundsätzlich entscheidend ist für die künftige Gestaltung der österreichischen Politik und bezeichnend für die Auffassung wahrer demokratischer Gesinnung." Das Kleine Volksblatt, 11.10.1945.
44 Bernhard Denscher: Die Werbung in Wien für die Nationalratswahl am 25. November 1945, in: Jahrbuch des Vereins für Geschichte der Stadt Wien 42 (1986), 119–140, hier 131.
45 Der Begriff „Faschismus" war auf den Plakaten und Flugblättern von SPÖ und KPÖ allgegenwärtig. Einer der noch gemäßigteren Plakattexte der SPÖ etwa lautete: „Bankenskandale, steigende Arbeitslosigkeit, Elend und Verarmung, Henker und Konzentrationslager, zuletzt Krieg. Das war Faschismus – Rauchende Schlote, zufriedene Menschen, neue Wohnbauten, glückliche Zukunft, gesichertes Lebensalter und Frieden. Das ist wahre Demokratie, das ist Sozialismus. Darum wählt die Sozialistische Partei." Denscher: Werbung in Wien, 130.
46 Denscher: Werbung in Wien, 139.
47 Vgl. dazu auch: Österreichische Monatshefte, Jg. 1, Nr. 2, November 1945, 27.
48 So etwa am 20. Oktober 1945 in Klagenfurt, wo er gemeinsam mit Raab und den Kärntnern Vinzenz Schumy und Ferdinand Graf zuerst den Landesparteitag besuchte, ehe dann er und Raab bei einer Großkundgebung auftraten. AKVI, ÖVP-Pressedienst (ÖVP-PD), 20.10.1945.
49 Das Kleine Volksblatt, 25.10.1945.
50 So die Erinnerung Karl Pisas, der als junger Redakteur des ÖVP-Pressedienstes an der Veranstaltung teilnahm. Pisa: 1945. Geburt der Zukunft, 64.
51 Denscher: Werbung in Wien, 123.
52 Denscher: Werbung in Wien, 134.
53 Eidlitz: Der Schottenhof war das Ziel, 62.
54 National Archives, RG 260/2118, Allied Control Authority, Zl. 1000.0420 (Special Report No 4, Dec. 11.1945).
55 AKVI, ÖVP-PD, 13.11.1945; Das Kleine Volksblatt, 14.11.1945; Schöner: Wiener Tagebuch, 421.
56 Denscher: Werbung in Wien, 126.
57 Arbeiter-Zeitung, 30.10.1945.
58 Das Kleine Volksblatt, 4.11.1945.
59 AKVI, Bestand Karl Pisa, Flugblatt „Frauen! Wienerinnen! Österreicherinnen!" Für die jüngst erfolgte Überlassung dieses Dokuments ist der Verfasser Prof. Karl Pisa zu Dank verpflichtet.
60 Insgesamt handelte es sich um sechs Fälle, die wegen ihrer Zugehörigkeit zur Heimwehr oder den Ostmärkischen Sturmscharen betroffen waren. National Archives, RG 59, Department of State, Decimal File 1945-49, Zl. 863.00/10-2445 CS/LE; 740.00119 Control (Austria)/10-2945; Zl. 863.00/11-1245; Georgetown University Special Collections Research Center, Martin F. Herz Papers, Transmitting Interview with Dr. Karl Gruber, 25.10.1945.
61 Wiener Zeitung, 23.10.1945; Vgl. dazu auch: Österreichische Monatshefte, Jg. 1, Nr. 2, November 1945, 27.
62 Über Bumballas wirkliche Rolle im Widerstand gab es unterschiedliche Einschätzungen. Für Johannes Eidlitz, der ebenfalls aus der Widerstandsbewegung kommend zur ÖVP gestoßen war, blieb er „ein sehr mysteriöser Mann, von dem wir eigentlich nie wussten, wieso und warum es ihn gab". Tatsache ist jedenfalls, dass im Herbst 1945 auch andere Vertreter des Widerstands, wie

der erste Obmann der Wiener ÖVP, Emil Oswald, der Weinberger Platz machte, aus ihren Funktionen ausschieden. Eidlitz: Der Schottenhof war unser Ziel, 53; zur Biographie Bumballas: Oliver Rathkolb: Raoul Bumballa, ein politischer Nonkonformist 1945. Fallstudie zur Funktion der O-5 im Widerstand und in der Parteienrestauration, in: Rudolf G. Ardelt/Wolfgang J. Huber/Anton Staudinger (Hg.): Unterdrückung und Emanzipation. Festschrift für Erika Weinzierl. Zum 60. Geburtstag, Wien/Salzburg 1985, 295–317.

63 National Archives, RG 59, Department of State, Decimal File, 740.00119 Control (Austria)/11-2145.

64 Wiener Zeitung, 15.11.1945.

65 Foreign Relations of the United States, Diplomatic Papers 1945, Vol. III: European Advisory Commission, Austria, Germany (FRUS), Washington 1968, 654f. (Zl. 863.00-1445); Wildner: Ich bestelle, 150.

66 Salzburger Nachrichten, 19.11.1945.

67 Vgl. dazu die Tagebuchaufzeichnungen Josef Schöners, der schon Ende September notierte: „Die ‚Arbeiterzeitung' [...] hat aber seit einigen Tagen, seit Pollak als Chefredakteur zurückgekehrt ist, ihren Ton verschärft. Heute wird im Leitartikel [...] scharf gegen alle geschossen, die 1934–1938 irgend eine Rolle gespielt haben – die sind alle untragbar und die Sozialisten gedenken nicht zu vergessen. Das richtet sich unverkennbar gegen Figl, dessen steigenden Einfluss und Popularität man mit Misstrauen verfolgt." Schöner: Wiener Tagebuch, 388.

68 Schmidt: Patrioten, Pläne und Parteien, 72f.

69 Das Kleine Volksblatt, 24.11.1945.

70 Schöner: Wiener Tagebuch, 432.

71 Wenige Tage vor der Wahl, am 21. November, kabelten die US-Besatzungsbehörden an das Department of State: "Representatives of three political parties are all extremly cautious in predicting outcome elections next Sunday. Everyone agrees, however, that the Socialists and Peoples Party will run neck and neck, with most persons predicting 2 to 4 percent margin for Socialists. Estimates of Communist vote run as high as 20 percent but most experienced observers forcast 10 to 15 percent." FRUS 1945, Vol. III, 656 (Zl. 863.00/11-2145).

72 Wildner: Ich bestelle, 155.

73 Salzburger Nachrichten, 24.11.1945.

74 Pisa: 1945. Geburt der Zukunft, 71.

75 Vgl. dazu: Denscher: Wahlkampf in Wien, 128.

76 Vgl. dazu auch die Einschätzung Karl Pisas. Karl Pisa: „Eine Partei, die zuerst für Österreich eintrat", in: Demokratie und Geschichte. Jahrbuch des Karl von Vogelsang-Instituts zur Erforschung der Geschichte der christlichen Demokratie in Österreich, 2/1998, 73–100, hier 76.

77 AKVI, Plakatsammlung, Nationalratswahlen 1945.

78 National Archives, RG 59, Department of State, Decimal File 1945-49, Zl. 863.00/2145.

79 MAE, Archives diplomatiques, Paris, Série Europe 1944–1960. Sous-série Autriche, Vol. 97, Politique intérieure, Dossier général novembre–décembre 1945, 1.12.1945 (Le Ministre Plénipotentiaire Représentant Politique de la République Francaise en Autriche à Monsieur Bidault, Ministre des Affaires Étrangères).

80 Zit. nach: Wiener Zeitung, 28.11.1945.

81 Wagnleitner: Understanding Austria, 66.

82 Das Kleine Volksblatt, 26.11.1945.

83 AKVI, ÖVP-PD, 26.11.1945.

84 Gegenüber den Amerikanern sprach Adolf Schärf davon, dass neben Figl Gruber oder Gleissner für die ÖVP als Kanzlerkandidaten in Frage kämen, wobei er erklärte, dass auch Gleissner für die SPÖ akzeptabel wäre. Angesichts der hohen Positionen, die Gleissner in der Zeit 1934 bis 1938 innegehabt hatte, kam das für die Amerikaner überraschend. Der Bericht datierte vom 28.11.1945. National Archives, RG 59, Department of State, Decimal File 1945-49, Zl. 863.00/II-2845. Die in Wien unmittelbar nach Feststehen des Wahlergebnisses kursierenden Gerüchte über mögliche personelle VP-Alternativen zu Figl als Kanzler finden sich auch in den Tagebuchaufzeichnungen von Josef Schöner. Schöner: Wiener Tagebuch, 429.

85 Wiener Zeitung, 29.11.1945.

86 Schärf: Österreichs Erneuerung, 81f.

87 In der Arbeiter-Zeitung vom 27. November 1945 hatte Schärf geschrieben, die Verantwortung zur Führung der Staatsgeschäfte falle nun in erster Linie der ÖVP als stärkster Partei zu, und dann etwas kryptisch hinzugefügt: „Über das Verhalten unserer Partei wird von einem Parteitag entschieden werden, der auf den 14. Dezember einberufen wird." Arbeiter-Zeitung, 27.11.1945.

88 Protokolle des Kabinettsrates, Bd. 3, 332–334 (40. Sitzg., 28./29./30. 11./1.12.1945).
89 Das Kleine Volksblatt, 29.11.1945.
90 Protokolle des Kabinettsrates, Bd. 3, 347–349 (40. Sitzg., 28./29./30. 11./1.12.1945).
91 Protokolle des Kabinettsrates, Bd. 3, 334 (40. Sitzg., 28./29./30. 11./1.12.1945).
92 In einem Interview, das der Wiener Kurier am 30. November brachte, erklärte Figl wörtlich: „Wir hoffen ganz bestimmt auf die Mitarbeit der KPÖ in der Regierung, in die wir sie selbstverständlich aufnehmen werden, weniger nach den Gesichtspunkten der Wahlresultate, als gemäß den Gesichtspunkten der Konzentrationsregierung." Wiener Kurier, 30.11.1945.
93 Wagnleitner: Understanding Austria, 67.
94 MAE, Archives diplomatiques, Paris, Série Europe 1944–1960. Sous-série Autriche, Vol. 97, Politique intérieure, Dossier général novembre–décembre 1945, 1.12.1945 (Le Ministre Plénipotentiaire Représentant Politique de la République Francaise en Autriche à Monsieur Bidault, Ministre des Affaires Étrangères).
95 Wagnleitner: Großbritannien und die Wiedererrichtung, 166f.
96 FRUS 1945, Vol. III, 674–675 (Zl. 863.00/11-2945).
97 Wiener Zeitung, 1.12.1945.
98 AKVI, ÖVP-PD, 30.11.1945.
99 AKVI, ÖVP-PD, 1.12.1945; Das Kleine Volksblatt, 2.12.1945.
100 Weinberger: Tatsachen, Begegnungen und Gespräche, 278.
101 So Figls publizistisches Sprachrohr, Edmund Weber, der auf Grund seiner Funktion als „Hauptreferent für Presse" Teilnehmer der Sitzung war, einen Tag später in seinem Leitartikel im Kleinen Volksblatt. Für den Zeitraum 1945 liegen leider keine Protokolle der ÖVP-Parteileitungssitzungen vor. Das Kleine Volksblatt, 2.12.1945.
102 Für das Folgende vgl.: Weinberger: Tatsachen, Begegnungen und Gespräche, 278–280.
103 Die formale Betrauung Figls mit der Regierungsbildung durch den Politischen Kabinettsrat erfolgte dann am darauffolgenden Montag, dem 3. Dezember 1945. Wiener Zeitung, 4.12.1945.
104 So Oskar Helmer in seinem Beitrag in: Seltenreich: Leopold Figl – ein Österreicher, 172–175, hier 174.
105 Dies wurde etwa deutlich, als Figl bei der Regierungssitzung vom 24. Oktober noch vor Eingang in die Tagesordnung das Wort ergriff, um Renner in herzlichen Worten zu seiner bevorstehenden Verleihung des Ehrendoktorates der Staatswissenschaften zu gratulieren. Renner nahm den ihm zugeworfenen Ball dankbar auf, um in seinen Dankesworten den Mitgliedern der Provisorischen Staatsregierung einen improvisierten Vortrag über die Grundlagen seines Rechtsdenkens zu halten. Protokolle des Kabinettsrates, Bd. 3, 178–180 (36. Sitzg., 24.10.1945).
106 Privatarchiv Familie Dr. Hauer, Gästebuch Leopold Figl, Eintragung 4. Juli 1946.
107 Vgl. dazu: Schärf: Österreichs Erneuerung, 80.
108 Neues Österreich, 7.12.1945.
109 Das Kleine Volksblatt, 7.12.1945.

An der Spitze der Regierung

1 Herbert Matis: Das Jahr 1945 – Die wirtschaftliche Ausgangssituation, in: Österreich in Geschichte und Literatur, Jg. 19, 5/1975, 289–298, hier 296f.
2 Das mit 30.11. datierte „Gedächtnisprotokoll" wurde auf SPÖ-Seite von Adolf Schärf, Oskar Helmer und Andreas Korp, auf ÖVP-Seite von Julius Raab, Karl Gruber und Lois Weinberger unterfertigt. Das Original befindet sich in: Archiv des Vereins für Geschichte der Arbeiterbewegung (VGA), Nachlass Schärf, 4/125, Erinnerungsvermerke über Parteienverhandlungen 1945; eine Kopie befindet sich in: AKVI, Bestand ÖVP. Bundesparteileitung, Generalsekretariat, Sign. 1296, Parteienverhandlungen 1945–1955, o.Z.
3 Protokolle des Kabinettsrates, Bd. 3, 367 (40. Sitzg., 28./29./30. 11./1.12.1945). Vgl. dazu auch: Peter Mähner: Historische Einführung zu den Kabinettsratsprotokollen 30 bis 43, in: Protokolle des Kabinettsrates, Bd. 3, XXIII-XXXVI, hier XXV. Im Gegensatz zum Frühjahr 1945 trug die KPÖ ihre ablehnende Haltung innerhalb der Staatsregierung nunmehr im Anschluss an die Sitzung des Kabinettsrates in die Öffentlichkeit. Mugrauer: Die Politik, 200; Österreichische Volksstimme, 2.12.1945.
4 Wagnleitner: Understanding Austria, 69.
5 Émile Béthouart: Die Schlacht um Österreich, Wien 1967, 95.
6 So schrieb Schärf am 20. Oktober nach einem Beisammensein, offenbar unter Anspie-

lung auf beider unterschiedliche politische Herkunft, ins Gästebuch Figls: „Trotz alledem: Es muss gelingen." Privatarchiv Familie Dr. Hauer, Gästebuch Leopold Figl, Eintragung 20.10.1945.

7 Schärf: Österreichs Erneuerung, 81.

8 Gruber: Grundzüge der Außenpolitik, 10.

9 National Archives, RG 59, Department of State, Zl. 863.000/II-2845.

10 Insbesondere zwei Dokumente in den Parteiarchiven sind hier zu nennen. Auf der einen Seite ein mehrseitiger Erinnerungsvermerk Adolf Schärfs, der die wichtigsten Punkte aus Sicht der SPÖ festhielt. Er dürfte auch die Grundlage für die Darlegungen der Koalitionsverhandlungen in Schärfs Buch „Österreichs Erneuerung" sein, die sich eng an den Inhalt des Erinnerungsvermerks halten. Beim anderen Dokument handelt es sich um ein einseitiges Schriftstück aus dem Generalsekretariat der ÖVP, in dem die Ergebnisse der Verhandlungen auf dem Gebiet Unterricht und Kultus festgehalten wurden. VGA, Nachlass Schärf, 4/125, Erinnerungsvermerke über Parteienverhandlungen 1945; AKVI, Bestand ÖVP-Bundesparteileitung, Generalsekretariat, Sign. 1296: Parteienverhandlungen 1945–1955, „Vereinbarungen auf kulturellem Gebiete".

11 Schärf: Österreichs Erneuerung, 122f.

12 AKVI, Bestand ÖVP-Bundesparteileitung, Generalsekretariat, Sign. 1296: Parteienverhandlungen 1945–1955, „Vereinbarungen auf kulturellem Gebiete".

13 AKVI, Bestand ÖVP-Bundesparteileitung, Generalsekretariat, Sign. 1296: Parteienverhandlungen 1945–1955, „Vereinbarungen auf kulturellem Gebiete".

14 Rauchensteiner: Die Zwei, 69.

15 Schärf: Österreichs Erneuerung, 83.

16 VGA, Nachlass Schärf, 4/125, Erinnerungsvermerke über Parteienverhandlungen 1945. Seitens der Briten hatte man darauf gedrängt, den Kommunisten, wenn man sie schon in die Regierung nehme, unter keinen Umständen eines der zentralen Ministerien wie das Unterrichtsressort zu überlassen. Wagnleitner: Großbritannien und die Wiedererrichtung, 166f.

17 Ursprünglich hatte Figl gehofft, für seine Partei auch das Innenministerium zu erhalten bzw. eine Art Teilung angedacht. Schließlich musste er sich mit einem Staatssekretariat für seine Partei begnügen. Vgl. dazu: Wagnleitner: Understanding Austria, 67.

18 Wagnleitner: Understanding Austria, 68f.

19 Helmut Wohnout: Regierungsdiktatur oder Ständeparlament? Gesetzgebung im autoritären Österreich, Wien/Köln/Graz 1993, 377f.; Enderle-Burcel: Mandatare im Ständestaat, 360–362.

20 AKVI, Bestand Lois Weinberger, Sign. 2820, Schreiben Figl an Weinberger, 26.11.1945. Bei einer aufmerksamen Lektüre der Memoiren Weinbergers wird erkennbar, dass darin auffallend wenig und wenn ja, dann relativ distanziert von Figl die Rede ist. Weinberger: Tatsachen, Begegnungen und Gespräche.

21 Schärf: Österreichs Erneuerung, 82.

22 Österreichische Volksstimme, 9.12.1945.

23 Da für die Verhandlungen mit der KPÖ keine Protokolle vorliegen, muss der Verfasser auf US-Quellen zurückgreifen, die allerdings wider Erwarten einen erstaunlich präzisen Informationsstand aufweisen. National Archives, RG 59, Department of State, Decimal File 1945-49, Zl. 740.00119 Control (Austria)/12-1045 OS LE.

24 Die offizielle Nominierung Altmanns durch die KPÖ erfolgte am 9. Dezember 1945. Wiener Zeitung, 11.12.1945. Zur Person Altmanns und seinem politischen Werdegang innerhalb der KPÖ: Mugrauer, Die Politik, 61f.

25 Aus Rücksicht auf die KPÖ, die die Entsendung Altmanns noch nominell in ihren Gremien beschließen musste, erklärte Figls Sprachrohr, Edmund Weber, am Nachmittag des 7. Dezember lediglich, dass Figl die inhaltlichen Gespräche abschließen konnte, die Auswahl der Personen durch ihre jeweiligen Parteien noch erfolge. Tatsächlich war aber auch bereits die Ministerliste komplett. Neues Österreich, 9.12.1945.

26 Stourzh: Die Regierung Renner, 325–334.

27 Im schriftlichen Beschluss hieß es, dass die Liste mit den in Aussicht genommenen Regierungsmitgliedern dem Alliierten Rat so rechtzeitig zu übermitteln sei, dass dieser vor seiner Sitzung am 20. Dezember ausreichend Zeit für Überprüfungen habe. Georgetown University Special Collections Research Center, Allied Council for Austria, 10th meeting, 30 November 1945.

28 Stourzh: Die Regierung Renner, 334f.

29 National Archives, RG 59, General Records

of the Department of State, Decimal File 1945-49, Zl. 740.00119 Control (Austria).

30 National Archives, RG 59, General Records of the Department of State, Decimal File 1945-49, Zl. 740.00110 Conrol (Austria)/12-44 5.

31 Béthouart: Die Schlacht, 94.

32 National Archives, RG 59, General Records of the Department of State, Decimal File 1945-49, Zl. 740.00119 Control (Austria)/12-2045.

33 Für das Folgende: FRUS 1945, Vol. III, 676-678 (Zl. 863.00/12-1045).

34 Noch in einem Telegramm des State Department an den Politischen Berater Clarks, Erhardt, hatte es am 4. Dezember 1945 geheißen: "Little information is available here about Figl." FRUS 1945, Vol. III, 674 (Zl. 863.00/11-2945).

35 National Archives, RG 59, Department of State, Decimal File 1945-1949, Zl. 863.00/12-845; Zl. 863.00/12-1045.

36 National Archives, RG 59, General Records of the Department of State, Decimal File 1945-49, Zl. 740.00119 Control (Austria)/12-1345.

37 Neben Graf hielten sie es für möglich, dass die Sowjets gegen Gruber Einwendungen erheben würden. Mit Raab und Schumy rechneten sie nicht. National Archives, RG 260/2118, Allied Control Authority, Zl. 1000.0420 (Special Report No 4, Dec. 11.1945).

38 National Archies, RG 59, General Records of the Department of State, Decimal File 1945-49, Zl. 740.00119 Control (Austria)/12-2745.

39 FRUS 1945, Vol. III, 687f. (Zl. 740.00119 Control (Germany)/12-1845).

40 National Archives, RG 59, General Records of the Department of State, Decimal File 1945-49, Zl. 740.00119 Control (Austria)/12-2745.

41 Zit. nach: Kriechbaumer: „... dass der Einfluss der Kommunisten beseitigt wird.“, 430.

42 MAE, Archives diplomatiques, Paris, Série Europe 1944–1960. Sous-série Autriche, Vol. 97, Politique intérieure, Dossier général novembre–décembre 1945, 18.12.1945 (Le Ministre Plénipotentiaire Représentant Politique de la République Française en Autriche à Monsieur Bidault, Ministre des Affaires Étrangères).

43 Zit. nach Wagnleitner: Großbritannien und die Wiedererrichtung, 169.

44 FRUS 1945, Vol. III, 687f. (Zl. 740.00119 Control (Germany)/12-1845).

45 Vgl. dazu den Bericht Figls über die Regierungsbildung in der ersten Sitzung des ÖVP-Parlamentsklubs: „Ich bedaure, dass mein Vorschlag für die neue Ministerliste nicht zur Gänze angenommen wurde, aber hätte ich abgelehnt, dann hätten wir auch jetzt in Österreich noch keine österreichische Regierung, sondern bloß eine Alliierte Militärverwaltung.“ AKVI, Bestand ÖVP-Parlamentsklub, „Protokoll über die erste Sitzung des Nationalratsklubs der ÖVP am 18.12.45, 14h20“.

46 So Julius Raab in seinem Beitrag in: Seltenreich: Leopold Figl – ein Österreicher, 169–172, hier 171. Vgl. dazu auch: Maria Sporrer/Herbert Steiner (Hg.): Fritz Bock. Zeitzeuge, Wien 1984, 60f. In diesem Interviewband betont Bock unter Berufung auf mit Raab geführte Gespräche dazu, dass diesem der Verzicht auf das Ministeramt schwerfiel, die Initiative dazu aber von Raab in einem Gespräch mit Figl ausgegangen sei.

47 Im englischen Original: "[...] Figl, of the People's party, a courageous and competent little fellow, became Chancellor." Mark. W. Clark: Calculated Risk, New York 1950, 470. (In der deutschen Übersetzung lautet es, etwas glättend: „[...] Figl, ein ebenso mutiger wie fähiger Mann wurde Kanzler.“ Mark. W. Clark: Mein Weg von Algier nach Wien, Wien 1954, 541).

48 Edwin M.J. Kretzmann war in weiterer Folge unter den zahlreichen Besuchern der westlichen Besatzungsmächte der wohl häufigste im Hause Figl. Sein erster Besuch erfolgte schon kurz nach der Regierungsbildung am 5. Jänner 1946. Privatarchiv Familie Dr. Hauer, Gästebuch Leopold Figl. Eintragung 5.1.1946. Zur Rolle Kretzmanns, der sowohl nachrichtendienstlich arbeitete als auch als politischer Offizier tätig war, vgl.: Herz: Background of the Reports and the Reporting Officer, in: Wagnleitner: Understanding Austria, 5–17, hier 8f.; zur Beziehung Kretzmanns zu Figl: Rathkolb: Die paradoxe Republik, 166.

49 Außerdem trat an die Stelle des ursprünglich für das Sozialministerium vorgesehenen Johann Böhm nunmehr Karl Maisel. Dieser Austausch wurde von der SPÖ vorgenommen und hatte nichts mit den Einwänden der Alliierten zu tun.

50 Stourzh: Die Regierung Renner, 335.

51 Georgetown University Special Collections Research Center, Allied Commission for Austria, Executive Commitee, Secret, 14 Dec. 1945; National Archives, RG 59, General Records of the Department of State, Decimal File 1945-49, Zl. 740.00119 Control (Austria)/12-1545.

52 Für das Folgende vgl.: Georgetown University Special Collections Research Center, Allied Commission for Austria, Executive Commitee, Secret, 14 Dec. 1945; National Archives, RG 59, General Records of the Department of State, Decimal File 1945-49, Zl. 740.00119 Control (Austria)/12-1545.

53 So die Interpretation bei: Stourzh: Die Regierung Renner, 337.

54 National Archives, RG 59, General Records of the Department of State, Decimal File 1945-49, Zl. 740.00119 Control (Austria)/12-2045.

55 National Archives, RG 59, General Records of the Department of State, Decimal File 1945-49, Zl. 740.00119 Control (Austria)/1945. Offiziell wurde Figl mit einem Schreiben General Želtovs vom 20. Dezember 1945 die Zustimmung des Alliierten Rates mitgeteilt. NÖLA, Nachlass Figl, Allgemeine Ablage, Schreiben Želtovs an Figl (Abschrift), 20.12.1945.

56 Nach einer Mahnung Ende Jänner 1946 legte Figl dann Mitte Februar 1946 ein „Memorandum über das Programm der Österreichischen Bundesregierung" vor, das bei den Alliierten auf kritische Resonanz stieß, aber schließlich ad acta gelegt wurde. Stourzh: Die Regierung Renner, 338.

57 Österreichische Volksstimme. 20.12.1945.

58 FRUS 1945, Vol. III, 687f. (Zl. 740.00119 Control (Germany)/12-1845).

59 Arbeiter-Zeitung, 12.12.1945.

60 Arbeiter-Zeitung, 14. 12.1945, 15.12.1945.

61 Protokolle des Kabinettsrates, Bd. 3, 432 (43. Sitzg., 17.12.1945).

62 Protokolle des Kabinettsrates, Bd. 3, 441 (43. Sitzg., 17.12.1945, Beschlussprotokoll Nr. 43); StGBl. 232/1945, 18.12.1945.

63 Das österreichische Parlament. Herausgegeben von der Parlamentsdirektion, Wien 1992, 70–72.

64 Wiener Zeitung, 16.12.1945.

65 Wohnout: Regierungsdiktatur oder Ständeparlament, 242.

66 Walter Goldinger (Hg.): Protokolle des Klubvorstandes der Christlichsozialen Partei 1932–1934, Wien 1980, 11; Friedrich Funder: Als Österreich den Sturm bestand. Aus der Ersten in die Zweite Republik, Wien 1957, 118f.

67 Für das Folgende: AKVI, Bestand ÖVP-Parlamentsklub, „Protokoll über die erste Sitzung des Nationalratsklubs der ÖVP am 18.12.45, 14h20".

68 Die beiden weiblichen ÖVP-Nationalräte, Frieda Mikola und Nadine Paunovic, waren von Figl zu Beginn der Sitzung extra begrüßt worden. Nun vergaß er aber auf die Anrede.

69 AKVI, ÖVP-PD, 19.12.1945.

70 Neues Österreich, 20.12.1945.

71 Sten. Prot. NR, V. GP, 1. Sitzg., 19.12.1945, 6–12.

72 Herbert Haupt: Getroffen, doch nicht vernichtet. Das Kunsthistorische Museum im Kriegsjahr 1945, Wien 2005, 32–38, 124.

73 Haupt: Getroffen, doch nicht vernichtet, 50, 64–74.

74 National Archives, RG 59, Department of State, Decimal File 1945-49, Zl. 863.607/12-2645.

75 Das Kleine Volksblatt, 20.12.1945.

76 National Archives, RG 59, Department of State, Decimal File 1945-49, Zl. 863.607/12-2645.

77 Haupt: Getroffen, doch nicht vernichtet, 136–140.

78 Wiener Zeitung, 21.12.1945.

79 So Figl in seiner Regierungserklärung vom 21. Dezember 1945. Sten. Prot. NR, V. GP, 2. Sitzg., 21.12.1945, 19–27, hier 20.

80 So hatte schon Edmund Weber in einem Leitartikel vom 2. Dezember 1945 unter dem Titel „Konzentration" im Kleinen Volksblatt geschrieben: „Die Konzentration aller Kräfte, wie wir sie verstehen, muss lebendiger Inhalt und keine verknöcherte Form sein. [...] Wir wollen keine Regierung und wollen kein Parlament, das auf Krücken der Demagogie sich von Session zu Session fortwurstelt. Gerade weil es zum ersten Mal im parlamentarischen Geschehen seit 1918 der Fall ist, dass eine einzige Partei die absolute Mehrheit in diesem Staat hat, gerade deshalb sind wir uns unserer Verpflichtung gegenüber der Gesamtheit der Bevölkerung besonders bewusst." Das Kleine Volksblatt, 2.12.1945.

81 Vgl. dazu auch: Peter Mähner: Historische Einführung, in: Gertrude Enderle-Burcel/Rudolf Jeřábek (Hg.): Protokolle des Ministerrates der Zweiten Republik. Kabinett Leopold

Figl I. 20 Dezember 1945 bis 8. November 1949, Bd. 1.: 20. Dezember 1945 bis 9. April 1946, Wien 2004, XI–XVI, hier XI.

82 Noch in der letzten Sitzung der Provisorischen Staatsregierung am 17. Dezember 1945 hatte sich Schärf erkundigt, ob Figl seine Regierungserklärung dem neuen Kabinett zur Kenntnis bringen werde. Figl hatte daraufhin zugesagt, diese in der ersten Ministerratssitzung gemeinsam zu besprechen und darüber formell ein Einvernehmen herzustellen. Protokolle des Kabinettsrates, Bd. 3, 438 (43. Sitzg., 17.12.1945).

83 Protokolle des Ministerrates, Bd. 1 (1. Sitzg., 20.12.1945).

84 Protokolle des Ministerrates, Bd. 1 (1. Sitzg., 20.12.1945), 3f.

85 Folgt man dem Tagebuch des Generalsekretärs des Außenamtes Heinrich Wildner, war Figl über den Umstand, dass sich die Oberbefehlshaber nicht persönlich eingefunden hatten, „sehr aufgeregt". Sarkastisch notierte er: „Da hat die Regie wieder nicht geklappt." Wildner: Ich bestelle, 162.

86 Mit dem modernen Tonaufnahmegerät, das das amerikanische Armee-Nachrichtenkorps zur Verfügung stellte, waren schon die Eröffnungssitzung des Nationalrates und die Wahl Renners zum Bundespräsidenten im Radio direkt übertragen worden. Neues Österreich, 21.12.1945.

87 Wiener Zeitung, 22.12.1945.

88 Für das Folgende vgl.: Sten. Prot. NR, V. GP, 2. Sitzg., 21.12.1945, 19–27.

89 Wildner: Ich bestelle, 162.

90 Pisa: 1945. Geburt der Zukunft, 81.

91 Pisa: 1945. Geburt der Zukunft, 80.

92 Stourzh: Österreich ist frei, 356f.; Stourzh: Die Regierung Renner, 337.

93 Vgl. etwa ein Schreiben seines ehemaligen Mithäftlings in Mauthausen, des Industriellen Franz Mayer-Gunthof, der wörtlich davon sprach, dass die Regierungserklärung „[...] uns alle begeistert hat!" AKVI, Bestand BM Josef Kraus, Schreiben Franz Mayer-Gunthof an Figl, 14.4.1946.

94 „Programmrede des neuen Kanzlers, sehr lang, mit einigen guten Stellen. Gruber sagt, dass Figl seine Rede allein ausgearbeitet habe [...]. Ich glaube eher, dass das der Weber gemacht hat." Wildner: Ich bestelle, 162.

95 Privatarchiv Familie Dr. Hauer, Gästebuch Leopold Figl, Eintragung 21.12.1945.

96 Kraus: Leopold Figl, 269.

97 Gros: Erinnerungen an Leopold Figl, 39.

98 Das Kleine Volksblatt, 30.12.1945.

99 Ilg: Meine Lebenserinnerungen, 73.

100 Archiv des Österreichischen Bauernbundes, Bauernbundkalender 1946.

101 Vgl. dazu u.a.: Hans Werner Scheidl: Der „Poldl" rührt uns noch heute. Figls Radiorede in einem zerstörten und vierfach besetzten Österreich, in: Die Presse, 24.12.2009, 30.

102 Das Kleine Volksblatt, 1.1.1946.

103 Privatarchiv Familie Dr. Hauer, Gästebuch Leopold Figl, Eintragung 31.12.1945.

„Ein Kanzler aus Dachau"

1 Wagnleitner: Understanding Austria, 34.

2 Dieter A. Binder: Von der „Rettung des christlichen Abendlandes" und „Europa in uns". Die Österreichische Volkspartei nach 1945, in: Michael Gehler/Wolfram Kaiser/Helmut Wohnout (Hg.): Christdemokratie in Europa im 20. Jahrhundert, Wien/Köln/Weimar 2001, 399–424, hier 399.

3 Schöner: Wiener Tagebuch, 194–195.

4 Ernst Bruckmüller: Leopold Figl, in: Manfried Welan/Gerhard Poschacher (Hg.): Von Figl bis Fischler. Bedeutende Absolventen der „BOKU" Wien, Graz/Stuttgart 2005, 38–47, hier 40.

5 Ernst Hanisch: Abschied von der Staatsvertragsgeneration, in: Rauchensteiner/Kriechbaumer: Die Gunst des Augenblicks, 537–549, hier 538.

6 Béthouart: Die Schlacht, 94f.

Quellen und Literatur

Archive

Archiv der KZ-Gedenkstätte Dachau, BRD.
Archiv des Karl von Vogelsang-Instituts (AKVI), Wien.
Archiv des Vereins für Geschichte der Arbeiterbewegung (VGA), Wien.
Dokumentationsarchiv des österreichischen Widerstandes (DÖW), Wien.
Georgetown University Special Collections Research Center, Washington D.C.

International Tracing Service (ITS), Bad Arolsen, BRD.
Ministère des Affaires Étrangères (MAE), Paris.
National Archives, College Park, Maryland, USA.
Niederösterreichisches Landesarchiv (NÖLA), St. Pölten.
Österreichisches Staatsarchiv/Archiv der Republik (ÖStA/AdR).
Österreichischer Bauernbund, Wien.
Privatarchiv Familie Dr. Hauer, Wien.

Gedruckte Quellen

Klaus Berchtold (Hg.): Österreichische Parteiprogramme 1868–1966, Wien/München 1967.
Alois Brusatti (Hg.): Zeuge der Stunde Null. Das Tagebuch Eugen Margaréthas 1945–1947 bearbeitet von Hildegard Hemetsberger-Koller, Linz 1990.
Bundesministerium für europäische und internationale Angelegenheiten (Hg.): „Ich bestelle Sie hiermit zur Leitung des Außenamtes, ...“ Das Tagebuch von Heinrich Wildner 1945, Wien 2010.
Eva-Marie Csáky/Franz Matscher/Gerald Stourzh (Hg.): Josef Schöner. Wiener Tagebuch 1944/1945, Wien/Köln/Weimar 1992.
Der Hochverratsprozess gegen Dr. Guido Schmidt vor dem Wiener Volksgericht. Die gerichtlichen Protokolle mit den Zeugenaussagen, unveröffentlichten Dokumenten, sämtlichen Geheimbriefen und Geheimakten, Wien 1947.
Die Länderkonferenzen 1945. Dokumente und Materialien (Studien und Forschungen aus dem Niederösterreichischen Institut für Landeskunde. Herausgegeben von Silvia Petrin und Willibald Rosner), Wien 1995.
Gertrude Enderle-Burcel/Rudolf Jeřábek/Leopold Kammerhofer (Hg.): Protokolle des Kabinettsrates der Provisorischen Regierung Karl Renner 1945, Bd. 1, 29. April 1945 bis 10. Juli 1945, Horn/Wien 1995.
Gertrude Enderle-Burcel/Rudolf Jeřábek (Hg.): Protokolle des Kabinettsrates der Provisorischen Regierung Karl Renner 1945, Bd. 2, 17. Juli 1945 bis 5. September 1945, Wien 1999.
Gertrude Enderle-Burcel/Rudolf Jeřábek (Hg.): Protokolle des Kabinettsrates der Provisorischen Regierung Karl Renner 1945, Bd. 3, 12. September 1945 bis 17. Dezember 1945, Wien 2003.
Gertrude Enderle-Burcel/Rudolf Jeřábek (Hg.): Protokolle des Ministerrates der Zweiten Republik. Kabinett Leopold Figl I. 20. Dezember 1945 bis 8. November 1949, Bd. 1: 20. Dezember 1945 bis 9. April 1946, Wien 2004.
Leopold Figl: Festrede aus Anlass des 1. Jahrestages der Wiederaufrichtung der österreichischen Verwaltung im Lande Niederösterreich am 17. April 1946 bei der Festsitzung des Niederösterreichischen Landtages, in: Niederösterreich 1945. 40 Jahre Wiederaufbau der Landesverwaltung. Ausstellung der NÖ Landesbibliothek, Wien 1985, 29–32.
Leopold Figl: Reden für Österreich. Mit einer Einleitung von Ludwig Reichhold, Wien/Frankfurt/Zürich 1965.
Foreign Relations of the United States. Diplomatic Papers 1945, Vol. III: European Advisory Commission, Austria, Germany (FRUS), Washington 1968.
Michael Gehler (Hg.): Karl Gruber. Reden und Dokumente 1945–1953. Eine Auswahl, Wien/Köln/Weimar 1994.
Oskar Helmer: Festrede aus Anlass des 1. Jahrestages der Wiederaufrichtung der österreichischen Verwaltung im Lande Niederösterreich am 17. April 1946 bei der Festsitzung des Niederösterreichischen Landtages, in: Niederösterreich 1945. 40 Jahre Wiederaufbau der Landesverwaltung. Ausstellung der NÖ Landesbibliothek, Wien 1985, 33–35.
Josef Kocensky (Hg.): Dokumentation zur österreichischen Zeitgeschichte 1945–1955, Wien/München, 3. Aufl., 1980.
Alfred Missong: Christentum und Politik in Österreich. Ausgewählte Schriften 1924–1950. Herausgegeben von Alfred Missong jun. In Verbindung mit Cornelia Hoffmann und Gerald Stourzh, Wien/Köln/Graz 2006.
Oliver Rathkolb (Hg.): Gesellschaft und Politik am Beginn der Zweiten Republik. Vertrauliche Berichte der US-Militäradministration aus Österreich 1945 in englischer Originalfassung, Wien/Köln/Graz 1985.
Staatsgesetzblatt für die Republik Österreich, Jg. 1945.

Stenographische Protokolle des Nationalrates der Republik Österreich: V. Gesetzgebungsperiode, XI. Gesetzgebungsperiode
Reinhold Wagnleitner (Hg.): Understanding Austria. The Political Reports and Analyses of Martin F. Herz, Salzburg 1984.

Zeitzeugeninterviews

Herbert Braunsteiner: „So blieb mir nichts anderes übrig, als die Enns zu durchschwimmen", in: Demokratie und Geschichte. Jahrbuch des Karl von Vogelsang-Instituts zur Erforschung der Geschichte der christlichen Demokratie in Österreich, Jg. 1, 1997, 71–86.
Johannes v. Eidlitz: „Der Schottenhof war das Ziel unserer Wünsche", in: Demokratie und Geschichte. Jahrbuch des Karl von Vogelsang-Instituts zur Erforschung der Geschichte der christlichen Demokratie in Österreich, Jg. 1, 1997, 49–70.
Franz Olah/Ludwig Steiner: Zwischen Dachau und Moskau – Begegnungen mit Leopold Figl, in: Demokratie und Geschichte. Jahrbuch des Karl von Vogelsang-Instituts zur Erforschung der Geschichte der christlichen Demokratie in Österreich, Jg. 6, 2002, 23–41.
Karl Pisa: „Eine Partei, die zuerst für Österreich eintrat", in: Demokratie und Geschichte. Jahrbuch des Karl von Vogelsang-Instituts zur Erforschung der Geschichte der christlichen Demokratie in Österreich, Jg. 2, 1998, 73–100.
Josef Prinz: Die Länderkonferenzen 1945: Geburtsstunde der Zweiten Republik?! Interview mit Fritz Molden, in: Die Länderkonferenzen 1945. Dokumente und Materialien (Studien und Forschungen aus dem Niederösterreichischen Institut für Landeskunde. Herausgegeben von Silvia Petrin und Willibald Rosner), Wien 1995, 103–125.
Maria Sporrer/Herbert Steiner (Hg.): Fritz Bock. Zeitzeuge, Wien 1984.

Zeitungen und Zeitschriften

Arbeiter-Zeitung.
Das Kleine Volksblatt.
Der Österreichische Bauernbündler.
Neues Österreich. Organ der demokratischen Einigung.
Österreichische Monatshefte.
Österreichische Volksstimme.
Salzburger Nachrichten.
Wiener Kurier.
Wiener Zeitung.

Literatur

Alfred Ableitinger: Partei- und Organisationsstruktur, in: Robert Kriechbaumer/Franz Schausberger (Hg.): Volkspartei – Anspruch und Realität. Zur Geschichte der ÖVP seit 1945, Wien/Köln/Weimar 1995, 137–161.
Wilfried Aichinger. Sowjetische Österreichpolitik 1943–1945, Wien 1977.
Thomas Angerer: „Österreich ist Europa". Identifikationen Österreichs mit Europa seit dem 18. Jahrhundert, in: Wiener Zeitschrift zur Geschichte der Neuzeit, Jg. 1, 1/2001, 55–72.
Heinz Arnberger: Leopold Figl – Gegner und Verfolgter des NS-Regimes, in: Österreich in Geschichte und Literatur, Jg. 46, 6/2002, 351–357.
Dominique Auclères: Mes fenêtres sur l'Histoire, Paris 1978.
Brigitte Bailer: Widerstand, Opfermythos und die Folgen für die Überlebenden, in: Stefan Karner/Alexander Tschubarjan (Hg.): „Österreich wieder herstellen". Die Moskauer Deklaration 1943, Wien/Köln/Weimar 2015 (in Druck), 162–173.
Irene Bandhauer-Schöffmann: Ernährungsverhalten und Kochkultur in Wien. Essen, Kochen, Lebensmittelversorgung und Gaststättenwesen in der Zweiten Republik, in: Michael Dippelreiter (Hg.): Wien. Die Metamorphose einer Stadt, Wien/Köln/Weimar 2013, 531–592.
Émile Béthouart: Die Schlacht um Österreich, Wien 1967.
Ernst Bezemek: Demokratie ohne Illusion – Zur Rekonstruktion demokratischer Verhältnisse in Niederösterreich, in: Ernst Bezemek/Willibald Rosner (Hg.): Niederösterreich 1945 – Südmähren 1945. Die Vorträge des vierzehnten Symposions des Niederösterreichischen Instituts für Landeskunde, Wien 1996, 101–115.
Ernst Bezemek: Der politische Wiederaufbau Niederösterreichs 1945/46 mit besonderer Berück-

sichtigung des Bezirks Gänserndorf, in: Ernst Bezemek/Josef Prinz (Hg.): Der Bezirk Gänserndorf 1945. Begleitband zur Ausstellung im Schloss Jedenspeigen, 1995, 75–98.
Ernst Bezemek: Landesregierung und Landtag in den Jahren 1945–1995, in: Michael Dippelreiter (Hg.): Niederösterreich. Land im Herzen – Land an der Grenze, Wien/Köln/Weimar 2000, 7–40.
Ernst Bezemek/Stefan Eminger: Das Land und seine Meister. Verfassung und Verwaltung, in: Stefan Eminger/Ernst Langthaler (Hg.): Niederösterreich im 20. Jahrhundert, Bd. 1: Politik, Wien/Köln/Weimar 2008, 163–195.
Dieter A. Binder: Der Weg nach Mauthausen, in: Wolfgang J. Bandion/Helmut Wohnout (Hg.): Leopold Figl. Für Österreich, Wien 2012, 33–37.
Dieter A. Binder: Von der „Rettung des christlichen Abendlandes“ und „Europa in uns“. Die Österreichische Volkspartei nach 1945, in: Michael Gehler/Wolfram Kaiser/Helmut Wohnout (Hg.): Christdemokratie in Europa im 20. Jahrhundert, Wien/Köln/Weimar 2001, 399–424.
Dieter A. Binder: Zwischenkriegszeit, Widerstand und KZ, in: Johannes Dorrek/Johannes Schönner/Josef Singer/Helmut Wohnout (Hg.): 100 Jahre Leopold Figl. „Glaubt an dieses Österreich!“, Wien 2003, 13–24.
Johann Blöchl: Meine Lebenserinnerungen, Linz o.J. (1975).
John W. Boyer: Karl Lueger (1844–1910). Christlichsoziale Politik als Beruf, Wien/Köln/Weimar 2010.
Lydia Braumann-Lettner: Die französische Österreichplanung und Österreichpolitik von 1943 bis zur Anerkennung der Regierung Figl, in: Jahrbuch für Zeitgeschichte 1982/83, Wien/Salzburg 1983, 81–131.
Herbert Braunsteiner: Der Aufbau der Österreichischen Volkspartei bundesweit, in: Christliche Demokratie. Vierteljahresschrift für Zeitgeschichte, Sozial-, Kultur- und Wirtschaftsgeschichte, 2/1986, 91–94.
Ernst Bruckmüller: Landeshauptmann von Niederösterreich, in: Johannes Dorrek/Johannes Schönner/Josef Singer/Helmut Wohnout (Hg.): 100 Jahre Leopold Figl. „Glaubt an dieses Österreich“, Wien 2003, 53–66.
Ernst Bruckmüller: Leopold Figl, in: Manfried Welan/Gerhard Poschacher (Hg.): Von Figl bis Fischler. Bedeutende Absolventen der „BOKU“ Wien, Graz/Stuttgart 2005, 38–47.
Ernst Bruckmüller: Politik als Beruf, in: Wolfgang J. Bandion/Helmut Wohnout (Hg.): Leopold Figl. Für Österreich, Wien 2012, 39–64.
Alois Brusatti/Gottfried Heindl (Hg.): Julius Raab. Eine Biographie in Einzeldarstellungen, Linz o.J. (1986).
Mark W. Clark: Calculated Risk, New York 1950.
Mark W. Clark: Mein Weg von Algier nach Wien, Wien 1954.
Felix Czeike: April und Mai 1945 in Wien. Eine Dokumentation, in: Wiener Geschichtsblätter, Jg. 30, 3/1975, 221–237.
Das österreichische Parlament. Herausgegeben von der Parlamentsdirektion, Wien 1992.
Bernhard Denscher: Die Werbung in Wien für die Nationalratswahl am 25. November 1945, in: Jahrbuch des Vereins für Geschichte der Stadt Wien, Jg. 42 (1986), 119–140.
Michael Dippelreiter: Geschichte der ÖVP-Niederösterreich, in: Robert Kriechbaumer/Franz Schausberger (Hg.): Volkspartei – Anspruch und Realität. Zur Geschichte der ÖVP seit 1945, Wien/Köln/Weimar 1995, 435–465.
Michael Dippelreiter: Wien in der ersten Hälfte des Jahres 1945, in: Michael Dippelreiter (Hg.): Wien. Die Metamorphose einer Stadt, Wien/Köln/Weimar 2013, 11–38.
Franz X. Eder: Vom wirtschaftlichen Mangel zum Konsumismus. Haushaltsbudgets und privater Konsum in Wien 1918–1995, in: Michael Dippelreiter (Hg.): Wien. Die Metamorphose einer Stadt, Wien/Köln/Weimar 2013, 209–282.
Johannes Eidlitz: Das Jahr Null, in: Ludwig Reichhold (Hg.): Zwanzig Jahre Zweite Republik. Österreich findet zu sich selbst, Wien 1965, 9–32.
Johannes Eidlitz: Der 17. April im Schottenstift, in: Christliche Demokratie. Vierteljahresschrift für Zeitgeschichte, Sozial-, Kultur- und Wirtschaftsgeschichte, 2/1986, 85–89.
Gertrude Enderle-Burcel: Einleitung, in: Gertrude Enderle-Burcel/Rudolf Jeřábek/Leopold Kammerhofer (Hg.): Protokolle des Kabinettsrates der Provisorischen Regierung Karl Renner 1945, Bd. 1, 29. April 1945 bis 10. Juli 1945, Horn/Wien 1995, III–XXI.

Gertrude Enderle-Burcel/Michaela Follner: Diener vieler Herren. Biographisches Handbuch der Sektionschefs der Ersten Republik und des Jahres 1945, Wien 1997.
Franz Josef Feichtenberger: Die Länderkonferenzen 1945. Die Wiedererrichtung der Republik Österreich, phil. Diss., Wien 1965.
Ernst Fischer: Das Ende einer Illusion. Erinnerungen 1945–1955, Wien/München/Zürich 1973.
Herbert Fritz/Peter Krause: Farbe tragen, Farbe bekennen 1938–1945. Katholische Korporierte in Widerstand und Verfolgung, Wien, 2. Aufl., 2013.
Friedrich Funder: Als Österreich den Sturm bestand. Aus der Ersten in die Zweite Republik, Wien 1957.
Michael Gehler: Die Volkspartei in Tirol 1945–1994, in: Robert Kriechbaumer/Franz Schausberger (Hg.): Volkspartei – Anspruch und Realität. Zur Geschichte der ÖVP seit 1945, Wien/Köln/Weimar 1995, 645–700.
Michael Gehler: Dr. Ing. Karl Gruber. Erster Landeshauptmann von Tirol nach dem Zweiten Weltkrieg, in: Lothar Höbelt/Othmar Huber (Hg.): Für Österreichs Freiheit. Karl Gruber – Landeshauptmann und Außenminister 1945–1953, Innsbruck 1991, 11–70.
Michael Gehler: Karl Gruber als „Mann des Westens“. Zur Geschichte der ersten Länderkonferenz vom 24. bis 26. September 1945 und den Folgen, in: Peter Bußjäger (Hg.): 60 Jahre Länderkonferenzen 1945 – Die Länder und die Wiederbegründung der Republik, Wien 2006, 17–79.
Michael Gehler: Österreichs Außenpolitik der Zweiten Republik. Von der alliierten Besatzung bis zum Europa des 21. Jahrhunderts, Bd. 1, Innsbruck/Wien/Bozen, 2005.
Walter Goldinger (Hg.): Protokolle des Klubvorstandes der Christlichsozialen Partei 1932–1934, Wien 1980.
Franz Goldner: Dollfuß im Spiegel der US-Akten, St. Pölten 1979.
Hans Egon Gros: Erinnerungen an Leopold Figl, in: Leopold Figl. Ein Leben für Österreich, Wien o.J. (1982), 38–40.
Karl Gruber: Grundzüge der Außenpolitik unter Leopold Figl, in: Christliche Demokratie. Vierteljahresschrift für Zeitgeschichte, Sozial-, Kultur- und Wirtschaftsgeschichte, Jg. 3, 1/1985, 7–12.
Ernst Hanisch: Abschied von der Staatsvertragsgeneration, in: Manfried Rauchensteiner/Robert Kriechbaumer (Hg.): Die Gunst des Augenblicks. Neuere Forschungen zu Staatsvertrag und Neutralität, Wien/Köln/Weimar 2005, 537–549.
Ernst Hanisch: Die Politik und die Landwirtschaft, in: Franz Ledermüller (Hg.): Geschichte der österreichischen Land- und Forstwirtschaft im 20. Jahrhundert. Politik – Gesellschaft – Wirtschaft, Wien 2002, 15–189.
E.H. (Eduard Hartmann): April 1945, in: Anton Matyas (Hg.): Österreichischer Bauernspiegel, Wien 1959, 29.
Gerhard Hartmann: Für Gott und Vaterland. Geschichte und Wirken des CV in Österreich, Kevelaer 2006.
Herbert Haupt: Getroffen, doch nicht vernichtet. Das Kunsthistorische Museum im Kriegsjahr 1945, Wien 2005.
Susanne Hauser: Die christlichsoziale Arbeitnehmerbewegung ab 1938, in: Barbara Holzer/Susanne Hauser/Renate May: Ein Verein macht Geschichte. 100 Jahre christlichsozialer Arbeiterverein, Wien 1994, 179–237.
Bruno Heilig: Menschen am Kreuz. Dachau – Buchenwald, Weitra o.J.
Oskar Helmer: 50 Jahre erlebte Geschichte, Wien 1957.
Martin F. Herz: A Glass of Beer with the Chancellor, in: Foreign Service Journal, July 1953 (Vol. 30/7), 25–48.
Martin F. Herz: Allied Occupation of Austria. The Early Years, in: Robert A. Bauer (ed.), The Austrian Solution. International Conflict and Cooperation, Charlottesville 1982, 17–55.
Martin F. Herz: The View from Austria, in: Thomas T. Hammond (ed.): Witnesses to the Origins of the Cold War, Seattle/London 1982, 161–185.
Lothar Höbelt: Schumy, Vinzenz, in: Neue Deutsche Biographie, Bd. 23, Berlin 2007, 756f.
Norbert Hölzl: Propagandaschlachten. Die österreichischen Wahlkämpfe 1945 bis 1971, Wien 1974.
Paul Hörbiger: Ich hab für euch gespielt. Erinnerungen, München/Berlin, 2. Aufl., 1980.
Felix Hurdes: Vater unser. Gedanken aus dem Konzentrationslager, Wien 1950.
Ulrich Ilg: Meine Lebenserinnerungen, Dornbirn 1985.

Rudolf Kalmar: Zeit ohne Gnade, Wien 1946.
Edwin Knapp: Herbert Braunsteiner. Ein erfülltes Leben als leidenschaftlicher Österreicher, großer Arzt, Wissenschaftler und Klinikvorstand, Innsbruck 2014.
Therese Kraus: Der österreichische Bauernbund als politisch dominierender Faktor der agrarpolitischen Entwicklung Österreichs im 20. Jahrhundert, in: Christliche Demokratie. Vierteljahresschrift für Zeitgeschichte, Sozial-, Kultur- und Wirtschaftsgeschichte, 2/1985, 145–158.
Therese Kraus: Leopold Figl, in: Friedrich Weissensteiner/Erika Weinzierl (Hg.): Die österreichischen Bundeskanzler. Leben und Werk, Wien 1983, 266–294.
Therese Kraus: Leopold Figl und die österreichische Agrarpolitik, in: Christliche Demokratie. Vierteljahresschrift für Zeitgeschichte, Sozial-, Kultur- und Wirtschaftsgeschichte, 1/1985, 59–65.
Robert Kriechbaumer: „... dass der Einfluss der Kommunisten beseitigt wird“. Sowjetische Meinungen über die politische Lage sowie über österreichische Politiker 1945/46, in: Siegfried Beer/Edith Marko-Stöckl/Marlies Raffler/Felix Schneider (Hg.): Focus Austria. Vom Vielvölkerreich zum EU-Staat. Festschrift für Alfred Ableitinger zum 65. Geburtstag, Graz 2003, 417–433.
Robert Kriechbaumer: Leopold Figl, in: Herbert Dachs/Peter Gerlich/Wolfgang C. Müller (Hg.): Die Politiker. Karrieren und Wirken bedeutender Repräsentanten der Zweiten Republik, Wien 1995, 125–133.
Robert Kriechbaumer: Die Geschichte der ÖVP, in: Robert Kriechbaumer/Franz Schausberger (Hg.): Volkspartei – Anspruch und Realität. Zur Geschichte der ÖVP seit 1945, Wien/Köln/Weimar 1995, 11–101.
Robert Kriechbaumer: Von der Illegalität zur Legalität. Die ÖVP im Jahr 1945. Politische und geistesgeschichtliche Aspekte des Entstehens der Zweiten Republik, Wien 1985.
Robert Kriechbaumer: Von der Lagerstraße zum Ballhausplatz. Quellen zur Gründungs- und Frühgeschichte der ÖVP, Salzburg 1995.
Erik Sidney Kroiher: Bruchlinien und Kontinuitäten österreichischer Zivilgesellschaft: Katholisches jugendbündisches Leben der Zwischenkriegszeit in seiner geistesgeschichtlichen Wirkung am Beispiel Felix Hurdes', phil. Diss. (noch nicht approbiert), Wien 2015.
Josef Leidenfrost: Die Amerikanische Besatzungsmacht und der Wiederbeginn des politischen Lebens in Österreich 1944–1947, phil. Diss., Wien 1986.
Josef Leidenfrost: Die Nationalratswahlen 1945 und 1949: Innenpolitik zwischen den Besatzungsmächten, in: Günter Bischof/Josef Leidenfrost (Hg.): Die bevormundete Nation. Österreich und die Alliierten 1945–1949, Innsbruck 1988, 127–153.
Johann Maria Lenz: Christus in Dachau. Ein religiöses Volksbuch und ein kirchengeschichtliches Zeugnis, Wien 1956.
Peter Mähner: Die Bedeutung der Länderkonferenz für die Wiederbegründung der Republik, in: Peter Bußjäger (Hg.): 60 Jahre Länderkonferenzen 1945 – Die Länder und die Wiederbegründung der Republik, Wien 2006, 17–26.
Peter Mähner: Historische Einführung, in: Gertrude Enderle-Burcel/Rudolf Jeřábek (Hg.): Protokolle des Ministerrates der Zweiten Republik. Kabinett Leopold Figl I, 20. Dezember 1945 bis 8. November 1949, Bd. 1: 20. Dezember 1945 bis 9. April 1946, Wien 2004, XI–XVI.
Peter Mähner: Niederösterreich und seine Grenzen, in: Stefan Eminger/Ernst Langthaler (Hg.): Niederösterreich im 20. Jahrhundert, Bd. 1, Wien/Köln/Weimar 2008, 1–39.
Wolfgang Mantl: Leopold Figl: Die Größe des Anfangs, in: Demokratie und Geschichte. Jahrbuch des Karl von Vogelsang-Instituts zur Erforschung der Geschichte der christlichen Demokratie in Österreich, Jg. 6, 2002, 13–22.
Hans Maršálek: Die Geschichte des Konzentrationslagers Mauthausen, Wien/Linz, 4. Aufl., 2006.
Herbert Matis: Das Jahr 1945 – Die wirtschaftliche Ausgangssituation, in: Österreich in Geschichte und Literatur, Jg. 19, 5/1975, 289–298.
Fritz Molden: Die Feuer in der Nacht. Opfer und Sinn des österreichischen Widerstandes 1938–1945, Wien/München 1988.
Wolfgang Mueller: Politische Herrschaft in Niederösterreich 1945–2005, in: Stefan Eminger/Ernst Langthaler (Hg.): Niederösterreich im 20. Jahrhundert, Bd. 1, Wien/Köln/Weimar 2008, 103–131.
Manfred Mugrauer: Die Politik der KPÖ in der Provisorischen Regierung Renner, Innsbruck/Wien/Bozen 2006.

Klaus-Dieter Mulley: Befreiung und Besatzung. Aspekte sowjetischer Besatzung in Niederösterreich 1945–1948, in: Alfred Ableitinger/Siegfried Beer/Eduard G. Staudinger (Hg.): Österreich unter alliierter Besatzung 1945–1955, Wien/Köln/Graz 1998, 361–400.
Klaus-Dieter Mulley: Politische Parteien und Interessenvertretungen in Niederösterreich 1945–2000, in: Michael Dippelreiter (Hg.): Niederösterreich. Land im Herzen – Land an der Grenze, Wien/Köln/Weimar 2000, 41–133.
Klaus-Dieter Mulley: Staatsgründung 1945. Bemerkungen zur personellen und föderalen Rekonstruktion der Republik Österreich im Jahre 1945, in: Die Länderkonferenzen 1945. Dokumente und Materialien (Studien und Forschungen aus dem Niederösterreichischen Institut für Landeskunde. Herausgegeben von Silvia Petrin und Willibald Rosner), Wien 1995, 11–32.
Wolfgang Neugebauer: Der österreichische Widerstand 1938–1945, Wien 2008.
Wolfgang Neugebauer/Peter Schwarz: Stacheldraht, mit Tod geladen … Der erste Österreichertransport in das KZ Dachau 1938, Wien 2008.
Franz Olah: Die Erinnerungen, Wien/München/Berlin 1995.
Harry Piotrowski: The Soviet Union and the Renner Government of Austria, April–November 1945, in: Central European History, Jg. 20, 3/4/1987, 264–279.
Karl Pisa: 1945. Geburt der Zukunft, Wien 2005.
Hugo Portisch: Österreich II. Die Geschichte Österreichs vom 2. Weltkrieg bis zum Staatsvertrag, Bd. 2: Die Wiedergeburt unseres Staates, München, 2. Aufl., 1993.
Oliver Rathkolb: Die paradoxe Republik. Österreich 1945 bis 2005, Wien 2005.
Oliver Rathkolb: Raoul Bumballa, ein politischer Nonkonformist 1945. Fallstudie zur Funktion der 0-5 im Widerstand und in der Parteienrestauration, in: Rudolf G. Ardelt/Wolfgang J. A. Huber/Anton Staudinger (Hg.): Unterdrückung und Emanzipation. Festschrift für Erika Weinzierl. Zum 60. Geburtstag, Wien/Salzburg 1985, 295–317.
Manfried Rauchensteiner: Der Krieg in Österreich '45, Wien, Sonderausgabe, 1995.
Manfried Rauchensteiner: Der Sonderfall. Die Besatzungszeit in Österreich 1945 bis 1955, Graz, Sonderdruck, 1985.
Manfried Rauchensteiner: Die Zwei. Die Große Koalition in Österreich 1945–1966, Wien 1987.
Manfried Rauchensteiner: Stalinplatz 4 . Österreich unter alliierter Besatzung, Wien 2005.
Walter Rauscher: Karl Renner. Ein österreichischer Mythos, Wien 1995.
Michaela Regelsperger: Felix Hurdes – Zwischen christlichen Ideen und Politik. Die Ausprägung der österreichischen Christdemokratie in der Nachkriegszeit am Beispiel eines Politikers der Gründergeneration, phil. Diss., Salzburg 1983.
Ludwig Reichhold: Die ÖVP vom 17. April bis 25. November 1945, in: Christliche Demokratie. Vierteljahresschrift für Zeitgeschichte, Sozial-, Kultur- und Wirtschaftsgeschichte, 2/1986, 95–103.
Ludwig Reichhold: Geschichte der ÖVP, Graz/Wien/Köln 1975.
Karl Renner: Denkschrift über die Geschichte der Unabhängigkeitserklärung Österreichs und die Einsetzung der Provisorischen Regierung der Republik, Wien 1945.
Hermann Riepl: Der Wiederaufbau der Niederösterreichischen Landesverwaltung im Jahre 1945, in: Unsere Heimat. Zeitschrift des Vereins für Landeskunde von Niederösterreich, Jg. 56/1985, 147–149.
Hermann Riepl: 40 Jahre Wiederaufrichtung der österreichischen Verwaltung in Niederösterreich, in: Niederösterreich 1945. 40 Jahre Wiederaufbau der Landesverwaltung. Ausstellung der NÖ Landesbibliothek, Wien 1985, 7–28.
Hermann Riepl: Die Neubildung der NÖ Landesregierung und der Wiederaufbau der NÖ Landesverwaltung im Jahre 1945, in: Ernst Bezemek/Willibald Rosner (Hg.): Niederösterreich 1945 – Südmähren 1945. Die Vorträge des vierzehnten Symposions des Niederösterreichischen Instituts für Landeskunde, Wien 1996, 87–100.
Roman Sandgruber: Ökonomie und Politik. Österreichische Wirtschaftsgeschichte vom Mittelalter bis zur Gegenwart, Wien 1995.
Adolf Schärf: April 1945 in Wien, Wien 1948.
Adolf Schärf: Österreichs Erneuerung 1945–1955. Das erste Jahrzehnt der Zweiten Republik, Wien 1955.

Julius Schätzle: Wir klagen an. Ein Bericht über den Kampf, das Leiden und das Sterben in deutschen Konzentrationslagern, Stuttgart 1946.
Hans Werner Scheidl: Der „Poldl" rührt uns noch heute. Figls Radiorede in einem zerstörten und vierfach besetzten Österreich, in: Die Presse, 24.12.2009, 30.
Erwin A. Schmidl: März 38. Der deutsche Einmarsch in Österreich, Wien 1987.
Gerhard Schmidt: Patrioten, Pläne und Parteien. Das Werden der Österreichischen Volkspartei und ihrer Bünde im Bundesland Salzburg vom 30. April 1945 bis zu den ersten Nationalratswahlen am 25. November 1945, Salzburg 1971.
Hannes Schönner: Die Österreichische Volkspartei in Niederösterreich 1945–1995, in: Stefan Eminger/Ernst Langthaler (Hg.): Niederösterreich im 20. Jahrhundert, Bd. 1: Politik, Wien/Köln/Weimar 2008, 443–472.
Susanne Seltenreich: Leopold Figl. Dokumentation einer Erinnerung, 2 Bde., Wien o.J.
Susanne Seltenreich: Leopold Figl – ein Österreicher, Wien o.J. (1962).
Harry Slapnicka: Die Anfänge der Volkspartei in Oberösterreich und der Beginn einer eigenständigen Landespolitik 1945, in: Christliche Demokratie. Vierteljahresschrift für Zeitgeschichte, Sozial-, Kultur- und Wirtschaftsgeschichte, 2/1986, 113–119.
Ludwig Steiner: „Annus memorabilis", in: Manfried Rauchensteiner/Robert Kriechbaumer (Hg.): Die Gunst des Augenblicks. Neuere Forschungen zu Staatsvertrag und Neutralität, Wien/Köln/Weimar 2005, 433–456.
Ludwig Steiner: Das Miterleben einer historischen Zeit. Als Sekretär von Bundeskanzler Raab in Moskau 1955, in: Stefan Karner/Barbara Stelzl-Marx (Hg.): Die Rote Armee in Österreich. Sowjetische Besatzung 1945–1955. Beiträge, Graz/Wien/München 2005, 815–828.
Friedrich Steinkellner: Die Geschichte der Salzburger ÖVP 1945–1995, in: Robert Kriechbaumer/Franz Schausberger (Hg.): Volkspartei – Anspruch und Realität. Zur Geschichte der ÖVP seit 1945, Wien/Köln/Weimar 1995, 701–740.
Rainer Stepan: Julius Raab und das Dritte Reich, in: Alois Brusatti/Gottfried Heindl (Hg.): Julius Raab. Eine Biographie in Einzeldarstellungen, Linz o.J. (1986).
Gerald Stourzh: 1945 und 1955. Schlüsseljahre der Zweiten Republik, Innsbruck/Wien/Bozen 2005.
Gerald Stourzh: Die Regierung Renner, die Anfänge der Regierung Figl und die Alliierte Kommission für Österreich, September 1945 bis April 1946, in: Archiv für österreichische Geschichte, 125 (1966), 321–342.
Gerald Stourzh: „Österreich ist frei!" Leopold Figl als Bundeskanzler und Außenminister im Jahrzehnt zwischen Befreiung und Freiheit, in: Stefan Karner/Gottfried Stangler (Hg.): „Österreich ist frei!" Der österreichische Staatsvertrag 1955. Beitragsband zur Ausstellung auf Schloss Schallaburg 2005, Horn/Wien 2005, 354–370.
Gerald Stourzh: Um Einheit und Freiheit. Staatsvertrag, Neutralität und das Ende der Ost-West-Besetzung Österreichs 1945–1955, Wien/Köln/Graz, 5. Aufl., 2005.
Gerald Stourzh: Vom Reich zur Republik. Studien zum Österreichbewußtsein im 20. Jahrhundert, Wien 1990.
Rudolf von Strasser: Lebenskreise. Widerstand und Wiederaufbau, Wien/Köln/Weimar 2012.
Hans Ströbitzer (unter Mitarbeit von Reinhard Linke): Leopold Figl und seine Zeit, St. Pölten/Salzburg/Wien 2012.
Peter Tomanek: Die ersten 100 Jahre. 1898 1998. Raiffeisenbank Niederösterreich-Wien, Wien 1998.
Ernst Trost: Figl von Österreich. Der Weg zum Staatsvertrag, Wien/München, 5. Aufl., 1985.
Reinhold Wagnleitner: Großbritannien und die Wiedererrichtung der Republik Österreich, phil. Diss., Salzburg 1975.
Lois Weinberger, Tatsachen, Begegnungen und Gespräche. Ein Buch um Österreich, Wien, 2. Aufl., 1988.
Helmut Wohnout: Leopold Figl als Verfolgter des NS-Regimes, in: Wolfgang J. Bandion/Helmut Wohnout (Hg.): Leopold Figl. Für Österreich, Wien 2012, 21–31.
Helmut Wohnout: Regierungsdiktatur oder Ständeparlament? Gesetzgebung im autoritären Österreich, Wien/Köln/Graz 1993.

Personenregister